Julius Frauenstädt

Fragen der Ästhetik

Verlag
der
Wissenschaften

Julius Frauenstädt

Fragen der Ästhetik

ISBN/EAN: 9783957008077

Auflage: 1

Erscheinungsjahr: 2016

Erscheinungsort: Norderstedt, Deutschland

Hergestellt in Europa, USA, Kanada, Australien, Japan
Verlag der Wissenschaften in Hansebooks GmbH, Norderstedt

Cover: Tizian "Ländliches Konzert "

Verlag
der
Wissenschaften

Aesthetische Fragen.

Aesthetische Fragen

von

Dr. J. Frauenstädt.

Dessau.

Druck und Verlag von Gebrüder Katz.

1853.

Vorwort.

—

Vorliegende Schrift verdankt ihren Ursprung nicht einem
äußern Zweck, sondern einem innern Bedürfniß des Verfassers.
Die darin zur Sprache gebrachten Fragen beschäftigten nämlich
seinen Geist lange und lebhaft. Er hatte Vieles darüber gelesen
und noch mehr selbst darüber nachgedacht. Da fühlte er sich
denn endlich, um die durch das Lesen und Denken innerlich
erworbenen Gedanken sich auch äußerlich klar und objectiv zu
machen, gedrungen, zur Feder zu greifen und sie aufzuschreiben.
So entstanden dann nach und nach, wie es seine Muße erlaubte,
die einzelnen Abschnitte, deren zwar jeder ein Ganzes für sich
bildet, die aber doch alle zusammen einander zur gegenseitigen
Ergänzung dienen, einander bewahrheiten und bestätigen.

Erst nachdem der Verfasser für sich und ohne alle Absicht
der Veröffentlichung die einzelnen Abhandlungen niedergeschrieben
und in die jetzige nach der Verwandtschaft des Stoffes geordnete
und vom Allgemeinern zum Besondern fortschreitende Reihenfolge
gebracht hatte, — fand er, daß aus dem Ganzen eine Gesammt-
anschauung über das Wesen des Schönen und der Kunst
hervorginge, die wohl werth wäre, veröffentlicht zu werden,
damit sie auch andern Freunden der Aesthetik zu Gute komme.

Diese kurze genetische Geschichte der vorliegenden Schrift glaubte ich dem Leser hier im Vorwort schuldig zu sein, damit derselbe nicht einen unrichtigen Maßstab an dieselbe lege und nicht mit falschen Erwartungen an dieselbe gehe.

Die für mich in meinem Manuscript anfänglich nur kurz angemerkten Citate habe ich hier, da die citirten Stellen nicht Jedem zur Hand sein dürften, ausführlich mitgetheilt, und so findet man denn in meinem Buche die von mir theils wider=legten, theils bestätigten oder ergänzten Aeußerungen und Urtheile eines Socrates, Plato, Aristoteles, Horaz; Montesquieu, Helvetius, Rousseau, Voltaire; Sulzer, Moses Mendelssohn, Marcus Herz; Kant, Schopenhauer; Lessing, Göthe, Schiller, Jean Paul, Tieck u. A., wie es die jedesmalige Gelegenheit gerade mit sich brachte, dieselben anzuführen und zu prüfen.

Berlin im December 1852.

Der Verfasser.

Inhalt.

I.

Verhältniß der Aesthetik zum Gefühl des Schönen.

Die Aesthetik als Wissenschaft des Schönen verhält sich zum Gefühl desselben, wie sich überhaupt das Wissen zum Fühlen verhält.

So wie das Gefühl des Rechts und Unrechts bestehen kann ohne Jurisprudenz, das Gefühl des Sittlichen und Un= sittlichen ohne Ethik, so auch das Gefühl des Schönen und Häßlichen ohne Aesthetik.

Wer sich daher mit dem bloßen Fühlen begnügt, der braucht keine Wissenschaft. Es kommen auch die meisten Menschen, wie die Thiere, mit dem bloßen Gefühl, also ohne Wissenschaft, durchs Leben. Und das ist nothwendig. Denn, wenn Jeder mit seinen Urtheilen und Handlungen im Leben so lange warten sollte, bis er deutliche Begriffe — in denen das Wesen der Wissenschaft besteht, — von den Dingen erlangt hätte, dann würde ihm, wie Arthur Schopenhauer (die Welt als Wille und Vorstellung II. 75) treffend sagt, die Gelegenheit meistens schon das kahle Hinterhaupt zugekehrt haben. Es wäre gerade, wie wenn Einer nicht eher essen wollte, als bis er einen deut= lichen physiologischen Begriff vom Verdauen erlangt, oder wenn Einer nicht sehen und hören wollte, als bis er die Physiologie des Gesichts und Gehörs gründlich studirt hätte.

Gefühl ist Grundlage des Lebens. Die Wissenschaft erhebt sich erst auf dem Boden des Gefühls.

Gefühl ist unmittelbares, Wissenschaft hingegen ver= mitteltes Wissen. Wie aber alles Vermittelte auf dem Un=

mittelbaren ruht, so auch die Wissenschaft auf dem Gefühl. Wer daher nie eine Sache gefühlt hat oder sie zu fühlen unfähig ist, der kann es auch nicht zur Wissenschaft darin bringen, so wenig als der Blinde zur Wissenschaft der Farben. Doch folgt aus diesem Bedingtsein der Wissenschaft durchs Gefühl keineswegs, daß überall, wo das Gefühl vorhanden ist, es auch zur Wissenschaft komme. Die Thiere und die meisten Menschen haben von Unzähligem Gefühl, wovon sie es doch nicht zur Wissenschaft bringen. Die Thiere haben z. B. so gut, wie der Mensch, ein Gefühl von Freundschaft und unterscheiden auf's Schärfste den Freund vom Feind, ja der Hund unterscheidet nicht blos seinen eigenen, sondern auch seines Herrn Freund vom Feind. Aber Reflexionen über das Wesen der Freundschaft anstellen oder gar, wie Cicero, de amicitia schreiben, das vermag das bloße Gefühl der Freundschaft nicht.

Das Gefühl wird von gleichen Dingen auf gleiche, von verschiedenen auf verschiedene Art afficirt, und es ist daher falsch, wenn man dem Gefühle Mangel an Unterscheidungskraft vorwirft. Ja, das Gefühl trifft die feinsten Unterschiede, und Feuerbach hat es daher mit Recht (in seinem Leibnitz) einen doctor subtilissimus genannt. Aber etwas Anderes ist es, Unterschiedenes zu unterscheiden und Gleiches als gleich zu erkennen, und wieder etwas Anderes, sich den Unterschied und die Gleichheit als solche zum Bewußtsein zu bringen. Den Freund vom Feind, den Hund vom Hirten, den Stall von der Wiese unterscheiden, kann auch mittelst des bloßen Gefühls, der Ochse, aber den Unterschied von diesem allen sich deutlich und abgesondert zum Bewußtsein zu bringen, vermag nur der denkende Mensch. Kant nennt es daher mit Recht eine Verwirrung, wenn man dem Ochsen darum, weil derselbe in seiner Vorstellung vom Stalle doch auch eine Vorstellung von seinem Merkmale, der Thür, habe — einen deutlichen Begriff vom Stalle zuschreibt. „Es ist leicht, hier die Verwirrung zu verhüten. Nicht darin besteht die Deutlichkeit eines Begriffs, daß Dasjenige, was ein Merkmal vom Dinge ist, klar vorgestellt werde, sondern daß es als ein Merkmal des Dinges erkannt werde. Die Thür ist zwar etwas zum Stalle Gehöriges und kann zum Merkmale desselben dienen, aber nur Derjenige, der das Urtheil abfaßt: die Thür gehört zum Stalle, hat einen deutlichen Begriff von dem Gebäude, und dieses ist sicherlich über das Vermögen des Viehes   Ich gehe noch weiter und sage: Es ist ganz was Anderes, die Dinge von einander unterscheiden und den Unterschied der Dinge erkennen. Das Letztere ist nur durch Urtheilen möglich und kann von keinem unvernünftigen Thiere geschehen." (Kant's sämmtliche Werke, Ausgabe von Rosenkranz und Schubert I. 72.)

Das Gefühl differirt also nicht dadurch von der Wissenschaft, daß jenes nicht zu unterscheiden vermag, was diese unterscheidet. Denn das Gefühl unterscheidet so gut Recht von Unrecht, Güte von Bosheit, Schönheit von Häßlichkeit, wie die Jurisprudenz die Ethik und Aesthetik. Aber das Gefühl unterscheidet eben blos das Verschiedene, ohne sich den Unterschied abgesondert zum Bewußtsein zu bringen; die Wissenschaft hingegen weiß den Unterschied anzugeben, weiß zu sagen, worin er besteht. Daher kommt es, daß die Thiere und die unwissenschaftlichen Menschen zwar die unter einen Begriff gehörigen Dinge, oder, um es in der Sprache der Logik auszudrücken, den Umfang eines Begriffes, von den unter einen andern Begriff gehörigen unterscheiden, also die Pflanzen von den Thieren, diese von den Menschen, und innerhalb einer jeden Gattung wieder die besonderen Arten derselben; aber den Inhalt des Begriffes, d. h. die in demselben enthaltenen wesentlichen und charakteristischen Merkmale wissen sie nicht anzugeben. Denn, wie Herbart richtig sagt: „Totaleindrücke von ähnlichen Gegenständen, zusammengeflossene Vorstellungen von Bäumen, Häusern, Menschen u. dgl. hat ohne Zweifel auch der Wilde und das Thier; aber hier fehlt die Entgegensetzung des Abstracten gegen das Concrete. Der allgemeine Begriff hat sich nicht abgesondert von seinen Beispielen." (Lehrbuch zur Psychologie, erste Auflage S. 25) Haben doch nicht blos Thiere und Wilde, sondern sogar die meisten civilisirten Menschen von den meisten Dingen nur solche zusammengeflossene Totalvorstellungen, aber keine deutliche, in ihre wesentlichen Merkmale zergliederte Begriffe und würden daher in große Verlegenheit kommen, wenn sie Rechenschaft ablegen sollten über den Inhalt der Begriffe: Pflanze, Thier, Mensch, Geist, Liebe, Freundschaft, Tugend

Schönheit u. s. w. Sie kennen, wie Plato (im 6. Buch der Republik) sagt, zwar vieles Schöne und vieles Gute, aber das Schöne und Gute selbst (αὐτὸ τὸ καλὸν, αὐτὸ ἀγαϑὸν) ist ihnen unbekannt; denn jenes wird gesehen, aber nicht gedacht, dieses hingegen gedacht, aber nicht gesehen; und Denken ist schwerer, als Sehen. Nur der Wissenschaftsliebende bringt sich das Allgemeine abgesondert zum Bewußtsein. Der blos anschauende und fühlende Mensch bleibt, wie das Thier, beim Einzelnen, bei den räumlich und zeitlich begrenzten, in diesem oder jenem bestimmten Causalzusammenhang befindlichen Erscheinungen stehen. (Ueber den Unterschied, der hieraus für das Leben der Thiere und der Menschen entspringt, habe ich einen kleinen, aber inhaltreichen Artikel: „Die Thiere und der Mensch" in den Blättern für literar. Unterhalt. 1852, Nr. 11 drucken lassen, auf den ich hier verweise. Besonders aber muß ich meine Leser auf die wichtigen Capitel, 5, 6 und 7 in Schopenhauer's „Welt als Wille und Vorstellung" Bd. II. S. 57—118 über den unvernünftigen Intellect, über die abstracte oder Vernunfterkenntniß, und über das Verhältniß der anschauenden zur abstracten Erkenntniß aufmerksam machen, aus denen man aufs deutlichste erkennen wird, welch ein mächtiger Unterschied zwischen dem blos auf das Einzelne und dem auf das Allgemeine gerichteten Erkennen ist.)

Doch Gefühl und Wissenschaft unterscheiden sich nicht blos dadurch, daß jenes auf das Einzelne, diese auf das Allgemeine gerichtet ist; sondern auch dadurch, daß jenes ein Erkennen ohne, diese hingegen ein Erkennen mit Bewußtsein des Erkenntnißgrundes ist. Zwar hat auch die Gefühlserkenntniß wie jede Erkenntniß, gemäß dem principium rationis sufficientis cognoscendi, ihren Grund — und es wäre daher falsch, Fühlen und Wissen wie grundloses und begründetes Erkennen zu unterscheiden; — aber etwas Anderes ist es doch, aus Gründen erkennen, und sich der Gründe der Erkenntniß bewußt sein, so wie es etwas Anderes ist, nach Motiven handeln und sich der Motive bewußt sein. So wie zwar jede Handlung streng motivirt ist, aber nicht jeder Handelnde die Motive weiß, die ihn bestimmen; so sind auch alle Erkenntnisse begründet, aber nicht jeder Erkennende bringt sich die Gründe seiner Erkenntniß

zum Bewußtsein. So z. B. wer durch ein unabweisbares Ge=
fühl zur Annahme einer über Alles waltenden Vorsehung be=
stimmt wird, der hat zwar Gründe zu dieser Annahme, aber
er kann keine Rechenschaft darüber ablegen, wie der Wissende,
der das Dasein einer Vorsehung zu beweisen vermag.

Die Folgen dieses doppelten Charakters des Gefühls, daß
es nämlich nur auf Einzelnes gerichtet und sich der Gründe
seiner Erkenntniß nicht bewußt ist, sind diese, daß es Andere
nicht belehren und daß es seine Behauptungen gegen die An=
griffe der Kritik und Skepsis nicht rechtfertigen kann.

Was den erstern Punkt betrifft, so hat schon Aristoteles
(Metaph, I. 1.) gezeigt, daß nur der Wissende Andere zu
belehren vermag. „Ein allgemein sicheres Zeichen, daß man
etwas weiß, ist, wenn man es lehren kann.“ Der blos Füh=
lende kann wohl sagen: Ich halte hier diese Handlung für ge=
recht, oder: ich halte dieses Gemälde, diese Statue, dieses
Gedicht für schön; aber welche Handlungen überhaupt gerecht,
welche Kunstwerke überhaupt schön seien, dieses vermag er nicht
zu lehren. Denn dazu bedarf es eines deutlichen, abgesonder=
ten Begriffes von der Gerechtigkeit und Schönheit, den der
blos Fühlende aber nicht hat.

Zweitens, der blos Fühlende kann seine Behauptungen
gegen die Angriffe der Kritik und Skepsis nicht rechtfertigen,
nicht vertheidigen, weil er sich der Gründe derselben nicht be=
wußt ist. Wer z. B. blos fühlt, daß ein Gott ist, kann dem
Zweifler gegenüber, der durch scharfe Gegengründe das Dasein
Gottes bestreitet, zwar auf seine subjective Gewißheit pochen,
aber ihn widerlegen und überführen kann er nicht; denn dazu
müßte er sich auf die Erkenntnißgründe, aus denen er das
Dasein Gottes schließt, einlassen; dieser ist er sich aber, so
lange er im bloßen Gefühl beharrt, nicht bewußt. Oder, wer
z. B. aus dem bloßen Gefühl heraus urtheilt, daß Diebstahl
Unrecht sei, kann dem Communisten, welcher ihm beweist, daß
Eigenthum Diebstahl, folglich Diebstahl des Diebstahls gerecht
sei, so lange er im bloßen Gefühl stecken bleibt, nichts Ueber=
führendes entgegensetzen. Im bloßen Gefühl ist also keine Ver=
ständigung und Ueberzeugung Anderer möglich.

Das begriffliche Wissen erst ist eigentliches Wissen. Das bloße Fühlen ist ein Wissen ohne eigentliche Gewißheit. Denn die Gewißheit des Fühlenden ist nur eine subjective, aber keine objective. Wer daher aus dem bloßen Gefühl heraus das Rechte trifft, ist wie ein Blinder, der den richtigen Weg geht, ohne zu wissen, daß es der richtige ist. Wer die Wahrheit eines Satzes blos fühlt, kann zwar selbst davon überzeugt sein, ist aber nicht im Stande, Andere davon zu überzeugen. Der blos Fühlende steht, wenn er nicht Solche findet, die das Gleiche fühlen, isolirt da; denn Gefühle lassen sich Andern nicht beibringen, nicht lehren, nicht mittheilen; wohl aber Begriffe.

Ist ein Gegenstand so beschaffen, daß er überhaupt nicht begrifflich erkannt, sondern nur gefühlt werden kann, z. B. ein angenehmer oder unangenehmer Geruch oder Geschmack, so läßt sich das Urtheil über ihn freilich nicht durch Wissenschaft controliren und als wahr oder falsch beweisen. Daher sagt man auch mit Recht: de gustibus non est disputandum.

Ist hingegen ein Gegenstand so beschaffen, daß er nicht blos gefühlt, sondern auch begrifflich gewußt werden kann, so muß das Gefühlsurtheil durch das Begriffsurtheil controlirt werden, damit die subjective Ueberzeugung sich in objective Gewißheit verwandle, und wenn dieses nicht gelingt, entweder das Gefühl oder der Begriff als irrig erkannt und so entweder jenes nach diesem oder dieser nach jenem umgewandelt werde.

In dem Antagonismus zwischen Gefühl und begrifflicher Erkenntniß ist nämlich die Wahrheit nicht gerade immer auf Seiten der letzteren; denn es gibt ja auch falsche, erdichtete Begriffe; vielmehr ist die Wahrheit gar oft auf Seiten des Gefühls, und in allen solchen Fällen, wo ein starkes, unüberwindliches Gefühl trotz aller entgegengesetzten Begriffe nicht weichen will, dürfte es daher gerathen sein, die Begriffe einer strengen Prüfung zu unterwerfen, um nicht wahre und edle Gefühle durch falsche und verkehrte Begriffe zu unterdrücken und zu ertödten, wie dies leider zu allen Zeiten unter der Herrschaft abergläubischer und sonstiger traditioneller und conventioneller Begriffe geschehen ist. Schon so manches Gefühl ist wegraisonnirt worden, wo es besser gewesen wäre, die Begriffe, durch die man es sich wegraisonnirt hat, wegzufühlen.

Wo überhaupt ein Antagonismus zwischen Begriff und Gefühl stattfindet, d. h. in allen solchen Fällen, wo beide durch entgegengesetzte Aussagen wirklich in Conflict mit einander gerathen, kann dieser eben so gut damit endigen, daß der Begriff durch das Gefühl, als damit, daß das Gefühl durch den Begriff zum Schweigen gebracht wird.

Indessen jener Antagonismus ist, obwohl ein möglicher, doch kein nothwendiger. Gefühl und Begriff müssen nicht immer in Streit mit einander liegen, sondern können einander sehr oft bestätigen und bewahrheiten, so daß man in diesen Fällen sagen kann: Aus der Wärme des Gefühls läßt sich das Licht der Erkenntniß, so wie aus dem Lichte der Erkenntniß die Wärme des Gefühls entwickeln. Es sei z. B. das Gefühl durch einen Kunstgenuß, durch ein Gemälde oder eine Statue, durch ein Gedicht oder eine Musik, innig angesprochen, so wäre es thöricht, sich vor der begrifflichen Zergliederung des gefühlten Schönen zu fürchten, als müßte mit dem Nachdenken darüber der Genuß verschwinden. Denn, zwar während man sich den Gegenstand denkend zergliedert und sich den gefühlten Eindruck deutlich zu machen sucht, wird, bis diese Operation vollzogen ist, das Gefühl schweigen müssen; aber ist nach vollzogener Zergliederung, das vorerst nur als schön Gefühlte nun auch als schön erkannt, so tritt alsdann das Gefühl des Schönen desto lebhafter hervor, gerade wie eine schöne Landschaft, die vorher noch im Dunkel lag, beim Aufgang und der Beleuchtung der Sonne erst recht entzückt. Eben so ist es auch im Leben, wenn wir auf Charaktere stoßen, durch die wir uns gleich Anfangs lebhaft angezogen oder abgestoßen fühlen. Wird dieses dunkle Gefühl durch die begriffliche Erkenntniß des Charakters, durch das deutliche Bewußtwerden seiner Vorzüge oder Fehler erleuchtet und bewahrheitet, so erwacht alsdann erst recht unsere Liebe oder unser Haß. Weit entfernt also, daß der Begriff das Gefühl schwächen sollte, so wird dieses vielmehr durch seinen Hinzutritt verstärkt, so daß, wer gedacht hat, nun erst recht anfängt zu fühlen. Daher haben auch die sogenannten Kenner in der Kunst einen erhöhtern und lebhaftern Genuß, als die bloßen Fühler, weil sie das Schöne nicht mehr blos, wie letztere, mit einem, sondern mit zwei Organen, deren Functionen einander ergänzen und verstärken, auffassen, ihre Seele also vielseitiger angesprochen wird, als die der einseitigen Fühler, die mit einem Organ allein thätig sind.

Die begriffliche Erkenntniß kann nur da dem Gefühl entgegenwirken und es schwächen, wo ihr Resultat ein den Aussagen des Gefühls widersprechendes ist, wenn z. B. Einer sich sehr glücklich oder unglücklich, sehr geehrt oder geschändet fühlt, und die deutlich zergliedernde Erkenntniß ihm hinterher zeigt, daß er gar nicht so glücklich oder unglücklich, so geehrt oder geschändet ist. In allen Fällen hingegen, wo die Aussagen der begrifflichen Erkenntniß mit denen des Gefühls übereinstimmen, und diese durch jene bewahrheitet werden, muß das Gefühl durch den Begriff an Stärke gewinnen.

Um die entgegengesetzte Wirkung des Gefühls und Begriffs und das daraus entspringende Phänomen, daß der Mensch zuweilen gegen deutlich überzeugende Gründe urtheilt und handelt, zu erklären, hat Sulzer (in einer akadem. Abhandlung von 1759, abgedruckt in den vermischten philosophischen Schriften, Leipzig 1773) auf dem Grunde des Leibniz'schen Gegensatzes zwischen verworrenen und deutlichen Begriffen (pensées confuses et distinctes) die Behauptung aufgestellt, „daß eine Vorstellung um so viel weniger Kraft uns zu rühren hat, um so viel deutlicher sie sich uns darstellt" (S. 111 ff.) und dieses wiederum hat er so erklärt: „Eine Vorstellung ist nur darum verworren, weil ihre Theile oder die einfachen Ideen, woraus sie besteht, in Eins vermengt sind und auf einmal wahrgenommen werden. Soll eine Vorstellung deutlich werden, so muß man die Theile derselben von einander absondern und jeden insbesondere betrachten. So lange die Seele dieses thut, ist allemal nur eine einzige Idee oder einfache Vorstellung recht klar, und folglich wird alsdann nur ein einziger Nerve merklich erschüttert. Daher rührt die Stille oder die große Ruhe der Seele und des Körpers, welche man bei denjenigen wahrnimmt, die sich im Nachdenken vertiefen. Die Wirkung eines einzigen Nerven ist zu schwach, um seine Erschütterung den Nerven der Brust mitzutheilen." „Hieraus wird begreiflich, warum sehr deutliche Vorstellungen wenig auf die Seele vermögen. Indem wir eine Vorstellung klar auseinandersetzen, so geht alles, was hierbei geschieht, blos im Gehirne vor. Ist hingegen die Verwirrung so groß, daß der Verstand nichts dabei unterscheiden kann, so wirket das Ganze der Sache auf einmal auf uns, und bringt die Empfindung hervor. Es ist nicht möglich, daß die lang= same Wirkung der deutlichen Ideen die schnelle Wirkung der dunkeln Ideen verhindere, und auf diese Art überraschet oft die Empfindung die Vernunft."

Indessen, obwohl es wahr ist, daß der Gesammteindruck aller auf einmal wirkenden Theile einer Vorstellung stärker ist, als der jedes einzelnen Theiles abgesondert, das Gefühl inso= fern also stärker auf den Willen wirken muß, als die zergli= dernde Auseinandersetzung; so läßt sich doch auch anderseits nicht leugnen, daß, nachdem die Zergliederung und Auflösung des Totaleindrucks in einzelne, abgesonderte Vorstellungen voll= bracht ist, alsdann die Zusammenfassung dieser deutlich und be= stimmt erkannten Theile mit einer Stärke auf den Willen zurück= wirken muß, die das ursprüngliche, noch unauseinandergesetzte Gefühl nicht haben konnte. Ein Verbrecher habe z. B. eine ganz unbestimmte, verworrene Totalvorstellung, also ein bloßes Gefühl, von der ihm bevorstehenden Hinrichtung, so wird diese ihn wahrlich nicht mit so starkem Entsetzen ergreifen, wie wenn er sich die einzelnen Acte bei der Hinrichtung, das Hinaus= schleifen auf den Richtplatz, Besteigen des Schaffots, Verbinden der Augen, Haarabschneiden, Brechen des Stabs oder sonstige Ceremonien, und sodann die Guillotine recht deutlich und be= stimmt auseinandersetzt; es durchschaudert ihn gewiß mehr bei dieser Zergliederung, als bei dem verworrenen unbestimmten Begriff der Hinrichtung. Eben so wirkt auch die Zergliederung bevorstehenden Glücks weit stärker auf Gefühl und Willen, als die verworrene Totalvorstellung. Der Ehrgeizige z. B., der sich die ihn noch erwartenden Ehren und Auszeichnungen einzeln ausmalt, wird weit stärker zur Ausführung seiner ehrgeizigen Pläne angespornt werden, als wenn er blos ganz unbestimmt, undeutlich, an Ehre denkt. Es ist also nicht wahr, wenn Sul= zer behauptet, „daß eine Vorstellung um so viel weniger Kraft uns zu rühren hat, je deutlicher sie sich uns darstellt." Nur die einzelnen, abgesonderten Theile einer Vorstellung für sich wirken schwächer, als das Ganze derselben, so wie der Eindruck einzelner Töne schwächer ist, als der von Accorden; hingegen muß die Zusammenfassung der einzeln deutlich erkannten Theile einer Vorstellung zum Ganzen weit stärker wirken, als der unbestimmte, ungesonderte Totaleindruck, in dem Nichts deutlich hervortritt, jemals vermag.

Daher auch kommt es, daß, je höher die Intelligenz eines Menschen gesteigert ist, je deutlicher er sich also Alles, was der gewöhnliche Mensch sich nur dunkel und verworren vorstellt, bis ins Einzelnste zu zergliedern vermag, desto lebhafter auch sein Gefühl für Wahrheit und Irrthum, Recht und Unrecht, Güte und Bosheit, Schönheit und Häßlichkeit ist. Die stupiden Menschen fühlen weit minder lebhaft, als die intelligenten.

Moses Mendelssohn hat die Frage, ob deutliche Zergliederung oder dunkles Gefühl dem Vergnügen an der Schönheit förderlicher sei, gleich in den ersten Briefen über die Empfindungen zur Sprache gebracht. In dem ersten Briefe schreibt Euphranor an Theokles: „Es hat Weltweise gegeben, die die Vernunft die Störerin unsers Vergnügens genannt haben. Ich halte sie keineswegs dafür; allein alsdann wird sie es gewiß, wenn sie der Entstehung des Vergnügens nachgrübelt. Unsere Glückseligkeit hänget von dem Genusse ab, und der Genuß von der schnellen Empfindung, mit der jede Schönheit unsre Sinne überrascht. Unglücklich sind diejenigen, welche die Vernunft wider den Anfall einer solchen Ueberraschung abgehärtet hat. Die Lust verschwindet, wenn wir unsere Empfindung allzu sorgfältig aufzuklären suchen. Unzählige Beispiele bieten sich mir an, die diese Wahrheit bestätigen. Wenn du bei der Erblickung einer Schönen in Entzückung geräthst, so vereinigen sich unzählige Reizungen zu deiner Niederlage. Der harmonische Bau ihrer Glieder, ihre blendende Gesichtsfarbe, ihre feurigen Augen und ihre beredten Züge stimmen in einer angenehmen Verwirrung überein und bemeistern sich deiner Seele. Danke es dieser Verwirrung, daß sie dir nicht Zeit läßt, sie zu entwickeln. Hüte dich, anstatt feuriger Augen, die Beschaffenheit der Säfte im Auge, und anstatt reizender Mienen, eine leichte Bewegung der Gesichtsmuskeln zu gedenken. Den Augenblick würde dein Vergnügen sterben, und du hättest, anstatt einer süßen Wollust, eine Menge trockner Wahrheiten.“ Im zweiten

Briefe fährt Euphranor in demselben Sinne fort: „Wir würden unglücklich sein, wenn sich alle unsre Empfindungen auf einmal zu reinen und deutlichen Vorstellungen aufheiterten. Die Schönheit beruhet, nach dem Ausspruch aller Weltweisen, in der undeutlichen Vorstellung einer Vollkommenheit: Lust und Freude, ja die stille Zufriedenheit selbst, werden in dem Körper von einer süßen Wallung des Gebluts, und von verschiedenen angenehmen Bewegungen in den Gliedmaßen begleitet, ohne welche sie uns fast gleichgültig sein würden. Diese holde Bewegung ist eine Tochter des Affects, und der Affect ist nothwendig mit einer unentwickelten Vorstellung verknüpft. So unzertrennlich ist das Gefühl; so unzertrennlich ist die dunkle Vorstellung von unserer Glückseligkeit Wir fühlen nicht mehr, sobald wir denken. Der Affect verschwindet, sobald die Begriffe aufgekläret werden.“

Aber hierauf erwidert Theokles im dritten Briefe: „Die Wahrheit steht fest, kein deutlicher, auch kein völlig dunkler Begriff verträgt sich mit dem Gefühle der Schönheit. Jener, weil unsre eingeschränkte Seele keine Mannigfaltigkeit auf einmal deutlich zu fassen vermag. Sie muß, wenn sie deutlich denken will, ihre Aufmerksamkeit von dem Ganzen abziehen und einen Theil des Gegenstandes nach dem andern überdenken. Dieser hingegen, weil die Mannigfaltigkeit des Gegenstandes in seine Dunkelheit gleichsam verhüllt und unsrer Wahrnehmung entzogen wird. Zwischen den Grenzen der Klarheit müssen also alle Begriffe der Schönheit eingeschlossen sein, wenn wir ohne mühsames Ueberdenken eine Mannigfaltigkeit wahrnehmen sollen. Ja noch mehr; je ausgebreitet klärer die Vorstellung des schönen Gegenstandes, desto feuriger das Vergnügen, das daraus entspringt. Eine ausgebreitet klärere Vorstellung enthält eine reichere Mannigfaltigkeit, mehrere Verhältnisse des Mannigfaltigen gegen einander. Lauter Quellen der Lust! Höre nun, Jüngling! wie ich mich zu dem Genusse eines Vergnügens vorbereite. Ich betrachte den Gegenstand des Vergnügens, ich überdenke alle seine Theile und bestrebe mich, sie deutlich zu fassen. Alsdann richte ich meine Achtsamkeit auf ihre allgemeine Beziehung; ich schwinge mich von den Theilen zum Ganzen. Die besondern deutlichen Begriffe weichen gleichsam wie ein

Schatten zurück. Sie wirken alle auf mich, aber sie wirken in einem solchen Ebenmaße und Verhältnisse gegen einander, daß nur das Ganze aus ihnen hervorstrahlt, und mein Ueberdenken hat mir die Mannigfaltigkeit nicht zerstreuet, nur faßlicher gemacht."

Dies stimmt im Wesentlichen mit meiner obigen Behauptung überein, daß deutliche Zergliederung dem Gefühle nicht schadet, vielmehr dasselbe verstärkt, wenn nur die auseinander gelegten Theile nachher wieder zur Einheit zusammengefaßt werden, wenn man das einzeln Erkannte in seiner Totalität auf sich wirken läßt. Dies kann sogar jeder Klavierspieler erfahren, wenn er bei einer ihm gefallenden Harmonie die Töne deutlich unterscheidet. Die ohne diese Unterscheidung nur dunkel gefühlte Schönheit der Zusammenstimmung wird, nachdem man sie deutlich unterschieden hat, nur desto lebhafter gefühlt, wie überhaupt jede Einheit um so lebhafter als Einheit gefühlt wird, je deutlicher man die zur Einheit zusammenstimmenden Theile unterschieden hat, je deutlicher man erkannt hat, wie die Theile sich gegenseitig fordern und einander ergänzen. So gefällt uns z. B. auch die harmonische Ergänzung zwischen Mann und Weib um so tiefer und inniger, je deutlicher wir uns im Einzelnen die körperlichen, geistigen und moralischen Eigenschaften, durch die sie sich gegenseitig ergänzen, zum Bewußtsein gebracht haben.

Aus dem Gesagten geht aber zur Genüge hervor, daß von der Aesthetik als Wissenschaft des Schönen — obgleich sich dieselbe, wie jede Wissenschaft, in Begriffen bewegt, indem sie nicht blos den Umfang des Begriffs des Schönen, d. h. die verschiedenen Arten, sondern auch den Inhalt, d. h. die wesentlichen Merkmale desselben zergliedert, — dennoch nichts für das Gefühl des Schönen zu fürchten ist, so wenig als von der Ethik etwas für das moralische Gefühl zu fürchten ist. Vielmehr kann die begriffliche Erkenntniß des Schönen, vorausgesetzt, daß ihre Begriffe wahr, d. h. aus dem Wesen der Sache selbst geschöpft sind, nur förderlich auf das Gefühl des Schönen zurückwirken. Wer aus Aristoteles' Poetik und Lessing's Dramaturgie sich das Wesen der Tragödie begrifflich klar gemacht hat, wird nun erst recht die Schönheiten einer bestimmten gegebenen

Tragödie fühlen. Nur durch falsche begriffliche Theorie kann das Gefühl irre geleitet werden. So wie in der Moral falsche Grundsätze, irrige religiöse oder politische Dogmen und Satzungen, das gesunde natürliche Gefühl des Menschen von dem, was Recht und Unrecht, gut und bös ist, verderben, und ihn zu unsittlichen Handlungen verleiten können, so kann natürlich auch eine falsche Aesthetik das gesunde, natürliche Gefühl des Schönen irre leiten. Doch da das Gefühl immer stärker ist als der Begriff, so wird es, wenn auch noch so lange durch falsche Theorien unterdrückt, doch im Stillen sich gegen den verkehrten Begriff behaupten und sich endlich in seine natürlichen Rechte wieder einsetzen *).

---

*) Um die Unabhängigkeit des Gefühls vom Begriff zu beweisen, sagt Montesquieu (in seinem Essai sur le Goût dans les choses de la Nature et de l'Art): „On croit d'abord qu'il suffiroit de connaitre les diverses sources de nos plaisirs pour avoir le goût, et que, quand on a lu ce que la philosophie nous dit là-dessus, on a du goût, et que l'on peut hardiment juger des ouvrages. Mais le goût naturel n'est pas une connaissance de théorie, c'est une application prompte et exquise des regles mêmes que l'on ne connait pas. Il n'est pas nécessaire de savoir que le plaisir que nous donne une certaine chose que nous trouvons belle vient de la surprise; il suffit qu'elle nous surprenne, et qu'elle nous surprenne autant qu'elle le doit, ni plus ni moins." Aber, obgleich um Vergnügen am Schönen zu finden, wir uns des Grundes dieses Vergnügens nicht bewußt zu werden brauchen, so kann doch auch andererseits dieses Bewußtwerden dem Vergnügen keinen Eintrag thun, so wenig als es dem Physiologen in der Verdauung hinderlich sein kann, daß er die Gründe und Gesetze der Verdauung kennt.

II.

Verhältniß der Aesthetik zur Kunst.

So förderlich auch ästhetische Grundsätze für die Beur=
theilung gegebener Kunstwerke sind, da sie das dunkle Gefühl
zum deutlichen Begriff erheben, so unfruchtbar sind sie doch für
die Hervorbringung, für die Production schöner Kunstwerke.

Die Aesthetik verhält sich in dieser Beziehung zur Kunst,
wie die Moral zur Moralität, wie die Logik zur Vernunft, wie
die Grammatik zur Sprache u. s. w. So sehr uns auch die
Moral in den Stand setzt, die Moralität der Handlungen, die
Logik, die Vernünftigkeit der Urtheile und Schlüsse, die Gram=
matik, die Richtigkeit des sprachlichen Ausdrucks zu beurtheilen
und zu prüfen, so wenig ist doch die Moral im Stande, einen
Tugendhaften, die Logik einen vernünftig Schließenden, und
die Grammatik einen richtig Sprechenden zu machen. Denn
die beste Moral wird aus einem Tiger keinen Heiligen, die beste
Logik aus einem Ochsen keinen Denker und die beste Gramma=
tik aus einem Fisch keinen Sprecher machen. Ebensowenig aber
wird die beste Aesthetik einen Cretin zu einem Genie umschaffen.
Alle Wissenschaften dieser Art setzen vielmehr das reale Können
dessen, wovon sie die Wissenschaft sind, schon voraus. Die
Moral setzt das Dasein des tugendhaften Willens, die Logik
das Dasein der wirklichen Vernunft, die Grammatik das Dasein
der wirklichen Sprache, und ebenso die Aesthetik das Dasein
der wirklichen Kunst voraus. Denn alle diese Wissenschaften
greifen ja ihre Regeln und Grundsätze nicht aus der Luft,
sondern abstrahiren sie aus der wirklichen Praxis. Gäbe es in

der ganzen Natur keinen Dichter, so hätten wir auch keine Poetik, so wie, wenn es in der ganzen Natur keine Sprache gäbe, wir keine Grammatik hätten, oder, wenn es keine Staaten gäbe, keine Politik.

Hieraus ergiebt sich der untergeordnete Werth ästhetischer Grundsätze für den schaffenden Künstler. Was in der Kunst nicht gelernt werden kann, sondern angeboren sein muß, d. i. das Genie, welches sich in der Conception der ästhetischen Ideen kundgiebt, dazu können alle Aesthetiker der Welt nicht verhelfen. Dieses ist aber gerade die Hauptsache. Die Hauptsache kann also nicht gelernt werden. So wie Sprachen nur unter Voraussetzung des wirklichen Sprachvermögens aus Grammatiken erlernt werden können, so auch Künste aus Kunstlehren nur unter Voraussetzung des angeborenen Kunstvermögens.

Aber nicht genug, daß die genannten aus der wirklichen Praxis abstrahirten Wissenschaften das natürliche Vermögen zur Praxis nicht schaffen können, also die Grammatik kein Sprachvermögen, die Logik keine Vernunft, die Moral keinen guten Willen, die Aesthetik kein Genie; so können sie auch nicht einmal zur richtigen Anwendung ihrer Regeln und Grundsätze verhelfen. Denn zwischen der abstracten Regel und dem einzelnen concreten Fall ist immer noch eine große Kluft. Alle Regeln der Grammatik würden dem zur Erlernung einer Sprache Nichts helfen, der nicht natürlichen Verstand und Geschick genug besäße, sie am rechten Orte anzuwenden, und ebenso würden alle Regeln der Poetik dem zum Dichten Nichts helfen, der ihre Anwendung nicht verstünde. Das bloße Wissen der Regeln schützt noch nicht vor Fehlern in der Anwendung. Es kann Einer alle Regeln der Reitkunst auswendig wissen, und doch vom Pferde fallen, so wie Einer alle Regeln der Schwimmkunst wissen und doch ertrinken.

Das Beste thut also in allen Künsten die Natur, die natürliche Anlage und das praktische Geschick zur Verrichtung dessen, wozu die theoretischen Kunstlehren Anweisung geben.

Wollte das Kunstgenie nach abstract begrifflichen Regeln und Grundsätzen produciren, so würde es leicht ängstlich und bedenklich werden und dann irren und fehlen, während es so, ohne Regeln, in seinem dunkeln Drange sich des rechten Weges wohl bewußt ist. Es gilt hier, was Schopenhauer so wahr von dem Gegensatze des abstract Begrifflichen zum intuitiven Wissen sagt, daß nämlich bei Leistungen, zu denen das letztere erforderlich ist, das erstere hinderlich werden kann. „Merkwürdig ist, daß das begriffliche Wissen, die Anwendung der Vernunft, die Reflexion oft hinderlich sein kann, z. B. beim Billardspielen, beim Fechten, beim Stimmen eines Instruments, beim Singen: hier muß die anschauliche Erkenntniß die Thätigkeit unmittelbar leiten: das Durchgehen durch die Reflexion macht sie unsicher, indem es die Aufmerksamkeit theilt und den Menschen verwirrt. Darum führen Wilde und rohe Menschen, die sehr wenig zu denken gewohnt sind, manche Leibesübungen, den Kampf mit Thieren, das Treffen mit dem Pfeil u. dgl. mit einer Sicher= heit und Geschwindigkeit aus, die der reflectirende Europäer nie erreicht, eben weil seine Ueberlegung ihn schwanken und zaudern macht: denn er sucht z. B. die rechte Stelle, oder den rechten Zeitpunkt, aus dem gleichen Abstand von beiden falschen Extremen zu finden: der Naturmensch trifft sie unmittelbar, ohne auf die Abwege zu reflectiren. Eben so hilft es mir nicht, wenn ich den Winkel, in welchem ich das Rasirmesser anzusetzen habe, nach Graden und Minuten in abstracto anzugeben weiß, wenn ich ihn nicht intuitiv kenne, d. h. im Griff habe. Auf gleiche Weise störend ist ferner die Anwendung der Vernunft bei dem Verständniß der Physiognomie: auch dieses muß un= mittelbar durch den Verstand geschehen: der Ausdruck, die Be= deutung der Züge läßt sich nur fühlen, sagt man, d. h. eben, geht nicht in die abstracten Begriffe ein. Jeder Mensch hat seine unmittelbare intuitive Physiognomik und Pathognomik: doch erkennt Einer deutlicher als der Andere jene signatura rerum. Aber eine Physiognomik in abstracto zum Lehren und Lernen ist nicht zu Stande zu bringen, weil die Nüancen hier so fein sind, daß der Begriff nicht zu ihnen herabkann; daher das abstracte Wissen sich zu ihnen verhält, wie ein muswisches Bild zu einem van der Werft oder Denner; wie, so fein auch die Musaik ist, die Grenzen der Steine doch stets bleiben und daher kein stetiger Uebergang einer Tinte in die andere möglich ist, so sind auch die Begriffe mit ihrer Starrheit und scharfen Begrenzung, so fein man sie auch durch nähere Be=

stimmung spalten möchte, stets unfähig, die feinen Modificatio-
nen des Anschaulichen zu erreichen, auf welche es bei der hier
zum Beispiel genommenen Physiognomik gerade ankommt.

„Diese nämliche Beschaffenheit der Begriffe, welche sie den
Steinen des Musivbildes ähnlich macht, und vermöge welcher
die Anschauung stets ihre Asymptote bleibt, ist auch der Grund,
weshalb in der Kunst nichts Gutes durch sie geleistet wird.
Will der Sänger oder Virtuose seinen Vortrag durch Reflexion
leiten, so bleibt er todt. Dasselbe gilt vom Componisten, vom
Maler, ja vom Dichter: immer bleibt für die Kunst der Begriff
unfruchtbar; blos das Technische in ihr mag er leiten; sein
Gebiet ist die Wissenschaft." (Die Welt als Wille und Vorstell.
I. § 12.)

Auf die Frage:

> „Kann die Wissenschaft nur zum wahren Frieden mich
> führen?"

antwortet Schiller im „Genius":

Hast du, Glücklicher, nie den schützenden Engel verloren,
    Nie des frommen Instinkts liebende Warnung verwirkt,
Malt in dem keuschen Auge noch treu und rein sich die Wahrheit,
    Tönt ihr Rufen dir noch hell in der kindlichen Brust,
Schweigt noch in dem zufriednen Gemüth des Zweifels Empörung,
    Wird sie, weißt du's gewiß, schweigen auf ewig wie heut,
Wird der Empfindungen Streit nie eines Richters bedürfen,
    Nie den hellen Verstand trüben das tückische Herz —
O dann gehe du hin in deiner köstlichen Unschuld,
    Dich kann die Wissenschaft nichts lehren; sie lerne von dir!
Jenes Gesetz, das mit ehernem Stab den Sträubenden lenket,
    Dir nicht gilt's! was du thust, was dir gefällt, ist Gesetz,
Und an alle Geschlechter ergeht ein göttliches Machtwort,
    Was du mit heiliger Hand bildest, mit heiligem Mund
Redest, wird den erstaunten Sinn allmächtig bewegen,
    Du nur merkst nicht den Gott, der dir im Busen gebeut,
Nicht des Siegels Gewalt, das alle Geister dir beuget;
    Einfach gehst du und still durch die eroberte Welt!

Die Unabhängigkeit der Kunst vom theoretischen, abstract
begrifflichen Wissen geht schon daraus hervor, daß Einer ein
großer Künstler sein kann, ohne Aesthetiker zu sein, so wie
umgekehrt Einer ein großer Aesthetiker sein kann, ohne Künstler
zu sein. Das Kunst=Genie fühlt meist die innere Nöthigung,

feinen Gegenstand so oder so auszudrücken, ohne sich der Gründe, warum es gerade diesen Ausdruck schön findet, bewußt zu sein. Der Aesthetiker kann im Stande sein, die Gründe anzugeben, warum der Ausdruck, den das Genie gewählt, schön ist, und dabei doch unfähig, ein gleich schön ausgedrücktes Werk hervorzubringen.

Die ästhetischen Grundsätze der Genies sind gewöhnlich einseitig. Denn sie abstrahiren sie in der Regel meist nur aus ihren eigenen Werken, erheben damit nur die Art ihres eigenen Schaffens zur Regel und suchen dieses auf solche Weise zu justificiren. Helvetius bemerkt in dieser Hinsicht richtig: que les hommes illustres ne sont pas toujours les meilleurs juges dans le genre même où ils ont eu le plus de succés. Quelle est, me dira-t-on, la cause de ce phénomene littéraire? C'est, repondrai-je, qu'il en est des grands écrivains comme des grands peintres; chacun d'eux à sa manière. M. de Crébillon, par exemple, exprimera quelque fois ses idées avec une force, une chaleur, une énergie, qui lui sont propres; M. de Fontenelle les présentera avec un ordre, une netteté et un tour qui lui sont particuliers; et M. de Voltaire les rendra avec une imagination, une noblesse et une élégance continues. Or, chacun de ces hommes illustres, nécessité par son goût à regarder sa manière comme la meilleure, doit en conséquence faire souvent plus de cas de l'homme médiocre qui l'a saisit, que de l'homme de génie qui s'en fait une. De là les jugements différents que portent souvent sur le même ouvrage, et l'écrivain célèbre, et le public, qui, sans estime pour les imitateurs, veut qu'un auteur soit lui, et non un autre. Aussi l'homme d'esprit qui s'est perfectionné le goût dans un genre, sans avoir, en ce même genre, ni composé, ni adopté de manière, a-t-il communément le goût plus sûr que les plus grands écrivains. Nul intérêt ne lui fait illusion, et ne l'empêche de se placer au point de vue, d'ou le public considere et juge un ouvrage. (De l'esprit IV. chap. 5.)

III.

Specifisch verschiedene Arten des Wohlgefallens.

———

Jedes Wohlgefallen entspringt aus der Befriedigung eines innern Bedürfnisses, setzt also nicht blos einen Gegenstand voraus, der gefällt, sondern auch ein Begehren, ein Bedürfniß, einen Appetitus, dem es gefällt. Denn ein bloßes Object, ohne ein es begehrendes Subject, kann eben so wenig Wohlgefallen erregen, als ein bloßes Subject, ohne ein es afficirendes Object, Wohlgefallen empfinden kann. (Unter Object verstehe ich hier nur das Was des Wohlgefallens, also jede Eigenschaft, jeden Eindruck eines Objects, woran Wohlgefallen empfunden wird.)

Um daher die verschiedenen Arten des Wohlgefallens ihrem Wesen nach zu unterscheiden, müssen wir die verschiedenen Arten des demselben zu Grunde liegenden Begehrens ins Auge fassen.

Es gibt aber nur zwei specifisch verschiedene Arten des Begehrens: eigennütziges und uneigennütziges Begehren. Dem Wohlgefallen am Angenehmen und Nützlichen liegt das erstere, dem Wohlgefallen am Wahren, moralisch Guten und Schönen das letztere zu Grunde.

Dem Wohlgefallen am Angenehmen liegt das Begehren zu Grunde, daß unser Empfindungsvermögen (Sinnesnerven und Gemeingefühl) auf eine qualitativ und quantitativ angemessene Weise afficirt werde. Der Gegenstand, durch den es geschieht, ist für die Empfindung ganz gleichgültig. Denn nicht der Gegenstand ist uns angenehm oder unangenehm, sondern nur die

Art, wie er uns afficirt, oder den Eindruck, den er
macht. So ist bei einem qualitativ (der Beschaffenheit nach)
und quantitativ (dem Grade nach) uns angenehmen Geruch, oder
Geschmack, oder Farbe, oder Ton, oder einer angenehmen Af=
fection des Tastsinnes, durch Härte oder Weichheit, oder einer
angenehmen Stimmung des Gemeingefühls, durch Wärme oder
Kälte, nicht der Gegenstand, von dem alles dieses ausgeht,
uns angenehm, sondern der Eindruck, den der Gegenstand auf
uns macht, also der innere subjective Zustand, in den er
uns versetzt. Könnte daher ein anderer Gegenstand densel=
ben Eindruck machen, könnte z. B. Koth nach Rosen riechen,
oder Leder nach Kuchen schmecken, so wären sie unserer Empfin=
dung eben so angenehm. Das Angenehme gibt uns also keine
objective Beschaffenheit der Sache zu erkennen, sondern nur eine
Beschaffenheit unsers subjectiven Zustandes. Und das geistig
Angenehme unterscheidet sich in dieser Hinsicht nicht von dem
physisch Angenehmen. Uns erwiesenes Lob, Ehre, Wohl=
wollen ist uns angenehm, d. h. weiter nichts, als der sub=
jective Zustand, in den wir uns dadurch versetzt fühlen, be=
friedigt uns.

Weil beim Angenehmen nicht die Beschaffenheit der Sache
an sich es ist, die uns gefällt, sondern nur die Art, wie sie
uns afficirt, diese aber bedingt ist durch die Capacität unseres
Empfindungsvermögens, so läßt sich mit Recht sagen, daß Nichts
an sich angenehm oder unangenehm ist, sondern Alles nur
relativ, d. h. in Beziehung zu dem aufnehmenden Subject.
Ganz anders organisirte Wesen, als der Mensch, müssen ganz
andere Eindrücke angenehm oder unangenehm finden, als dieser.
Innerhalb der menschlichen Gattung wechselt das Angenehme
wieder nach der Verschiedenheit der Race, der Nationalität, und
der Individualität. Ja, innerhalb desselben Individuums
wechselt das Angenehme nach den verschiedenen Lebensaltern,
nach der verschiedenen Stimmung in Gesundheit und Krank=
heit u. s. w.

Dem Wohlgefallen am Guten liegt, wenn darunter das
Nützliche (das mittelbar Gute) verstanden wird, das Begehren
zu Grunde, daß die Mittel dem Zwecke des Willens entsprechen.
Was daher als Mittel zur Erreichung eines Zweckes führt, das

nennen wir, in Beziehung zu diesem Zweck, gut und haben Wohlgefallen daran. Nicht also die Sache an sich ist es, die uns gefällt, sondern nur ihre dem Zweck entsprechende Wirkung. Könnte derselbe Zweck durch eine andere Sache besser erreicht werden, so würde uns diese besser gefallen. So z. B. haben wir nur darum so großes Wohlgefallen am Geld, weil es so bequem, so schnell und leicht zur Erreichung der verschiedenartigsten Zwecke führt. Wenn es Etwas gäbe, was noch geeigneter wäre, als das Geld, uns zur Erreichung aller möglichen Zwecke zu verhelfen, so würden wir es ohne Zweifel dem Gelde vorziehen.

Dem Wohlgefallen am moralisch Guten liegt das Begehren zu Grunde, daß der Einzelwille sich aus uneigennützigem Antriebe, das allgemeine Wohl zum Zweck setze und, erforderlichen Falls, diesem das eigene persönliche Wohl aufopfere. Geschieht dies, so nennen wir einen solchen Willen moralisch gut und haben Wohlgefallen an ihm. Hier ist es die Beschaffenheit des Willens an sich, die uns gefällt. Denn gefiele uns ein solcher Wille blos, wie das Angenehme und Nützliche, wegen des Vergnügens und Nutzens, der möglicher Weise für uns aus ihm entspringt, so würden wir blos auf die That sehen, nicht aber auf die Gesinnung, wir würden zufrieden sein, daß er sich dem allgemeinen Wohl opfert, nicht aber auch verlangen, daß er es aus uneigennützigem Antriebe thue.

Dem Wohlgefallen am Wahren liegt das Begehren zu Grunde, daß die subjective Erkenntniß dem objectiv zu Erkennenden entspreche. Thut sie dies, so gefällt sie uns als wahr; das objectiv zu Erkennende sei übrigens, welches es wolle, ein empirisch (a posteriori) oder ein rein rational (a priori) Erkennbares. Auch hier gefällt uns die Beschaffenheit der Erkenntniß an sich. Denn die wahre Erkenntniß gefällt uns, ganz unabhängig von ihrem Inhalt und dem Vergnügen oder Nutzen, der möglicher Weise für uns aus ihr entspringt, blos darum, weil sie wahr, d. h. weil in ihr das Erkennende mit dem zu Erkennenden in Uebereinstimmung ist. Daher hat der Wahrheitsliebende gleiches Wohlgefallen an den verschiedensten Arten von Wahrheit, an mathematischer und logischer, wie an empirischer, an physischer wie an metaphysischer.

Endlich, was das Wohlgefallen am Schönen betrifft, so ist, ehe gesagt wird, welches Begehren demselben zu Grunde liegt, nothwendig, die von Einigen aufgestellte Behauptung zu widerlegen, daß das Schöne, wie das Angenehme, nur ein Subjectives sei, also keine objective Beschaffenheit der Sache ausdrücke, sondern nur eine subjective Affection unseres Anschauungsvermögens. Schön, sagen sie, sei das, was uns in der Anschauung gefällt. Nun gefalle aber zu verschiedenen Zeiten und unter verschiedenen Völkern Verschiedenes; ja, Wesen von ganz anderer Natur, mit ganz andern Organen ausgerüstet, als wir, müßten nothwendig etwas ganz Anderes schön finden, als wir. Wenn die Eber über Schönheit raisonniren könnten, so würden sie vermuthlich behaupten, es gebe kein schöneres Wesen, als eine Sau. Folglich sei das Schöne Nichts an sich, sondern schön sei, was dafür gehalten werde.

Wäre dieses wahr, dann würde sich freilich das Schöne nicht specifisch vom Angenehmen unterscheiden. Denn angenehm ist nur, was als angenehm empfunden wird, und eben so wäre, nach der erwähnten Ansicht, schön nur, was als schön angeschaut wird. Wenn also Einer Wohlgefallen am Anschauen Buckliger, Krummbeiniger, Dickbäuchiger, Breitmäuliger, Lang= oder Stumpfnäsiger u. s. w. hätte, so wären diese eo ipso schön.

Diese ganze Ansicht beruht auf einer Verwechslung des Geschmackes mit der Schönheit. Weil der Geschmack zu verschiedenen Zeiten, unter verschiedenen Völkern und unter Wesen verschiedener Art ein verschiedener ist, so ist, schließen sie, auch das Schöne ein Verschiedenes und wechselt, wie die Moden, — ein Schluß, der dem gleich kommt, daß, weil zu verschiedenen Zeiten Verschiedenes für wahr gehalten wird, auch an sich Verschiedenes wahr ist. Als ob es keine feste, unwandelbare Wahrheit gäbe, weil das Erkennen derselben wechselt, und als ob es eben so keine feste, unwandelbare Schönheit gäbe, weil der Geschmack sich ändert! —

Nein! Das Schöne ist mehr als eine blos subjective Geschmackssache. Denn das, was unserm Geschmacke gefällt, kann ja, wenn unser Geschmack ein roher oder verbildeter ist, gerade häßlich sein; so wie, was wir für wahr halten, unwahr sein kann, wenn unser Erkennen ein verschrobenes ist. Das Schöne ist, unabhängig vom Wechsel des Geschmacks, eine objective Beschaffenheit der Sache. Das Schöne bleibt schön und behält seinen Werth, auch wenn es dem ungebildeten oder verbildeten Geschmack nicht gefällt. Das Schöne richtet sich nicht nach dem Geschmack, sondern umgekehrt, der Geschmack hat sich nach dem Schönen zu richten. Nur das Angenehme hört auf angenehm zu sein, wenn es nicht mehr als angenehm empfunden wird; denn es besteht eben nur in der Empfindung. Hingegen, so wie was wahr und recht und gut ist, es bleibt, wenn es auch nicht als solches anerkannt wird, so bleibt, was schön ist, schön, wenn auch ganze Zeiten und ganze Völker sich mit ihrem verdorbenen Geschmack davon abwenden.

Fragen wir nun aber, worauf das Wohlgefallen am Schönen eigentlich beruhe, welches Begehren es sei, das in ihm befriedigt wird, so wird sich schwerlich etwas Anderes angeben lassen, als dieses, daß die einzelne, räumlich und zeitlich begränzte Erscheinung das in ihr Erscheinende, d. i. die ewige Idee, den Urtypus ihrer Gattung, die Forma substantialis, (das Platonische Urbild), rein und ungetrübt zur Anschauung bringe. Thut sie dieses, so gefällt sie uns als schön. Nicht also, weil sie uns, unseren subjectiven Forderungen entspricht, gefällt sie uns, sondern weil sie sich selbst, d. h. ihrer eignen Intention. gemäß ist; so wie im entgegengesetzten Fall eine häßliche Erscheinung, z. B. die eines Buckligen, nicht darum uns mißfällt, weil sie uns zuwider ist, sondern darum uns zuwider ist, weil sie sich selbst, der eignen Idee, nicht entspricht. Darum können sogar schädliche Dinge, Mineralien, Pflanzen und Thiere, deren Wirkungen verderblich sind, uns als schön gefallen, wenn wir nur bei ihrer Anschauung uns rein objectiv verhalten, von ihrer Beziehung auf unsern persönlichen Willen abstrahiren und nur ihre Erscheinung im Verhältniß zu ihrer Idee ins Auge fassen. Wäre Nutzen und Vergnügen der Bestimmungsgrund unsers Wohlgefallens am Schönen, so müßten wir eine gebratene Taube in der Schüssel schöner finden, als eine frei herumfliegende, und einen gebratenen Apfel schöner, als einen am Baume hängenden. Eine uns untreu gewordene Schöne müßte sich plötzlich in eine Häßliche, und eine uns viel

Liebes und Gutes erweisende Häßliche plötzlich in eine Schöne verwandeln.

Dem Sokrates war das Schöne und Gute noch identisch mit dem Nützlichen, wie aus Xenophons Memorabilien 3, 8 und 4, 6 hervorgeht. Das Gute ist ihm dort nichts Anderes als das Nützliche, das Schöne nichts Anderes als das Brauchbare, Alles daher für dasjenige gut und schön, dem es nützlich und brauchbar ist. An ersterer Stelle heißt es: Σὺ δ᾽ οἴει, ἔφη, ἄλλο μὲν ἀγαθόν, ἄλλο δὲ καλὸν εἶναι; οὐκ οἶσθ᾽ ὅτι πρὸς ταὐτά πάντα καλά τε κἀγαθά ἐστι; πρῶτον μὲν γὰρ ἡ ἀρετὴ οὐ πρὸς ἄλλα μὲν ἀγαθόν, πρὸς ἄλλα δὲ καλόν ἐστιν· ἔπειτα οἱ ἄνθρωποι τὸ αὐτὸ τε καὶ πρὸς τὰ αὐτὰ καλοὶ κἀγαθοὶ λέγονται· πρός τὰ αὐτὰ δὲ καὶ τὰ σώματα τῶν ανθρώπων καλὰ τε κἀγαθὰ φαίνεται· πρὸς ταυτὰ δὲ καὶ τἆλλα πάντα οἷς ἄνθρωποι χρῶνται καλά τε κἀγαθά νομίζεται, πρὸς ὅπερ ἂν εὔχρηστα ᾖ. Und damit stimmt die zweite angeführte Stelle vollständig überein. Sokrates unterschied also das an sich Gute und Schöne, d. h. das sich selbst, seinem eigenen Wesen Entsprechende, noch nicht von dem blos relativ Guten und Schönen, von dem Nützlichen und Brauchbaren. Die Frage, ob Etwas an sich gut oder schön sei, hat für ihn keinen Sinn, denn was in der einen Rücksicht gut und schön sei, könne in einer andern schlecht und häßlich sein. Was für den Hunger gut sei, das sei oft böse fürs Fieber, und was fürs Fieber gut sei, tauge nicht für den Hunger. Oft sei, was schön ist zum Laufen, zum Ringen häßlich, und was zum Ringen schön sei, häßlich zum Laufen. Denn Alles sei gut und schön in Beziehung zu dem, wozu es sich gut verhalte, schlecht aber und häßlich, wozu es sich schlecht verhalte. (πάντα γὰρ ἀγαθὰ μὲν καὶ καλά ἐστι πρὸς ἃ ἂν εὖ ἔχῃ, κακὰ δὲ καὶ αἰσχρὰ πρὸς ἂν κακῶς.) Als ob das, wozu Etwas sich gut und schön oder entgegengesetzt verhält, nur der äußere Gebrauch, der Nutzen, wäre; als ob es nicht das eigene innere Wesen der Sache sein könnte, wozu sie sich entweder gut oder schlecht, schön oder häßlich verhält! Um zu beurtheilen, ob ein Mann gut oder schlecht, schön oder häßlich sei, brauchen wir wahrlich nicht mit Sokrates immer erst zu fragen: wozu gut, wozu schön, weil ein zum Laufen guter und schöner Mann ja zum Ringen schlecht und häßlich sein könne,

sondern wir brauchen nur die objective Idee, d. h. das plato=
nische Urbild, den Urtypus des Mannes ins Auge zu fassen
und mit diesem den wirklichen Mann zu vergleichen; eben so
um die Schönheit eines Weibes zu beurtheilen, brauchen wir
nicht zu fragen, ob sie zum Kochen und Waschen oder zum
Singen und Tanzen schön sei, weil eine zu diesem Schöne ja
zum Kochen und Waschen häßlich sein könnte, sondern wir
brauchen sie nur mit dem Urbild des Weibes zu vergleichen.
Es gibt also ein an sich Schönes.

Vergleichen wir nun die verschiedenen Arten des Wohl=
gefallens mit einander, so finden wir, daß die Beiden zuerst
genannten, das Wohlgefallen am Angenehmen und Nützlichen,
einen scharfen Gegensatz bilden zu den drei letztgenannten, dem
Wohlgefallen am moralisch Guten, Wahren und Schönen, so
daß es eigentlich nur zwei specifisch verschiedene Arten des
Wohlgefallens gibt.

Das Wohlgefallen am Angenehmen und Nützlichen ist
nämlich ein interessirtes, eigennütziges, das Wohlgefallen am
moralisch Guten, Wahren und Schönen hingegen ein uninteres=
sirtes, uneigennütziges. Denn jenes hat seinen Grund nicht in
der objectiven Beschaffenheit der Sache an sich, sondern da nur
das Vergnügen oder der Nutzen, den die Sache bringt, gefällt,
in ihrer Beziehung zu dem Gefühl und Willen des Subjects;
während die drei letztern Arten des Wohlgefallens ihren Grund
in der objectiven Beschaffenheit der Sache an sich haben, ganz
abgesehen von Vergnügen und Nutzen für das Subject. In
jenen beiden ersten Arten des Wohlgefallens kommen wir nicht
über unser Ich, unsere Individualität hinaus; in diesen letztern
hingegen werden wir frei von unserm Ego, erheben uns über
unsere Individualität.

Zwar können wir auch am moralisch Guten, Wahren und
Schönen ein eigennütziges Interesse nehmen, insofern uns die=
selben nicht wegen ihrer objectiven Beschaffenheit, sondern wegen
des Vergnügens und Nutzens, der mittelbar für uns daraus
entspringt, gefallen. Aber dann ist es auch eigentlich nicht das
moralisch Gute, Wahre und Schöne als solches, woran wir
Wohlgefallen haben, sondern nur das Vergnügen und der
Nutzen, der ihnen anhängt. Rein ist das Interesse am

moralisch Guten, Wahren und Schönen nur dann, wenn uns dieselben auch, ohne daß sie uns Nutzen oder Vergnügen bringen, ja sogar gegen unsern persönlichen Vortheil in= teressiren.

Kant unterscheidet das Wohlgefallen am Angenehmen, Guten und Schönen als drei specifisch verschiedene Arten des Wohlgefallens, aber ungeachtet aller Verschiedenheit zwischen dem Angenehmen und Guten (derzufolge man z. B. „von einem durch Gewürze und andere Zusätze den Geschmack er= hebenden Gerichte ohne Bedenken sagt, es sei angenehm, und doch zugleich zugesteht, daß es nicht gut sei, weil es zwar un= mittelbar den Sinnen behagt, mittelbar aber, d. i. durch die Vernunft, die auf die Folgen hinaus sieht, betrachtet, mißfällt,“) — sieht er doch ein, daß das Wohlgefallen am Angenehmen mit dem Wohlgefallen am Guten dieses gemein hat, daß beide jederzeit mit Interesse verbunden sind, also dem Schönen gegenüber, an welchem das Wohlgefallen ein uninteressirtes ist, in eine Klasse gehören; so daß es also auch nach Kant nur zwei specifisch verschiedene Arten des Wohlgefallens gibt: interessirtes und uninteressirtes. Aber darin hat Kant gefehlt, daß er das Wohlgefallen am moralisch Guten mit dem Wohlgefallen am Nützlichen, unter der gemeinschaftlichen Kategorie des Wohlgefallens am Guten, zu der Klasse des interessirten Wohlgefallens gerechnet hat, indem er sagt: „Ungeachtet aller Verschiedenheit zwischen dem Angenehmen und Guten kommen beide doch darin überein, daß sie jederzeit mit einem Interesse an ihrem Gegenstande verbunden sind, nicht allein das Angenehme und das mittelbar Gute (das Nützliche) welches als Mittel zu irgend einer Annehmlichkeit gefällt, son= dern auch das schlechterdings und in aller Absicht Gute, nämlich das moralische, welches das höchste In= teresse bei sich führt. Denn das Gute ist das Object des Willens. Etwas aber wollen und an dem Dasein desselben ein Wohlgefallen haben, d. i. daran ein Interesse nehmen, ist iden= tisch.“ (Krit. d. U. §. 4.) Allerdings interessirt uns das moralisch Gute; denn ohne Interesse ist ja überhaupt kein Wohl= gefallen möglich, aber wie himmelweit verschieden ist doch dieses uneigennützige Interesse von dem eigennützigen Interesse am

Angenehmen und Nützlichen! Das moralisch Gute interessirt uns, wie das Schöne, um seiner selbst willen, d. h. wegen seiner objectiven Beschaffenheit, das Angenehme und Nützliche hingegen wegen seiner Beziehung zu uns, also wegen seiner Wirkung auf das Subject. Das Wohlgefallen am moralisch Guten gehört also nicht mit dem Wohlgefallen am Angenehmen und Nützlichen in eine Klasse, sondern mit dem Wohlgefallen am Schönen und am Wahren. Ganz eben so uneigennützig wie uns die Wahrheit des pythagoräischen Lehrsatzes und die Schönheit einer griechischen Statue gefällt, ganz eben so uneigennützig gefällt uns auch die moralische Güte eines gerechtigkeitsliebenden und wohlwollenden Menschen; denn sie gefällt uns nicht etwa blos', wenn wir ihrer bedürfen und Vortheil von ihr haben, sondern auch dann, wenn sie einen uns ganz fremden Menschen trifft, ja sogar, wenn sie gegen unsern eignen Vortheil gerichtet ist, wenn z. B. die Gerechtigkeit durch ihr unpartheiisches Urtheil uns selbst verdammt. Das moralische Wohlgefallen gehört also, als uneigennützig, mit dem ästhetischen in eine Klasse, obwohl beide in Ansehung ihres Gegenstandes verschieden sind.

Am Auffallendsten ist der scharfe Gegensatz zwischen dem interessirten und uninteressirten, eigennützigen und uneigennützigen Wohlgefallen da, wo beide Arten des Wohlgefallens an einem und demselben Gegenstande in Conflict kommen. So z. B. wenn Früchte zugleich angenehm, nützlich und schön sind. Insofern sie angenehm (wohlschmeckend) und nützlich (nahrhaft) sind, möchten wir sie gern verzehren; insofern sie aber schön sind (durch ihre Form gefallen), möchten wir sie gern conserviren, sie in der Gruppe, die sie am Baume hängend, oder im Fruchtkorb liegend, bilden, belassen, um uns an ihrem Anblick so lange wie möglich zu erfreuen. Hier tritt der Gegensatz zwischen unserm individuellen Willen und dem ästhetisch anschauenden, contemplativen Sinn recht scharf zu Tage. Jener verhält sich den Dingen gegenüber selbstsüchtig, egoistisch, zerstörend; dieser hingegen selbstsuchtlos, uneigennützig, erhaltend. Jener gesteht den Dingen nur einen mittelbaren Werth zu, betrachtet sie nur als Mittel zum subjectiven Nutzen und Vergnügen und verwirft sie daher, wenn sie diesem nicht entsprechen;

der ästhetische Sinn hingegen gibt den Dingen einen un=
mittelbaren Werth, faßt sie als Selbstzweck auf und ist daher
zufrieden, wenn sie sich selbst entsprechen, d. h. in ihrer Erschei=
nung vollkommener Ausdruck ihres Wesens, ihrer Idee, ihres
Urbildes sind. Während der eigennützige Wille fordert, daß
die Dinge so seien, wie er will, verlangt der uneigennützige
ästhetische Sinn weiter Nichts, als daß die Dinge das seien,
was sie selbst ihrer Natur nach sein wollen, daß sie also in
ihrer Erscheinung ungetrübter Spiegel ihres Wesens seien.

Die Selbstsucht des Willens gibt sich ferner darin zu er=
kennen, daß er nur durch wirkliche Gegenstände befriedigt
werden kann. Er verlangt, daß das Angenehme und Nützliche
real existire. Mit gemalten Früchten, gemalten schönen Wei=
bern ist dem Willen nicht gedient. Das Selbstsuchtlose des
ästhetischen Sinnes dagegen zeigt sich sogleich darin, daß derselbe
auch durch blos in der Phantasie vorgestellte, oder künstlerisch
dargestellte schöne Formen erfreut wird. Die eingebildeten
Wesen der griechischen Mythologie, die unserer Person weder
etwas Angenehmes noch Gutes erweisen, gefallen unserm ästhe=
schen Sinn dennoch und zwar mehr, als die realen Wesen um
uns, die uns viel Liebes und Gutes erweisen. Während es
also dem persönlichen Willen auf die Existenz, das Dasein des
Gegenstandes ankommt, interessirt den ästhetischen Sinn nur
das Was, die qualitative Beschaffenheit. Lieben können wir
daher nur ein wirkliches Weib, aber schön finden auch ein blos
gemaltes oder in Marmor gehauenes. *)

------

*) Wegen der Uneigennützigkeit des ästhetischen Sinnes ist die Uebung und
Ausbildung desselben der Moralität förderlich. Denn auch diese besteht ja in
der Erhabenheit über den Egoismus. Aber freilich ist es etwas Anderes, in
der contemplativen Anschauung frei werden vom Ego, und im Wollen und
Handeln sich über dasselbe erheben. Jenes kostet keinen solchen schweren Kampf,
wie dieses. Mit dem höchsten Genie, das während seines künstlerischen Schaf=
fens in der Anschauung des Schönen ganz sein Ich aus dem Bewußtsein ver=
liert, kann sich daher im Leben dennoch ein unmoralischer, eigensüchtiger Wille
verbinden. Aber daß es dem, der öfter in der Anschauung sich von seinem
Ich losgerissen hat, zuletzt auch leichter gelingen muß, im Wollen von dem=
selben frei zu werden, das wird Niemand leugnen. (Dies zur Ergänzung des
Schiller'schen Aufsatzes „über den moralischen Nutzen ästhetischer Sitten.")

Die Prädicate angenehm und gut (nützlich) drücken nichts weiter aus, als die Beziehung des einzelnen, materiellen, wirklichen, räumlich und zeitlich begrenzten, in diesem oder jenem Causalzusammenhang stehenden Dinges zum individuellen Gefühl und Willen des Einzelnen. Schönheit hingegen ist Gegenstand der individualitäts- und willenlosen Anschauung, die in den einzelnen Dingen nicht sie selbst in ihrer Einzelnheit, in ihrer räumlich-zeitlichen Causalbeziehung, sondern die generellen, raum- und zeitlosen Ideen, die in ihnen zur Erscheinung kommen, sieht. „Indem wir einen Gegenstand schön nennen, sprechen wir dadurch aus, daß er Object unserer ästhetischen Betrachtung ist, welches zweierlei in sich schließt, einerseits nämlich, daß sein Anblick uns objectiv macht, d. h. daß wir in der Betrachtung desselben nicht mehr unserer als Individuen, sondern als reinen willenlosen Subjects des Erkennens uns bewußt sind; und andererseits, daß wir im Gegenstande nicht das einzelne Ding, sondern nur eine Idee erkennen, welches nur geschehen kann, sofern unsere Betrachtung des Gegenstandes nicht dem Satz vom Grunde hingegeben ist, nicht seiner Beziehung zu irgend etwas außer ihm (welche zuletzt immer mit Beziehungen auf unser Wollen zusammenhängt) nachgeht, sondern auf dem Object selbst ruhet .... Daher, wenn ich z. B. einen Baum ästhetisch, d. h. mit künstlerischen Augen betrachte, also nicht ihn, sondern seine Idee erkenne, es sofort ohne Bedeutung ist, ob es dieser Baum oder sein vor tausend Jahren blühender Vorfahr ist, und ebenso, ob der Betrachter dieses, oder irgend ein anderes, irgendwann und irgendwo lebendes Individuum ist." (Schopenhauer „die Welt als Wille und Vorstellung" Bd. I. §. 41. zweite Auflage.)

Eben, weil das Schöne Gegenstand der individualitäts- und willenlosen Anschauung ist, darf bei Betrachtung desselben sich nichts Reizendes, d. h. nichts den individuellen Willen, Begierden und Gelüste Erweckendes, einmischen. Denn, wo der Wille erwacht und anfängt unruhig zu werden, da ist es alsbald mit der Seligkeit und Ruhe des ästhetischen Genusses aus. Eine Schöne lieben und eine Schöne ästhetisch anschauen, ist daher ein sehr verschiedenes Verhalten. Die Liebe macht begehrlich und unruhig, die ästhetische Contemplation hingegen wirkt beruhigend.

Sucht man daher reinen ästhetischen Genuß, so vermeide man alles Reizende. Künstler, die das Reizende, Schlüpfrige, Lüsterne in ihren Werken lieben, degradiren die Kunst zu einer gemeinen Dirne. „Der Geschmack, sagt Kant, ist jederzeit noch barbarisch, wo er die Beimischung der Reize und Rührungen zum Wohlgefallen bedarf, ja wohl gar diese zum Maßstabe seines Beifalls macht." (Kritik der Urtheilskraft §. 13. Vergl. Schopenhauer a. a. O. §. 40.) Erst nach Absonderung des Reizenden oder Rührenden bleibt das Schöne übrig, das ein Selbstständiges ist, in sich selbst eine Bedeutung hat, und um sein selbst willen gefällt.

Das Schöne ist zwar ein Zweckmäßiges, aber keinem äußern Zweck Dienendes. Alle Artefacta oder Manufacta daher, denen man weiter nichts ansieht, als daß sie Mittel zu äußern Zwecken sind, wie Zeuge, Geräthschaften, Meubles, Werkzeuge, oder künstlich zubereitete Speisen und Getränke, überhaupt Alles, was nur des Nutzens oder Vergnügens wegen da ist, kann, wenn es weiter Nichts verräth, als den äußern Zweck, dem es dient, nicht schön genannt werden.

Sollen solche Dinge das Gepräge der Schönheit erhalten und so Gegenstände der ästhetischen Contemplation werden, so muß ihnen eine Form gegeben werden, wodurch sie aus ihrer blos äußern Beziehung auf den Willen und dessen Zwecke herausgehoben werden, so daß sie wie selbstständige, einen eigenen inwohnenden Willen ausdrückende Wesen erscheinen. „Man hat längst erkannt, daß jedes zu menschlichen Zwecken bestimmte Werk, also jedes Geräth und jedes Gebäude, um schön zu sein, eine große Aehnlichkeit mit den Werken der Natur haben müsse: aber darin hat man geirrt, daß man meinte, diese müsse eine directe sein und unmittelbar in den Formen liegen; so daß z. B. Säulen Bäume oder gar menschliche Gliedmaßen darstellen, Gefäße wie Muscheln, oder Schnecken, oder Blumenkelche gestaltet sein und überall vegetabilische oder thierische Formen erscheinen müßten. Vielmehr soll jene Aehnlichkeit keine directe, sondern nur eine mittelbare sein, d. h. nicht in den Formen, sondern im Charakter der Formen liegen. Demnach sollen Gebäude und Geräthe nicht der Natur nachgeahmt, sondern im Geiste derselben geschaffen sein   .   Dies zeigt die antike Baukunst, in der genauen Angemessenheit jedes Theiles, oder Gliedes, zu seinem unmittelbaren Zwecke, den es eben dadurch naiv darlegt, und in der Abwesenheit alles Zweck= losen   Dasselbe gilt von den antiken Gefäßen, deren Schönheit daraus entspringt, daß sie auf so naive Art aus= drücken, was sie zu sein und zu leisten bestimmt sind; und eben so von allen übrigen Geräthen der Alten: man fühlt da= bei, daß wenn die Natur Vasen, Amphoren, Lampen, Tische, Stühle, Helme, Schilde, Panzer u. s. w. hervorbrächte, sie so aussehen würden." (Schopenhauer Parerga und Paralipomena Bd. II. §. 214.)

Wie nothwendig es ist, daß sich uns die Dinge frei nach ihrer innern Zweckmäßigkeit darstellen und nicht blos im Dienste äußerer Nützlichkeitszwecke, wenn wir sie schön finden sollen, lehrt uns die Erfahrung, daß der Genuß des Schönsten uns vergällt wird, sobald wir dahinter kommen, daß es nicht aus innerm Antriebe besteht und wirkt, sondern nur als Mittel zu äußern Zwecken der Noth und des Bedürfnisses. So hat es mir oft den Genuß der schönsten Ballets verleidet, wenn ich daran dachte, daß die armen Geschöpfe doch nur des Geldes wegen so schön tanzten, und wenn sie es nicht des Broderwerbes wegen müßten, keinen Fuß aufheben würden. Warum gefällt uns ein Pferd, vor den Lastwagen gespannt und unter den Hieben der Peitsche mühsam ziehend, nicht wie ein in völliger Freiheit sich tummelndes Pferd? warum finden wir das Leben in Städten mit ihren räucherigen Fabriken, geräuschvollen Werkstätten, keu= chenden Lastträgern oder dem steifen, gezierten und genirten Wesen ihrer Gesellschaften nicht schön, wie das freie, ungenirte Landleben? warum nennen wir das Reisen auf Eisenbahnen unpoetisch, absichtslose Fußwanderungen dagegen poetisch? Alles, weil jene uns an Noth, Mühseligkeit und Bedürftigkeit erinnern, da sie uns die Gegenstände nicht in ihrer selbsteigenen, sich selbst überlassenen Natur zeigen, sondern im harten und sauren Frohn= dienste des Willens, während der Anblick des Schönen, sowie es selbst an sich ein Seliges, Bedürfniß= und Müheloses ist, auch in uns den Zustand der bedürfniß= und mühelosen Selig= keit erzeugt.

Die jüdisch-theistische Weltauffassung, derzufolge Gott Alles nur zu des Menschen Nutzen oder Vergnügen gemacht hat, ist eine höchst unästhetische, unpoetische, unschöne. Was hat der Himmel noch Schönes und Erhabenes für uns, wenn wir ihn nur als eine vom Welttapezierer über unsern Köpfen ausgespannte und mit Sternen verzierte Decke betrachten? Welch' ästhetisches Interesse kann uns die Sonne und der Mond noch einflößen, wenn wir sie als Lampen betrachten, die der Weltilluminateur über uns aufgehängt und angezündet hat? Wie ungesalzen wird doch das Meer, wie fade die Berge, die Bäume und Flüsse, wie theatermäßig verpuffen Donner und Blitz, wenn alles Dieses nur des Menschen wegen vom Weltmaschinisten fabricirt ist? Poetische Naturen, wie Göthe, hatten daher die entschiedenste Abneigung gegen diese utilistische Weltansicht. „Es ist, schreibt Göthe an Zelter (Briefwechsel, 707. Brief) ein grenzenloses Verdienst unsers alten Kant um die Welt, und ich darf auch sagen um mich, daß er, in seiner Kritik der Urtheilskraft, Kunst und Natur neben einander stellt und beiden das Recht zugesteht: aus großen Principien zwecklos zu handeln. So hatte mich Spinoza früher schon in dem Haß gegen die absurden Endursachen beglaubigt. Natur und Kunst sind zu groß, um auf Zwecke auszugehen, und haben's nicht nöthig, denn Bezüge gibt's überall und Bezüge sind das Leben."

Verspottet ist jene die Natur nur aus äußern Nützlichkeitszwecken erklärende Teleologie, die der Tod aller ästhetischen Naturauffassung ist, in dem Xenion:

Welche Verehrung verdient der Weltenschöpfer, der gnädig,
Als er den Korkbaum schuf, gleich auch die Stöpsel erfand!

Die Natur schafft aus innern Principien zweckmäßig, ihr Schaffen und Wirken wird nicht bestimmt durch die Rücksicht auf äußere Zwecke. Und in diesem Sinne ist auch das Schaffen und Bilden des echten Künstlers ein naturartiges, aus innerm Drange erfolgendes. Die echten Kunstwerke haben daher mit den Naturproducten dieses gemein, daß sie ein, obwohl innerlich zweckmäßiges, doch von der Rücksicht auf äußere Zwecke Freies sind.

IV.

Zwei dem Schönen verwandte Begriffe.

Schönheit und Ungezwungenheit, oder Natürlichkeit, sind unzertrennliche Begriffe. Alles Gezwungene sieht unnatürlich aus, und alles Unnatürliche ist schon unschön. Denn der wesentliche Charakter des Schönen ist freie, ungehemmte Naturäußerung, wodurch es zum klaren Spiegel des innern Wesens wird; diesem steht aber nichts so sehr entgegen, wie die Unnatur und der Zwang, die den Dingen etwas Anderes zu sein auferlegen, als sie gern aus eignem innern Antriebe sein möchten, ihr Wesen also verhüllen und unkenntlich machen.

Doch anderseits, nicht minder als die Freiheit, ist auch die Nothwendigkeit ein wesentlicher Charakterzug des Schönen, und dieses ist kein Widerspruch; denn nicht Freiheit und Nothwendigkeit schließen einander aus, sondern Freiheit und Zwang, Freiheit und Hemmung. Die natürlichen, ungezwungenen Aeußerungen eines Wesens sind eben so streng nothwendig, wie sie frei sind; sie können nicht nicht und nicht anders sein, sind nicht zufällig, und doch sind sie nicht gezwungen, sondern frei, weil sie der vollkommen entsprechende Ausdruck des eigenen Innern, der eigenthümlichen Natur des Wesens sind.

Zwar ist nicht alles Natürliche und Ungezwungene schön, denn es gibt ja auch Naturwesen und Charaktere, die sich ganz frei und natürlich äußern, die ihr Wesen ganz ungezwungen entfalten, und dennoch häßlich sind und bleiben. Aber die Natürlichkeit und Ungezwungenheit ist immer und überall, auch wenn sie am Unschönen vorkommt, schön; und sie ist es eigentlich, die den Grund der Naturschönheit ausmacht.

Die Natur nennen wir mit allem noch so Häßlichen und Widrigen, Mißgestalteten und Verzerrten, Plumpen und Schwerfälligen, was in ihr vorkommt, dennoch schön, und schließen eben so den im Sumpfe quakenden Frosch, wie die auf dem Baume singende Nachtigall, eben so das zur Erde gebückte grunzende Schwein, wie das den Kopf frei hebende wiehernde Roß, eben so den kriechenden Wurm, wie den flatternden Schmetterling mit in den Begriff der Naturschönheit ein, weil aus allen diesen, der äußern Form nach so heterogenen Erscheinungen die gleiche Natürlichkeit und Ursprünglichkeit ihres Wesens herausspricht. Da ist nichts Gemachtes und Erkünsteltes, nichts Verstelltes und Unwahres, nichts auf äußern Schein und Täuschung Berechnetes, und eben diese Naivetät der Natur, diese Sincerität und Simplicität, mit der sie sich gibt, wie sie ist, das ist es, was uns an ihr entzückt.

Schon Kant hat in seiner Kritik der Urtheilskraft, in dem Capitel vom intellectuellen Interesse am Schönen (§. 42.) darauf aufmerksam gemacht, daß das Interesse an der Naturschönheit eigentlich nicht ein Wohlgefallen an der Schönheit ihrer Formen ist, sondern an der Natürlichkeit und Ursprünglichkeit des Wesens, das aus ihnen herausspricht. „Der, welcher einsam die schöne Gestalt einer wilden Blume, eines Vogels, eines Insects u. s. w. betrachtet, um sie zu bewundern, zu lieben und sie nicht ganz in der Natur überhaupt vermissen zu wollen, ob ihm gleich dadurch einiger Schaden geschähe, viel weniger ein Nutzen daraus für ihn hervorleuchtete, nimmt ein unmittelbares und zwar intellectuelles Interesse an der Schönheit der Natur, d. i. nicht allein das Product der Form nach, sondern auch das Dasein desselben gefällt, ohne daß ein Sinnenreiz daran Antheil hätte, oder er auch irgend einen Zweck damit verbände. Es ist aber hierbei merkwürdig, daß, wenn man diesen Liebhaber des Schönen insgeheim hintergangen hätte und künstliche Blumen (die man den natürlichen ganz ähnlich verfertigen kann) in die Erde gesteckt oder künstlich geschnitzte Vögel auf Zweige und Bäume gesetzt hätte, und er darauf den Betrug entdeckte, das unmittelbare Interesse, das er vorher daran nahm, alsbald verschwinden, aber ein anderes, nämlich das Interesse der Eitelkeit, sein Zimmer für fremde Augen damit auszuschmücken, an dessen Stelle sich einfinden würde. Daß die Natur jene Schönheit hervorgebracht hat: dieser Gedanke muß die Anschauung und Reflexion begleiten, und auf diesen gründet sich allein das unmittelbare Interesse, das man daran nimmt."

Diese Betrachtung hat Schiller zu seiner Abhandlung über naive und sentimentalische Dichtung veranlaßt, in der er gleich Anfangs, in Uebereinstimmung mit Kant, das Interesse an der Naturschönheit durch die Reflexion bedingt sein läßt, daß der Gegenstand, der uns dieses Interesse einflößt, Natur sei, aber noch als zweite Bedingung hinzufügt, daß er (in weitester Bedeutung des Worts) naiv sei, d. h. daß die Natur mit der Kunst im Contrast stehe und sie beschäme. „Sobald das Letzte zu dem Ersten hinzukommt, und nicht eher, wird die Natur zum Naiven. Natur in dieser Betrachtungsart ist uns nichts Anderes, als das freiwillige Dasein, das Bestehen der Dinge durch sich selbst, die Existenz nach eigenen und unabänderlichen Gesetzen. Diese Vorstellung ist schlechterdings nöthig, wenn wir an dergleichen Erscheinungen Interesse nehmen sollen. Könnte man einer gemachten Blume den Schein der Natur mit der vollkommensten Täuschung geben, könnte man die Nachahmung des Naiven in den Sitten bis zur höchsten Illusion treiben, so würde die Entdeckung, daß es Nachahmung sei, das Gefühl, von dem die Rede ist, gänzlich vernichten. Daraus erhellet, daß diese Art des Wohlgefallens an der Natur kein ästhetisches, sondern ein moralisches ist:*) denn es wird durch eine Idee vermittelt, nicht unmittelbar durch Betrachtung erzeugt;

---

*) Auch Kant sieht in dem Interesse am Naturschönen ein Zeichen moralischer Gesinnung, indem er a. a. O. sagt: „Ich räume gern ein, daß das Interesse am Schönen der Kunst gar keinen Beweis einer dem moralisch Guten anhänglichen, oder auch nur dazu geneigten Denkungsart abgebe, dagegen behaupte ich, daß ein unmittelbares Interesse an der Schönheit der Natur zu nehmen, jederzeit ein Kennzeichen einer guten Seele sei, wenn dieses Interesse habituell ist, wenigstens eine dem moralischen Gefühl günstige Gemüthsstimmung anzeige, wenn es sich mit der Beschauung der Natur gern verbindet.''

auch richtet es sich ganz und gar nicht nach der Schönheit der Formen. Was hätte auch eine unscheinbare Blume, eine Quelle, ein bemooster Stein, das Gezwitscher der Vögel, das Summen der Bienen u. s. w. für sich selbst so Gefälliges für uns? Was könnte ihm gar einen Anspruch auf unsere Liebe geben? Es sind nicht diese Gegenstände, es ist eine durch sie dargestellte Idee, was wir in ihnen lieben. Wir lieben in ihnen das stille schaffende Leben, das ruhige Wirken aus sich selbst, das Dasein nach eigenen Gesetzen, die innere Nothwendigkeit, die ewige Einheit mit sich selbst."

So aufgefaßt, bekommt aber das Wort: Naturschönheit einen weitern und umfassendern Sinn, als den, den man ihm gewöhnlich gibt, wenn man es blos auf die Erscheinungen der äußern Natur einschränkt. Auch alle ethischen und intellectuellen Erscheinungen, in denen sich ein naturartiges, d. i. ein freies und ungezwungenes, aus innerm Antrieb entsprungenes und dennoch gesetzmäßiges und nothwendiges Wirken kund gibt, sind schön zu nennen im Sinne der Naturschönheit, und so sprechen wir denn von einem schönen Familienleben, einem schönen Volksleben, wenn in der Familie und im Staat alle Ordnungen und Einrichtungen aus dem innern Wesen derselben hervorgewachsen sind, wenn kein Mitglied sich durch dieselben beengt fühlt oder denselben zuwider handelt, Keinem ein äuße= rer Zwang auferlegt wird, bei Keinem Pflicht und Neigung in Collision kommen, sondern Jeder das Gesetz aus Liebe erfüllt, wie der Mensch im goldenen Zeitalter, von dem Ovid singt:

vindice nullo,
Sponte sua, sine lege, fidem rectumque colebat.
Poena metusque aberant, nec verba minacia fixo
Aere legebantur, nec supplex turba timebant
Judicis ora sui; sed erant sine vindice tuti.

Auch die Tugend ist ein Naturschönes, wenn sie aussieht, wie eine sich von selbst ergebende Wirkung der Natur. Unschön tugendhaft ist, wer gezwungen, wider Willen, mit ver= drießlichem Gesicht und mürrischem Wesen Gutes thut, wer also un= und widerwillig Mäßigkeit, Gerechtigkeit und Wohlthätig= keit übt, kurz, wer nicht innerlich tugendhaft ist, sondern es nur äußerlich scheint. Denn das Schöne ist kein bloßer äußerer Schein, zu dem das innere Wesen fehlt; sondern es ist vollkommene Erscheinung eines innerlich wirkenden Wesens. Sollte daher auch nicht alles natürlich Schöne ein Sittliches sein, so ist doch umgekehrt alles natürlich Sittliche ein Schönes.

(Man hat sich sehr zu hüten, daß man nicht alles Natürlich= schöne, d. h. alles wegen seiner Ursprünglichkeit und Unmittel= barkeit, wegen seiner Freiheit und Ungezwungenheit Ge= fallende, deswegen auch schon für ein moralisch Gutes halte. Denn zwar unser Wohlgefallen daran ist, wie Kant und Schiller richtig bemerkt haben, insofern ein moralisches, als es einen wahrheitsliebenden, geraden und offenen, naiven Cha= rakter verräth, der allen falschen Schein, alles Künstliche und Gemachte, alles nur zu äußern Zwecken Berechnete haßt. Aber daraus folgt noch nicht, daß alles Natürliche, an dem wir wegen seiner Wahrheit und Natürlichkeit Wohlgefallen finden, auch schon an sich ein moralisch Gutes sei. Vielmehr kann uns vom Standpunkte des beschaulichen Naturinteresses das mora= lisch Schlechteste eben so gut gefallen, wie das moralisch Beste, wofern es nur ein Natürliches, aus innerer Nothwendigkeit Ent= sprungenes ist. So gefallen uns in der Natur nicht blos die milden und freundlichen, die wohlthätigen und heilsamen Wirkungen, aus denen ein guter Geist spricht, sondern eben so die schrecklichen und verheerenden, die schonungslos vernichtenden und ver= wüstenden, in denen sich ein böser Dämon kund gibt. In Orkanen und Erdbeben, Feuersbrünsten und Wasserfluthen, im Rauben und Morden der wilden Thiere spricht uns die Natur nicht minder an, als im Säuseln des Zephyrs, dem Rieseln' des Bachs, dem Grün der Wiesen, dem Thau der Blumen, dem Summen der Bienen und dem Blöken der Heerden. Der schlaue Fuchs und die giftige Schlange flößen uns ein gleiches Natur= interesse ein, wie der treue Hund und die unschuldige Taube. Und eben so gefallen uns, vom Standpunkte des Naturinteresses, in der Menschenwelt die Ausbrüche der bösen Affecte und Leidenschaften, des Grimms und Neides, des Hasses und der Rache als ein natürlich Schönes, nicht minder als die aufrichtigen Aeußerungen der Liebe und der Freundschaft, des

38

Wohlwollens und der Hingebung, weshalb auch die Dichter
jene nicht minder als diese zu Gegenständen ihrer Darstellung
wählen. Das Wohlgefallen am Naturschönen ist also nicht Wohlgefallen an der Moralität des Naturschönen. Man darf sich
also keineswegs alle Ausbrüche der Natur gestatten, weil es
schön sei, der Natur ihren freien Lauf zu lassen.)

Auch die Aeußerungen unsers intellectuellen Wesens
sind im Sinne der Naturschönheit schön zu nennen, wenn sie
frei, natürlich und ungezwungen erfolgen. Dieses ist der wahre
Schöngeist (bel-esprit) im Gegensatz zu unsern gewöhnlich so
genannten Schöngeistern, die meist sehr unschöne Geister sind,
da sie die Production des Schönen auf eine sehr häßliche,
gemeine, gezwungene und erkünstelte Weise betreiben. Der
wahre Schöngeist ist ein Talent, ein Genie, das sich aus
angeborner Kraft und demzufolge aus Lust und Liebe der geistigen Arbeit widmet und sie mit Leichtigkeit vollbringt, ihr
Gegenstand sei übrigens, welcher er wolle. In diesem Sinne
kann ein Mathematiker von Genie eben so gut zu den schönen
Geistern gerechnet werden, wie ein Poet; denn obgleich der
Gegenstand des Erstern kein schöner ist, so ist doch die geniale
Art seiner Behandlung eine schöne.

Wozu der Mensch Kraft hat, dazu hat er auch Lust; nur
aber, wozu er Lust hat, das thut und treibt er auf eine schöne
Weise. Die in dem eben angegebenen Sinne schönen Geister
gewähren uns nur darum durch ihre Werke so große Lust, weil
diese selbst aus Lust entsprungen sind, ihr Gegenstand sei
übrigens, welcher er wolle. Dem geborenen Dichter ist es eine
wahre Lust zu dichten, dem geborenen Philosophen eine wahre
Lust zu philosophiren, dem geborenen Krieger eine wahre Lust
in den Kampf zu gehen, und darum gewähren uns auch ihre
Leistungen Lust. Mangel an Lust zu einer Thätigkeit verräth
schon Mangel an Fähigkeit, an Talent, an angeborener
Kraft zu derselben. Dichter daher, die sich zum Dichten
zwingen, können nichts Schönes zu Stande bringen, denn
man merkt ihren Producten bald das Gezwungene an. Die
Unlust, die sie beim Produciren empfanden, überträgt sich auch
auf den Leser oder Hörer beim Genießen ihrer Producte. Sie

gleichen den Männern, die in einer Mesalliance leben und sich zu der Liebe zwingen, die sie nicht fühlen, oder den Impotenten, die sich zur Zeugung zwingen, zu der sie von Natur unfähig sind. Man sieht hieraus, daß um Schönes hervorzubringen, man auch auf eine schöne Weise hervorbringen muß. Durch eine häßliche Art der Zeugung — und jede gezwungene, widerwillige, unlustige Art ist häßlich — läßt sich nichts Schönes erzeugen. Invita minerva kommt eben so wenig ein schönes Kunstwerk, wie ein wahres wissenschaftliches Werk zu Stande. Möchten daher auch immerhin die Dichterlinge das Schönste zum Gegenstande ihrer Darstellung wählen, so würde es doch durch die häßliche, gezwungene und erkünstelte Art, mit der sie es behandeln, sich in ein Häßliches verkehren, während umgekehrt der wahre, ächte Dichter das Häßlichste durch die schöne Art der Behandlung in ein Schönes zu verwandeln weiß.

Die Zeiten des Verfalles der Künste und Wissenschaften und des Zurücksinkens in die Barbarei sind allemal diejenigen, wo die sich mit ihnen Beschäftigenden keinen innern natürlichen Beruf durch angebornes Talent oder Genie dazu haben, sie also nicht um ihrer selbst willen, sondern blos als Mittel zu äußern Zwecken, sei es der Hab-, oder Herrsch- oder Ehrsucht, betreiben. Werden Kunst und Wissenschaft erst aus herrschenden zu dienstbaren Geistern, — dann ist der Verfall in beiden da.

Jedes ächte Werk der Kunst und Wissenschaft ist ein nothwendiges, kann nicht nicht und nicht anders sein; denn es trägt, wie die Werke der Natur, seinen Entstehungsgrund in sich selbst, in der zu seiner Schöpfung antreibenden Idee; es ist ein aus einem innern Princip Entsprungenes, wie ein Thier, eine Pflanze. Dagegen sind die erbärmlichen Machwerke, mit denen in Zeiten des Verfalls der Künste und Wissenschaften der Markt überschwemmt wird, unnothwendige Producte; sie könnten auch nicht oder auch anders sein, weil sie ihren Entstehungsgrund nicht in sich, in einer zu ihrer Schöpfung innerlich treibenden Idee, sondern in äußern Motiven haben. Sie sind nicht um ihrer selbst willen da, sind folglich an sich ganz überflüssig, da die Zwecke der Gewinn-, Ehr- oder Herrschsucht, denen sie dienen, sich auch auf andere Weise befriedigen lassen, wie daraus hervorgeht, daß wenn ein solcher, nicht aus innerm Drange, sondern aus äußern Motiven producirender Künstler oder Schriftsteller auf andrem Wege zu Reichthum, Ansehen oder Macht gelangt, er die Kunst oder Wissenschaft an den Nagel hängt und sich mit andern Dingen befaßt, während der geborne Dichter und Denker unter allen Umständen dichtet und denkt.

Um daher dem Verfall in Kunst und Wissenschaft entgegen zu arbeiten, ist nichts nothwendiger, als erstens die von Natur Berufenen und Befähigten nicht nur nicht durch äußere, beengende Vorschriften und Rücksichten in ihrer freien, aus innerm Drange entspringenden Production zu hemmen, sondern sie sogar auf alle mögliche Weise darin zu unterstützen und zu begünstigen, zweitens aber alle Unberufenen und Unbefähigten, die nur aus äußern egoistischen Motiven irgend welcher Art produciren, unerbittlich zurückzuweisen.

Doch nicht blos Angeborenes, sondern auch Erworbenes, Erlerntes, Angenommenes, Angeeignetes und Angebildetes wirkt schön, wenn man ihm nicht mehr die saure Mühe des Lernens und Uebens ansieht, sondern es darin schon zur Fertigkeit und Meisterschaft gebracht worden ist; denn alsdann ist es zur andern Natur geworden und wirkt also ganz wie ein Natürliches, z. B. die Meisterschaft im Reiten, Tanzen, Singen.

Obwohl also immer Freiheit und Ungezwungenheit ein wesentlicher Charakterzug des Schönen ist, so braucht doch dieselbe nicht immer angeboren, sondern kann auch erworben sein. Es gibt also eine angeborene und eine erworbene Schönheit, sowohl im Physischen, wie im Ethischen und Intellectuellen.

Der Grund aber, warum nur das Freie und Ungezwungene, sei es nun ein Natürliches, Angeborenes oder ein durch Lernen und Uebung Erworbenes, den Eindruck der Schönheit macht, ist dieser, daß nur in der freien und ungezwungenen Erscheinung die Materie durch die Form völlig überwunden und von ihr durchdrungen ist. Durchdringung der Materie durch die Form ist aber die erste und wesentlichste Bedingung der Schönheit.

Das Schöne ist keineswegs ein Einfaches, nur aus einem Element Bestehendes, sondern es ist entsprungen aus dem Kampfe widerstrebender Elemente, von denen jedoch das eine über das andere vollständig gesiegt und es nun ganz in seiner Gewalt hat. Im Schönen ist der Stoff bezwungen durch die Form oder die Idee, so daß jener nun nicht mehr seinem Willen und seinen Gesetzen folgt, sondern den Willen und die Gesetze dieser ausdrückt. Und je spröder, je widerspenstiger der Stoff war, desto größere Freude entspringt uns aus dem An= blick seiner Ueberwindung. Ein aus schwerem Stein leicht emporsteigendes Gebäude finden wir daher schöner, als ein gleiches aus Holz, eine in Erz gegossene Reiterstatue schöner, als die gleiche aus Thon. Denn je größer und schroffer der Gegensatz zwischen Stoff und Form, je widerstrebender die Materie, die zu überwinden war, desto augenfälliger ist die Macht und der Sieg der Form. Nur aber aus der Macht und dem Siege der Form über den Stoff, der Idee über die Materie, entspringt die Schönheit.

Da jedoch nicht jede Form an sich schon eine schöne ist und auch die vollständigste Durchdringung der Materie durch die Form noch keine Schönheit geben kann, wenn die Form selbst eine häßliche ist, so betrachte ich die Ueberwindung der Materie durch die Form nicht als einen mit der Schönheit identischen, sondern nur als einen mit ihr verwandten Begriff und nenne sie, zum Unterschiede von der Schönheit, Vollkommenheit.

Die Vollkommenheit ist also der zweite mit dem Schö= nen verwandte Begriff. Denn verwandt sind solche Begriffe, die zum Theil sich decken, zum Theil aber auch wieder aus= einanderfallen. So wie ich den Begriff der Natürlichkeit mit dem der Schönheit verwandt genannt habe, weil, wenn auch nicht alles Natürliche schön, doch alles Schöne ein Natür= liches, ein Freies und Ungezwungenes ist; so nenne ich jetzt den Begriff der Vollkommenheit mit dem der Schönheit verwandt, weil, wenn auch nicht alles Vollkommene schön, doch alles Schöne ein in seiner Art Vollkommenes ist. Ein schönes Pferd, ein schöner Hund, ein schöner Mann, ein schönes Weib sind ein in ihrer Art und ihrem Geschlecht Vollkommenes;

denn ein Unvollkommenes dieser Art oder dieses Geschlechts kann nicht schön sein.

Den erwähnten Gegensatz zwischen Materie und Form nehme ich hier ganz im Aristotelischen Sinne. Wenn ich daher die Ueberwindung der Materie durch die Form Vollkommenheit nenne, so meine ich damit nicht blos die Ueberwindung des sinnlich materiellen Stoffs, sondern überhaupt jeden Stoffs, dem eine Form eingeprägt wird, also auch die des geistigen Stoffs; denn es gibt ja auch unsinnlichen Stoff, dem eine Form eingeprägt wird, wie z. B. im Moralischen der Wille des Einzelnen der Stoff ist, dem die moralische Form gegeben wird.

Ueberall, wo in einem Stoffe, sei es nun ein sinnlicher oder geistiger, die Form, die ihm von der Natur oder Kunst eingebildet wird, vollendet zur Erscheinung kommt, da ist die Erscheinung eine vollkommene. Eine Pflanze, in deren Stoff die Urform, der Urtypus der Pflanze, fertig — ohne Ueberfluß und ohne Mangel — zur Erscheinung kommt, ist eine vollkommene Pflanze, obgleich sie keine schöne zu sein braucht. Ein Urtheil, in dessen Stoff die Urform des Urtheils (Subject und Prädicat) fertig zur Erscheinung kommt, ist ein vollkomme= nes Urtheil, obgleich es kein wahres zu sein braucht. Eine Handlung, in deren Stoff die Urform der Handlung (ein Willensbeschluß und dessen Ausführung) zur Erscheinung kommt, ist eine vollkommene Handlung, obgleich sie keine gute zu sein braucht.

Daß wirklich Vollkommenheit nichts anderes sei, als Durchdringung der Materie (in dem angegebenen Sinne) durch die Form, geht aus deren Gegentheil, der Unvollkommenheit, hervor. Denn unvollkommen ist jede Erscheinung, der Etwas fehlt, was zu ihrem Wesen gehört, oder die Etwas hat, was zu ihrem Wesen nicht gehört; so sind Mißgeburten — und es gibt deren in jeder Gattung, nicht blos physische, sondern auch intellectuelle und moralische — unvollkommene Erscheinungen. Aber solche fehlerhafte Bildungen lassen sich nur mit Aristo= teles aus dem Widerstande der Materie gegen die Form erklären. Folglich hatte ich Recht, die Bemeisterung der Materie durch die Form Vollkommenheit zu nennen. Sulzer sagt (Allgemeine Theorie der schönen Künste, Artikel Vollkommen=

heit) ganz richtig: „Vollkommen ist, was zu seiner Völle gekommen, oder was gänzlich, ohne Mangel und Ueberfluß das ist, was es sein soll. Demnach besteht die Vollkommenheit in gänzlicher Uebereinstimmung dessen, das ist, mit dem, was es sein soll, oder des Wirklichen mit dem Idealen. Man erkennt keine Vollkommenheit, als in so fern man die Beschaffenheit einer vorhandenen Sache gegen ein Urbild, oder gegen einen als ein Muster festgesetzten Begriff hält." Uebereinstimmung des Wirklichen mit dem Idealen ist aber nur möglich unter Voraussetzung der gänzlichen Durchdringung der Materie des Wirklichen durch die ideale Form. Der Begriff der Schönheit ist also mit dem der Vollkommenheit verwandt, denn auch in jedem Schönen ist die Materie von der Form durchdrungen, oder das Reale entspricht dem Idealen, das Wirkliche dem Urbilde.

Aber freilich Verwandtschaft ist nicht Identität. So wie ein vollkommenes Urtheil kein wahres, eine vollkommene Handlung keine gute zu sein braucht, so braucht auch eine vollkommene Erscheinung darum noch keine schöne zu sein.

Der Begriff der Vollkommenheit ist ein weiterer, als der der Wahrheit, der Güte, der Schönheit. Zwar muß jedes wahre Urtheil, jede gute Handlung, jede schöne Erscheinung vollkommen sein; aber darum gilt noch nicht das Umgekehrte, so wenig als aus dem Satze: Jeder Mensch muß sterben, das Umgekehrte folgt, daß jedes sterbliche Wesen ein Mensch sein muß.

Sulzer, der, wie eben gezeigt, den Begriff der Vollkommenheit richtig definirt hat, erklärt die Schönheit für gefühlte, d. h. undeutlich erkannte Vollkommenheit. Denn in dem Artikel: Vollkommenheit sagt er: „Eine Maschine von großer Vollkommenheit, als z. B. eine höchst genau gearbeitete und richtig gehende Uhr; die richtigste und genaueste Auflösung einer philosophischen oder mathematischen Aufgabe, der bündigste Beweis eines Satzes, sind vollkommene Gegenstände; doch nicht Gegenstände des Geschmacks, weil ihre Vollkommenheit sehr allmählig und mühsam durch deutliche

44

Vorstellungen erkannt wird. Nur die Vollkommenheit, die man
anschauend, ohne vollständige und allmählige Entwicklung,
sinnlich erkennt und gleichsam auf einen Blick übersieht, ist ein
Gegenstand des Geschmacks. Wird sie nicht erkannt, sondern
blos in ihrer Wirkung empfunden, so bekommt sie den Namen
der Schönheit."

Aehnlich definirt auch Marcus Herz (Versuch über den
Geschmack und die Ursachen seiner Verschiedenheit, zweite Auf=
lage, Berlin 1790) die Schönheit als klar vorgestellte Voll=
kommenheit, d. h. als in ihrer Totalität angeschaute, im
Gegensatz zur deutlich erkannten, in ihre Theile zerglie=
derten. („Hierin allein, sagt er, muß man bei der logischen
Unterscheidung der klaren Vorstellungen von den deutlichen
die Grenze zwischen beiden setzen, daß bei jenen das Bewußt=
sein sich blos auf das Ganze, bei diesen aber auch auf dessen
Theile erstreckt.") Die Vollkommenheit daher als angeschaute
genommen, findet er Baumgarten's Erklärung ganz richtig:
Pulchritudo est perfectio phaenomenῶν (S. 21—29.).

Dagegen wollte Kant durchaus Nichts von der Voll=
kommenheit als einem Ingrediens der Schönheit wissen. Das
ästhetische Urtheil ist ihm von dem Begriffe der Vollkommenheit,
sei derselbe nun ein klarer oder deutlicher, völlig unab=
hängig. Er definirt die Vollkommenheit als objective, innere
Zweckmäßigkeit (Krit. d. Urtheilskr. §. 15.). Nun konnte er
zwar nicht umhin, das Schöne ebenfalls als ein Zweckmäßiges
anzuerkennen, aber um es nicht mit dem Guten zu identificiren,
verfiel er auf eine ganz eigene Art von Zweckmäßigkeit, die er
„formale Zweckmäßigkeit" oder „Zweckmäßigkeit ohne Zweck"
nannte. (Vgl. Krit. der Urtheilskraft §. 15.) Als ob eine
Zweckmäßigkeit ohne Zweck nicht ein Widerspruch, eine contra-
dictio in adjecto wäre!*)

---

*) Die Kant'sche „Zweckmäßigkeit ohne Zweck" hat auch schon früher
Anstoß erregt. So sagt z. B. Bouterwek (Ideen zur Metaphysik des
Schönen, eine Zugabe zur Aesthetik, Leipzig 1807. S. 29 ff.): „Kant erblickte
im Schönen ganz gern ein bloßes Spiel seiner reflectirenden Urtheilskraft, weil
er (die Beispiele, die er gewöhnlich anführt, beweisen es) bei seinen Betrach=
tungen über das Schöne nicht leicht an den vaticanischen Apoll oder an
Raphaels Madonnen dachte, desto öfter aber an schöne Blumen, und, nicht zu

Kant sieht selbst ein: „Eine formale objective Zweck= mäßigkeit ohne Zweck, d. i. die bloße Form einer Voll= kommenheit (ohne alle Materie und Begriff von dem, wozu zusammengestimmt wird) sich vorzustellen, ist ein wahrer Wider= spruch", und führt dafür das Beispiel eines im Walde ange= troffenen Rasenplatzes an, um welchen die Bäume im Zirkel stehen. Ein solcher, sagt er, gibt uns nicht den mindesten Begriff von Vollkommenheit durch die bloße Form, wenn wir uns dabei nicht einen Zweck, nämlich daß er etwa zum länd= lichen Tanze dienen solle, vorstellen.

Um daher die „formale Zweckmäßigkeit ohne Zweck" zu retten, verlegt sie Kant aus dem Object ins Subject, indem er sagt: „Das Geschmacksurtheil ist ein ästhetisches, d. i. ein solches, das auf subjectiven Gründen beruht und dessen Bestimmungsgrund kein Begriff, mithin auch nicht der eines bestimmten Zwecks sein kann. Also wird durch die Schönheit, als formaler subjectiver Zweckmäßigkeit, keineswegs eine Voll= kommenheit des Gegenstandes gedacht, und der Unterschied, der zwischen den Begriffen des Schönen und Guten, als ob beide nur der logischen Form nach unterschieden, die erste blos ein verworrener, die zweite ein deutlicher Begriff der Vollkommenheit, sonst aber dem Inhalte und Ursprunge nach einerlei wären, ist nichtig, weil alsdann zwischen ihnen kein specifischer Unter= schied, sondern ein Geschmacksurtheil eben so wohl ein Erkennt= nißurtheil wäre, als das Urtheil, wodurch etwas für gut erklärt

---

vergessen, an schöne Ringe, Dosen u. dergleichen. Etwas Besonderes mußte es daher sein, was für ihn die ästhetische Zweckmäßigkeit von jeder andern unterschied. Dieses Besondere nun, das die Wolfisch=Baumgartenschen Aesthe= tiker in der Zweckmäßigkeit als sinnliche Vollkommenheit erkannt haben wollten, wurde in Kant's speculirendem Verstande zur sogenannten Zweckmäßigkeit ohne Zweck, einem Spielwerke der reflectirenden Urtheilskraft, die selbst nicht weiß, was sie will. Wie Herder sich an diesem Spiele ärgerte, so dürfte sich Jeder daran ärgern, wem nicht die schönen Ringe und Dosen zur Unzeit einfallen. Denn welche Sophismen und Subtilitäten müssen auf= geboten werden, die Schönheit eines Gemäldes von Raphael, der durch den bestimmtesten und doch durchaus schönen Ausdruck bestimmte, und doch durchaus ästhetische Ideen ausführte, so zu deuten, daß sich die himmelanstre= bende Darstellung in das schwankende Phantom der Zweckmäßigkeit ohne Zweck verwandele!"

wird, so wie etwa der gemeine Mann, wenn er sagt: daß der Betrug unrecht sei, sein Urtheil auf verworrene, der Philosoph auf deutliche, im Grunde aber Beide auf einerlei Vernunft= Principien gründen. Ich habe aber schon angemerkt, daß ein ästhetisches Urtheil einig in seiner Art sei und schlechterdings kein Erkenntniß (auch nicht ein verworrenes) vom Object gebe. Das Urtheil heißt auch eben darum ästhetisch, weil der Be= stimmungsgrund desselben kein Begriff, sondern das Gefühl (des innern Sinnes) jener Einhelligkeit im Spiele der Gemüths= kräfte ist, die nur empfunden werden kann." (§. 15.)

Aber durch diese Zurückführung des ästhetischen Urtheils auf ein blos behagliches Spiel der Gemüthskräfte benimmt Kant demselben die **objective Allgemeingültigkeit**, die er doch nicht minder demselben zuschreibt. Beruhte das Schöne auf weiter nichts, als, wie Kant sagt, auf der subjectiven Zweckmäßigkeit der Vorstellungen im Gemüthe des Anschauenden, welche wohl eine gewisse Zweckmäßigkeit des Vorstellungszustan= des im Subject und in diesem eine Behaglichkeit desselben, eine gegebene Form in die Einbildungskraft aufzufassen, aber keine Vollkommenheit irgend eines Objects angibt; so wäre es ja nichts **Objectives**, keine Beschaffenheit der Sache, sondern, wie das **Angenehme**, ein rein **Subjectives**, folglich nach Verschiedenheit der auffassenden Subjecte verschieden. Das Schöne unterscheidet sich aber gerade dadurch vom Angenehmen, daß es uns nicht, wie Letzteres, nur unsern subjectiven Zustand, sondern eine objective Beschaffenheit der Sache zu erkennen gibt, weshalb es kein bloßer Gegenstand des subjectiven Gefühls, sondern der objectiven Erkenntniß ist, wie schon daraus her= vorgeht, daß wir von Dingen, deren objective Idee wir nicht kennen, auch gar nicht urtheilen können, ob sie schön sind oder nicht.

Um eine Sache als schön beurtheilen zu können, genügt es nicht, daß ihre Anschauung unsere Gemüthskräfte in ein behag= liches Spiel versetze, denn die Gemüthskräfte des rohen, geschmacklosen Pöbels werden durch ganz andere Objecte in ein behagliches Spiel versetzt, als die des feinen, gebildeten Kenners. Der Pöbel liebt sich in Farben, Tönen, Gestalten und Hand= lungen meist das Grelle, Schreiende, Auffallende, Ueber=

triebene, Ungewöhnliche, Wunderbare; denn sein stumpfer Sinn bedarf starker Reize, um ergriffen zu werden. Was aber die Gemüthskräfte des Pöbels behaglich stimmt, versetzt gerade den Feinfühlenden in eine sehr unbehagliche Stimmung; was bei jenem „Einhelligkeit im Spiele der Gemüthskräfte" bewirkt, das wird diesem zur unerträglichen Disharmonie und Dissonanz. Demnach gäbe es gar kein objectives Kriterium zur Beurtheilung des Schönen, wenn nur das, was die subjectiven Gemüthskräfte in ein einhelliges Spiel versetzt, diesen Namen verdiente.

Selbst die von Kant so genannte pulchritudo vaga oder freie Schönheit, wie z. B. das Laubwerk zu Einfassungen oder auf Papiertapeten, oder in der Musik freie Phantasien (§. 16.), muß, wenn es sich von dem blos subjectiv Angenehmen und Gefälligen unterscheiden, wenn es Anspruch auf objective Gültigkeit haben soll, einer objectiven Idee entsprechen, durch welche die mannigfaltigen Theile zu einer innern Einheit zusammenstimmen. Man muß, wenn auch nicht wissen, doch wenigstens fühlen, was eine freie Phantasie ausdrücken, was sie bedeuten soll, weil man ja sonst gar keinen Einheitspunkt hätte, auf den man die mannigfaltigen Theile beziehen könnte.

Kant hat ganz Recht, daß, „um sich eine objective Zweckmäßigkeit an einem Dinge vorzustellen, der Begriff von diesem, was es für ein Ding sein solle, vorangehen" müsse und die Zusammenstimmung des Mannigfaltigen in demselben zu diesem Begriffe die qualitative Vollkommenheit eines Dinges ausmache. Aber er hat Unrecht, diese Vorstellung von dem, was ein Ding sein soll, aus dem ästhetischen Urtheil auszuschließen. Um einen Baum, eine Frucht, einen Hund, einen Mann schön zu finden, muß ich eine — zwar nicht begriffliche, aber doch intuitive — Vorstellung von ihrer Vollkommenheit, d. h. von ihrer objectiven Zweckmäßigkeit haben. Ich muß auf den ersten Anblick erkennen, daß sie in ihrer Erscheinung das sind, was sie ihrem Wesen, ihrer Art, ihrer Gattung nach sein sollen. Ohne eine solche Intuition ihres innern Wesens oder ihrer Idee werde ich nimmer eine Erscheinung als schön beurtheilen können, werde nimmer fühlen, daß alle ihre Theile harmonisch zu einem Ganzen zusammenstimmen, daß Nichts zu viel und Nichts zu wenig an ihr ist, Jedes am rechten Orte steht, zum Uebrigen das richtige Verhältniß hat und seine Bestimmung erfüllt; so wie ich auch im entgegenge= setzten Fall, wenn nämlich ein Ding häßlich ist, ohne die Vor= stellung seiner Unvollkommenheit, d. h. ohne die Vor= stellung, daß es das nicht ist, was es sein soll, daß es äußer= lich nicht erreicht hat, was es innerlich, seinem Wesen nach, wollte, kein Urtheil über seine Häßlichkeit haben werde. Die Vorstellung der Vollkommenheit und Unvollkommenheit kann eine mehr oder minder deutliche sein, zwischen dem dunkeln Gefühl und dem völlig deutlichen Begriff derselben können viele Grade liegen; aber ganz ohne dieselbe wird schwerlich ein ästhetisches Urtheil zu Stande kommen.

Völlig grundlos ist der Unterschied, den Kant zwischen der Natur= und Kunstschönheit macht, daß nämlich nur bei letzterer das ästhetische Urtheil durch die Vorstellung der Voll= ommenheit bedingt sei, nicht aber bei ersterer. „Um, sagt er, eine Naturschönheit als eine solche zu beurtheilen, brauche ich nicht vorher einen Begriff davon zu haben, was der Gegen= stand für ein Ding sein solle, d. i. ich habe nicht nöthig, die materiale Zweckmäßigkeit (den Zweck) zu kennen, sondern die bloße Form ohne Kenntniß des Zwecks gefällt in der Beur= theilung für sich selbst. Wenn aber der Gegenstand für ein Product der Kunst gegeben ist und als solches für schön erklärt werden soll, so muß, weil Kunst immer einen Zweck in der Ursache (und deren Causalität) voraussetzt, zuerst ein Begriff von dem zum Grunde gelegt werden, was das Ding sein soll, und da die Zusammenstimmung des Mannigfaltigen in einem Dinge, zu einer innern Bestimmung desselben als Zweck, die Vollkommenheit des Dinges ist, so wird in der Beurtheilung der Kunstschönheit zugleich die Vollkommenheit des Dinges in Anschlag gebracht werden müssen, wonach in der Beurtheilung einer Naturschönheit (als einer solchen) gar nicht die Frage ist.“ (Kritik d. Urtheilskraft. §. 48.) Dieser Unterschied ist, wie gesagt, grundlos. Denn, um ein Naturproduct, eine bestimmte Pflanze, ein Thier, einen Menschen als schön zu beurtheilen, müssen wir eben so eine Vorstellung — wenn auch nicht einen deutlichen Begriff — von dem, was sie an sich sein sollen oder ihrem objectiven Zweck, ihrer Idee haben, als bei Beurtheilung der fabelhaftesten Wesen der Kunst, der Sphinxe, Centauren, Faunen, Satyrn u. s. w. Dort, wie hier, können die mannig=faltigen Theile nur durch die — wenn auch noch so dunkle — Vorstellung der Idee des Ganzen als zur Einheit zusammen=stimmend erkannt werden. Dort, wie hier, kommt also die Vollkommenheit in Betracht; nur wird es uns bei Natur=geschöpfen leichter, sie zu erkennen, als bei Geschöpfen der Ein=bildungskraft, weil uns die Ideen der Natur bekannter und verwandter sind, als die des Künstlers.

Kant sieht sich selbst (am angeführten Orte) genöthigt, einzugestehen, daß „bei Beurtheilung der belebten Gegenstände der Natur, z. B. des Menschen oder eines Pferdes, auch die objective Zweckmäßigkeit gemeiniglich mit in Betracht gezogen wird, um über die Schönheit derselben zu urtheilen, daß also das teleologische Urtheil dem ästhetischen zur Grundlage und Bedingung dient, worauf dieses Rücksicht nehmen muß. In einem solchen Falle denkt man auch, wenn z. B. gesagt wird: „das ist ein schönes Weib‟, in der That nichts Anderes, als die Natur stellt in ihrer Gestalt die Zwecke im weiblichen Baue schön vor.‟ Aber er nennt ein solches teleologisch bedingtes Urtheil „nicht mehr rein ästhetisch‟. Nun, dann gibt es über=haupt kein rein ästhetisches Urtheil. Denn jedes ästhetische Urtheil, beziehe es sich auf Natur= oder auf Kunstschönheiten, ist nun einmal teleologisch bedingt. Ohne Rücksicht auf den objectiven, immanenten Zweck eines Natur= oder Kunstproducts, der die Einheit bildet, zu der die mannigfaltigen Theile zu=sammenstimmen, kommt, behaupte ich, kein ästhetisches Urtheil zu Stande. Ist meine Behauptung unwahr, nun so beweise man mir das Gegentheil, und ich werde mich gern unterwerfen. Daß wir Vieles als schön beurtheilen, wobei wir doch in Ver=legenheit kommen würden, wenn wir den objectiven, immanenten Zweck desselben angeben sollten, dies kann meine Behauptung nicht umstoßen. Denn ich habe schon gesagt, nicht ein deut=licher Begriff des objectiven Zwecks sei erforderlich, um Etwas als schön zu beurtheilen, aber doch wenigstens ein Gefühl, eine Intuition. Denn jedes Urtheil muß doch einen Grund haben, wenn es nicht grundlos, d. h. unwahr sein soll. Wäre nun aber der Grund, warum wir Etwas als schön beurtheilen, wie Kant behauptet, nur ein subjectiver, dann hätte auch das Urtheil keine objective Allgemeingültigkeit mehr. Daß die mannigfaltigen Theile dem objectiven Zweck des Ganzen entsprechen, d. h. daß sie nicht von Außen, rein zufällig, zusammengeblasen, sondern aus einem innern schöpfe= rischen Princip mit Nothwendigkeit hervorgegangen sind, diese — sei es dunkle oder deutliche — Erkenntniß ist Bedingung jedes ästhetischen Urtheils. Warum anders nennen wir einen rohen Haufen chaotisch durcheinander geworfener Dinge, eine rudis indigestaque moles, und die congesta eodem non bene junctarum discordia semina rerum nicht schön, als weil hier noch der von Innen herausgestaltende Zweck fehlt, weil uns Zufall statt der innern Nothwendigkeit entgegentritt?

Es bleibt also dabei: Schönheit ist ohne Vollkommen= heit, d. h. ohne objective Zweckmäßigkeit, ohne Zusammen= stimmung der mannigfaltigen Theile zur Idee des Ganzen, nicht denkbar, obgleich sie nicht damit identisch ist. Daß wir nun aber, obgleich alles Schöne vollkommen, doch nicht umge= kehrt alles Vollkommene schön finden, erkläre ich mir daraus, daß nicht die Idee eines jeden Wesens, das vollkommen in die Erscheinung tritt, eine schöne ist. Gestalten, Stellungen, Geberden und Stimmen von Thieren und Menschen können vollkommen der Idee derselben entsprechen und doch nicht schön sein, wie z. B. Gestalt, Bewegung und Gequake der Frösche. Gäbe es nicht eine Stufenleiter von Schönheit schon in den Ideen selbst, so müßte man alles Vollkommene der verschiedensten Gattungen für gleich schön halten, also ein in seiner Art vollkommenes Thier für eben so schön, wie ein vollkommen der Idee des Menschen entsprechendes menschliches Individuum, eine vollkommene Erscheinung des männlichen Typus für eben so schön, wie eine vollkommene des weiblichen. Und doch ist ein vollkommener Mensch schöner, als ein voll= kommenes Thier, ein vollkommenes Weib schöner, als ein voll= kommener Mann. Folglich hängt die Schönheit nicht blos davon ab, daß die Erscheinung der Idee vollkommen entspreche, sondern es kommt auch darauf an, welche Idee es ist, die zur Erscheinung kommt. Die vollkommenste Erscheinung einer un= schönen Idee kann nicht schön wirken. Zwar behauptet Schopen=

hauer, um seinen Satz, daß jedes natürliche Ding, also auch jedes Thier, schön sei, zu rechtfertigen, daß, wenn uns dieses bei einigen Thieren nicht einleuchten will, es daran liege, daß wir nicht im Stande sind, sie rein objectiv zu betrachten und dadurch ihre Idee aufzufassen, sondern hiervon abgezogen werden durch irgend eine unvermeidliche Gedankenassociation, meistens in Folge einer sich uns aufdringenden Aehnlichkeit, z. B. des Affen mit dem Menschen, daher wir nicht die Idee dieses Thieres auffassen, sondern nur die Carricatur eines Menschen sehen, und eben so beim Anblick der Kröte durch ihre Aehnlichkeit mit Koth und Schlamm afficirt werden. (Parerga und Paralipomena Bd. II. §. 212.) Indessen sieht er selbst ein, daß diese Erklärung nicht ausreicht. Es muß also wohl nicht blos am Mangel unserer Auffassung der objectiven Idee liegen, daß wir gewisse Dinge, sollten sie auch die vollkommensten ihrer Art sein, nicht schön finden, sondern ihre Unschönheit muß schon in der Idee selbst liegen, deren Erscheinung sie sind.

Ist die Idee eines Dinges eine schöne, so kann das einzelne Ding, je nachdem es derselben vollkommen entspricht oder widerspricht, schön oder häßlich sein. So ist zwar die Idee des Weibes eine schöne, aber nicht jedes wirkliche Weib ist schön, weil nicht jedes vollkommener Ausdruck der Idee ist. Es gibt also, trotz der Schönheit der Idee des Weibes, doch in der Realität viel häßliche Weiber.

Ist hingegen die Idee keine schöne, so kann auch das einzelne, wirkliche Ding, selbst bei der vollkommensten Angemessenheit zur Idee, nicht schön sein. Möchten daher ein Affe, ein Frosch, eine Kröte, eine Spinne, eine Schlange noch so vollkommen der Idee ihrer Gattung entsprechen, so würden sie uns doch nicht als schön erscheinen, wie z. B. ein der Idee seiner Gattung vollkommen entsprechender Hund oder Pferd oder Löwe.

Woran nun aber die Schönheit der Ideen eigentlich gemessen werde, das eben bleibt zu erklären noch übrig, und ich fordere daher Jeden, den die Sache interessirt, auf, darüber nachzudenken und mitzutheilen, warum wir gewisse Ideen vor andern schön nennen, warum wir zwar die Idee der Taube, aber nicht die der Schlange schön finden.

Die Schönheit einer einzelnen Erscheinung messen wir, wie gesagt, an ihrer Idee. Woran aber messen wir die Schönheit der Ideen? Etwa wieder an einer andern, noch höhern Idee? Und von welcher Beschaffenheit wäre dann diese? — Hat es vielleicht einen moralischen Grund, daß wir Geschöpfe der erwähnten Art: Affen, Schlangen, Kröten, Spinnen u. s. w., wären sie auch die vollkommensten ihrer Art und brächten den Urtypus derselben am vollendetsten zur Erscheinung, dennoch nicht schön finden können? Mißfällt uns die Idee dieser Wesen, weil ihr moralischer Charakter uns mißfällt, so wie dagegen die Idee des Hundes, des Pferdes, des Löwen uns gefällt, weil ihr moralischer Charakter Eigenschaften in sich schließt, die uns ansprechen?

Wie dem auch sei, es geht zur Genüge aus dem Gesagten hervor, daß zur Schönheit noch Etwas mehr erforderlich ist, als Vollkommenheit, Vollkommenheit nämlich in dem Sinne, in welchem ich sie hier genommen habe, als adäquater Ausdruck der Idee durch das einzelne materielle Ding, oder, was dasselbe besagt, als Angemessenheit der Erscheinung zu dem in ihr Erscheinenden. Vollkommenheit in diesem Sinne ist zwar ein nothwendiges Ingrediens jeder Schönheit; aber scheint doch nicht mit ihr durchaus identisch zu sein.

V.

Allgemeingültigkeit des ästhetischen Urtheils.

Was dazu verleitet hat, das Urtheil über das Schöne
Geschmacksurtheil zu nennen, ist dieses, daß es mit dem
Geschmacke die Unmittelbarkeit des Innewerdens ge=
mein hat. So wie wir, ob Etwas süß oder sauer sei, unmit=
telbar durch bloßes Schmecken innewerden; so auch fühlen wir,
ob Etwas schön oder häßlich sei, unmittelbar, ohne alle Ver=
mittelung durch abstracte Begriffe und Grundsätze, da letztere
vielmehr erst hinterher aus dem unmittelbar erkannten Schönen
abstrahirt werden. Andererseits jedoch weicht das Urtheil über
das Schöne von dem Geschmacksurtheil dadurch radical ab, daß
es kein rein subjectives, individuelles ist, das aller objectiven
Allgemeingültigkeit entbehrte, wie das Urtheil über das An=
genehme, sondern, wie die objectiven Erkenntnißurtheile, All=
gemeingültigkeit hat. „In Ansehung des Angenehmen gilt der
Grundsatz: ein Jeder hat seinen besondern Geschmack. Mit
dem Schönen ist es ganz anders bewandt. Es wäre lächerlich,
wenn Jemand, der sich auf seinen Geschmack etwas einbildete,
sich damit zu rechtfertigen gedächte, dieser Gegenstand (das Ge=
bäude, das wir sehen, das Kleid, das Jeder trägt, das Con=
cert, das wir hören, das Gedicht, welches zur Beurtheilung
aufgestellt ist) ist für mich schön. Denn er muß es nicht schön
nennen, wenn es blos ihm gefällt. Einen Reiz und Annehm=
lichkeit mag für ihn Vieles haben, darum bekümmert sich Nie=
mand; wenn er aber etwas für schön ausgibt, so muthet er
Andern eben dasselbe Wohlgefallen zu, er urtheilt nicht blos

für sich), sondern für Jedermann, und spricht sodann von der Schönheit, als wäre sie eine Eigenschaft der Dinge. Er sagt daher, die Sache ist schön, und rechnet nicht etwa darum auf Anderer Einstimmung in sein Urtheil des Wohlgefallens, weil er es mehrmalen mit dem seinigen einstimmig gefunden hat, sondern fordert es von ihnen. Er tadelt sie, wenn sie anders urtheilen und spricht ihnen den Geschmack ab." (Kant, Krit. d. U. §. 7.)

Das Urtheil über das Schöne hat also zwar mit dem Geschmack die Unmittelbarkeit gemein, (weshalb man es ästhetisch, d. h. was sich zum Empfinden, Fühlen eignet, nennt) weicht aber gänzlich von demselben durch die objective Allgemeingültigkeit ab, durch die es den Charakter der Erkenntnißurtheile an sich trägt.

Folglich, wenn man beide Eigenschaften, die Unmittelbarkeit und die objective Allgemeingültigkeit zusammennimmt, so wird man das ästhetische Urtheil am richtigsten als intuitives Erkenntnißurtheil bestimmen, da das intuitive Erkennen, als intuitiv, ein unmittelbares ist und, als Erkenntniß, objective Allgemeingültigkeit hat.

Die objective Allgemeingültigkeit des ästhetischen Urtheils rührt von dem her, was in ihm erkannt wird. Die Unmittelbarkeit desselben hingegen drückt nur die Art aus, wie es erkannt wird.

Was in dem ästhetischen Urtheil erkannt wird, ist das Verhältniß der Erscheinung eines Wesens zu seiner Idee. Finden wir z. B. ein bestimmtes, weibliches Individuum der Idee der Weiblichkeit, d. h. dem, was die Natur eigentlich in der Bildung des Weibes will, vollkommen entsprechend, so nennen wir es schön. Der Maßstab der ästhetischen Beurtheilung ist demnach kein subjectiver, in den Wünschen und Bedürfnissen des Beschauers, sondern ein objectiver, in der eigenen Intention oder Idee des Wesens, dessen Erscheinung beurtheilt wird, begründeter, und daher die objective Allgemeingültigkeit des ästhetischen Urtheils. Denn da die Idee oder das Urbild, wonach die Erscheinung als schön oder häßlich beurtheilt wird, für alle Erscheinungen derselben Gattung unver=

änderlich dieselbe ist und bleibt, so müssen auch Alle, wenn sie nur wirklich diese objective, im Dinge selbst liegende Idee zum Maßstabe der Beurtheilung nehmen, in ihrem ästhetischen Urtheil übereinstimmen, folglich Alle, unabhängig vom Wechsel des Geschmackes nach Zeiten und Sitten, dieselbe Gestalt eines Mannes oder Weibes, eines Thieres oder einer Pflanze, je nachdem sie ihrer eigenthümlichen Idee entspricht oder nicht, schön oder häßlich finden.

Da wir die Ideen der Dinge aber nicht mittelbar, sondern unmittelbar, nicht discursiv, sondern intuitiv erkennen, so läßt sich, trotz der Allgemeingültigkeit des ästhetischen Urtheils, dennoch Keinem andemonstriren, daß diese oder jene Erscheinung schön oder häßlich sei, so wenig als sich Jemandem andemonstriren läßt, daß Dieses oder Jenes süß oder bitter schmecke, roth oder gelb aussehe, sich hart oder weich anfühle. Er muß es eben selbst schmecken, sehen und fühlen; und eben so muß Jeder selbst das Schöne als schön, das Häßliche als häßlich erkennen. Wer es nicht selbst unmittelbar inne wird, dem läßt sich's nicht beibringen. Thiere daher und Wilde, denen es an unmittelbarer, intuitiver Erkenntniß der Ideen gebricht, haben auch kein ästhetisches Urtheil.

Zwar gibt es allerdings eine Art von Verständigung über das Schöne, eine Art von Beweis, wonach man Andere überführen kann, daß eine Erscheinung schön oder häßlich sei. So läßt sich z. B. beweisen, daß Thersites, wie ihn uns Homer (Il. 2, 216—22) schildert:

Schielend war er und lahm am andern Fuß, und die Schultern
Höckerig, gegen die Brust ihm geengt, und oben erhub sich
Spitz sein Haupt, auf der Scheitel mit dünnlicher Wolle besäet.
Widerlich war er vor allen des Peleus Sohn' und Odysseus;
Denn sie lästert' er stets. Doch jetzt Agamemnon dem Herrscher
Kreischt' er hell entgegen mit Schmähungen u. s. w.

häßlich war. Aber der Beweis kann doch immer nur durch Vergleichung dieses Mannes mit der Idee oder dem Urbild des Mannes geführt werden, als welchem er total widerspricht. Da die Idee aber sich Keinem, der sie nicht schon selbst in unmittelbarer Intuition besitzt, beibringen läßt, so läßt sich auch Dem, der die ideale Gestalt des Mannes nicht in seinem Kopfe trägt, nicht beweisen, daß Thersites häßlich war; wer aber die Idee des Mannes intuitiv erkennt, für den ist dieser Beweis überflüssig, denn er sieht es unmittelbar, daß Thersites derselben nicht entspricht.

Der Beweis, daß eine bestimmte, individuelle Erscheinung schön oder häßlich sei, läßt sich also immer nur unter Voraussetzung der unmittelbaren Anschauung ihrer Idee führen. Wer diese aber besitzt, bedarf des Beweises gar nicht, so wie dem, der sie nicht besitzt, der Beweis nichts hilft.

Daher kommt es auch, daß wir Dinge, deren Ideen uns fremd und unbekannt sind, gar nicht ästhetisch beurtheilen können. Es fehlt uns das innere Verständniß für dieselben, gleichsam der Schlüssel, der uns ihre Erscheinung aufschließt und das Räthsel derselben deutet. Je entfernter daher auf der Stufenleiter der Wesen ein Ding von uns steht, je heterogener seine Idee gegen die des Menschen ist, desto schwerer wird es uns, seine Schönheit zu beurtheilen. Am leichtesten und schnellsten erkennen wir menschliche Schönheit, weil die Idee des Menschen uns die nächste, weil wir eben selbst ihr Ausdruck und ihre Erscheinung sind. „Daß wir alle die menschliche Schönheit erkennen, wenn wir sie sehen, im ächten Künstler aber dies mit solcher Klarheit geschieht, daß er sie zeigt, wie er sie nie gesehen hat, und die Natur in seiner Darstellung übertrifft; dies ist nur dadurch möglich, daß der Wille, dessen adäquate Objectivation auf ihrer höchsten Stufe hier beurtheilt und gefunden werden soll, ja wir selbst sind. Dadurch allein haben wir in der That eine Anticipation Dessen, was die Natur (die ja eben der Wille ist, der unser eigenes Wesen ausmacht) darzustellen sich bemüht; welche Anticipation im ächten Genius von dem Grade der Besonnenheit begleitet ist, daß er, indem er im einzelnen Dinge dessen Idee erkennt, gleichsam die Natur auf halbem Worte versteht und nun rein ausspricht, was sie nur stammelt, daß er die Schönheit der Form, welche ihr in tausend Versuchen mißlingt, dem harten Marmor aufdrückt, sie der Natur gegenüberstellt, ihr gleichsam zurufend: „Das war es, was du sagen wolltest!" und „Ja, das war es!" hallt es aus dem Kenner wieder. (Schopenhauer „die Welt als Wille und Vorstellung" Bd. I. 251 f. der zweiten Auflage.)

Aus allem diesen geht zur Genüge hervor, daß das Schöne keine bloße Geschmackssache ist, sondern daß es verstanden sein will, aber mittelst eines Verständnisses, welches von dem gewöhnlichen Verstehen einer Sache nach Gründen und Folgen, Ursachen und Wirkungen, räumlichen und zeitlichen Beziehungen, Nutzen oder Schaden u. s. w. himmelweit verschieden ist, da es kein solches blos äußerliches, auf der Oberfläche der Dinge haftendes Verstehen ist, sondern inneres Verständniß, welches in das Wesen der Dinge eindringt und von Innen heraus die Erscheinungen versteht.

Das gewöhnliche, prosaische Verstehen — das Verständniß der Klugen — bezieht nur eine Erscheinung auf eine andere, einen Zustand auf einen andern nach der Verknüpfung von Ursachen und Wirkungen, Mitteln und Zwecken. Das ästhetische Verständniß dagegen — die Sache des Künstlers und Kunstkenners — bezieht die Erscheinungen auf ihre eigenen inwohnenden Ideen, auf das, was in ihnen zur Erscheinung kommt. (Vergl. Schopenhauer am angeführten Orte.) Wenn daher die Klugheit bei der Erfahrung in die Schule gehen muß, da die Erkenntniß der äußern Beziehungen der Dinge nur durch Erfahrung erworben wird, so ist dagegen das ästhetische Urtheil Sache des Genies; sowohl des activen producirenden, als des passiven, reproducirenden; da die Erkenntniß der Ideen als des Wesens der äußern Erscheinungen eine unmittelbare, intuitive ist *).

---

*) Daraus, daß nicht Alle Genie, d. h. das Vermögen der objectiven Intuition der Ideen, besitzen, läßt es sich erklären, daß in einer gemischten Gesellschaft weit eher Uebereinstimmung der Urtheile über das subjectiv Angenehme und Nützliche, als über das objectiv Schöne zu finden ist. Denn, obgleich das Schöne, als ein Objectives, Allgemeingültigkeit hat, und nicht blos, wie die Annehmlichkeit einer Speise oder die Nützlichkeit einer Sache, durch den individuellen Geschmack und Willen bedingt ist; so finden sich doch Derer, welche gleichen Geschmack und Willen haben, weit leichter eine Menge beisammen, als Derer, die gleiches Genie, d. h. gleiche Fähigkeit der objectiven Intuition der Ideen haben. Einem Philister kann dieselbe Speise und derselbe Trank gut schmecken, als einem Genie; aber schwerlich wird einem Genie dieselbe Statue, dasselbe Gemälde oder dasselbe Gedicht gefallen, als einem Philister.

Die modernen Physiologen führen das Wohlgefallen am Schönen auf die Befriedigung innerer Forderungen der Sinnesnerven und der Muskelaction zurück. So sagt z. B. Harleß in seinen populären Vorlesungen aus dem Gebiet der Physiologie und Psychologie (Braunschweig 1851): „Schön durch Licht- und Farbenwechsel erscheint uns, was den Wechsel der eigenen sich selbst überlassenen Thätigkeit unsers Sehnerven wiederspiegelt, und es werden somit also auch hier die Regeln des wahrhaft Schönen von den Gesetzen der eigenen Thätigkeit des Sinnesnerven beherrscht." (S. 131.) Das Wohlthuende harmonischer Formen und Gestalten wird aus dem Wohlthuenden der Augenbewegung, zu der sie auffordern, abgeleitet: „Eine allgemein gültige Definition des Begriffes der Harmonie gibt es nicht; nur so viel ist gewiß, daß jede Harmonie von einem innern Gesetz beherrscht wird, dessen Form je nach dem bestimmten Fall wechseln kann und abhängig ist von der Natur der Mittel, durch welche das Harmonische hergestellt wird. Bei der Augenbewegung sind es die Muskeln mit ihrer Wirkungsweise und ihre gesetzlich früher dargelegte Verknüpfung. Harmonisch wird hierbei sein, was als Ausdruck solcher gesetzlichen Thätigkeit betrachtet werden kann." (S. 226.)

Es läßt sich allerdings nicht leugnen, daß das Gefallen einzelner ästhetischer Elemente, mögen sie, wie die Combination von Farben und Dimensionen, im Raume, oder, wie die von Tönen, in der Zeit liegen, auf der Befriedigung physischer Forderungen beruhen. Harleß hat ganz Recht: „Die Thätigkeiten der Organe sind verschieden; was sie leisten können und wie, hängt von ihrem Bau, ihrer Structur, ihren Kräften ab. Diejenige Thätigkeit, welche dem am meisten entspricht, wird auch am ehesten mit Genuß sich verknüpfen. Stetig wirkende Kräfte, die elastischen, sind fortwährend in dem Muskel thätig. Stetig zu- und abnehmende Contraction ist bei ihm das Naturgemäßeste; sie ist es auch, welche am meisten Behagen macht. Nicht sprungweise, sondern ganz allmälig das Maximum erreichend, wird die Muskelcontraction, wenn sie um ihrer selbst willen ausgeführt wird, am angenehmsten sein. Für die Zusammenziehung jedes Muskels gibt es ferner ein bestimmtes Maaß." (225.) „Außer der Kreisbahn, mag sie an äußern

Dingen vom Auge verfolgt werden oder durch den Genuß, den ihre Ausführung gewährt, selbstständig eingeschlagen worden sein, sind noch alle andern auf bestimmten Bewegungsgesetzen beruhenden Curven der einfacheren Art wohlthuend für das Auge, wie die Wellenlinie, die Ellipse, die Schneckenlinie. Die Kräuslungen der Wellen, das Züngeln der Flamme, die Wirbel des Dampfes, die hüpfenden Tropfen des Springquells, bei welchen in angenehmem Spiel dieselben Bewegungen mit leicht zu findendem Anfang sich wiederholen, — sie alle verfolgt das Auge mit innerer Lust an der Bewegung; auch den parabolischen und hyperbolischen Linien, welche die Körper im Falle beschreiben, folgt gerne der Blick, noch mehr, wenn, dem Auge wohlthuender Glanz, wie bei Feuerwerken, von den Körpern entgegenstrahlt. Auch bei äußerer Ruhe der Objecte, bei fixirten Linien, wie in Gemälden und architektonischen Kunstwerken, gleitet der Blick mit innerer Lust auf diesen vorgezeichneten Bahnen, und freut sich, in ihnen wieder zu finden, was sein innerster eigener Trieb verlangt." (228.)

Aber dieses den innern Sinnentrieb, der gewisse Dimensionen, gewisse Zusammenstellungen und Abwechslungen von Farben und Tönen fordert, Befriedigende verdient doch eigentlich nur den Namen des Angenehmen, nicht aber den des Schönen, und es läßt sich nicht beweisen, das das Schöne ein blos auf solchen physischen Forderungen des sehenden oder hörenden Organs Beruhendes sei. Denn dieselben räumlichen und zeitlichen Combinationen von Farben und Tönen, die an sich wegen ihrer Uebereinstimmung mit den Forderungen des Gesichts und Gehörs gefallen, können doch an einem Object, dessen inwohnender Idee sie nicht entsprechen, dessen Idee ganz andere Combinationen fordert, im höchsten Grade mißfallen. Dieselbe steife Symmetrie, die an einem Gebäude gefällt, würde an einem Gemälde abgeschmackt erscheinen. Die weichen Wellenlinien des Weibes und die Wölbung ihrer Brüste gefallen nur am Weibe, nicht aber am Manne. Die gefälligen Dimensionen der Thüren und Fenster eines Gartenhauses gefallen nur an diesem, nicht aber an einem Dome. Der schnelle Rythmus einer Tanzmusik gefällt nur an dieser, nicht aber an einer Trauermusik. Die physischen Forderungen des Subjects

sind also bei der ästhetischen Beurtheilung nichts Ursprüng=
liches, sondern hängen von der Idee des Objects ab, des=
sen Erscheinung beurtheilt wird. Daher können sogar dishar=
monische Verhältnisse ästhetisch gefallen, wenn sie der Idee des
Objects entsprechen, wie z. B. das Knorrige, Zackige an einer
Eiche, oder das Gequietsche in einer Hexenmusik; während um=
gekehrt die harmonischesten Verhältnisse mißfallen müssen, wenn
sie an einem Gegenstande vorkommen, von dessen Idee sie nicht
gefordert werden.

Es bleibt also dabei, die Intuition der Ideen der
Dinge bildet die Grundlage der ästhetischen Beurtheilung. Ein
Menschenkopf ist schön, ein Pferdenacken ist auch schön. Aber:

> Humano capiti cervicem pictor equinam
> Jungere si velit, et varias inducere plumas
> Undique collatis membris, ut turpiter atrum
> Desinat in piscem mulier formosa superne,
> Spectatum admissi risum teneatis, amici?
> (Wollt' ein Pferdegenick zum menschlichen Haupte der Maler
> Fügen, und bunt mit mancherlei Federn umziehen die Glieder
> Rings zusammengerafft, so daß, was oben ein schönes
> Weib ist, scheußlich geschwärzet hinauslief' unten zum Fische:
> Ließt ihr, Freunde, das Lachen bei solchem gestatteten Anblick?)
>
> (Nach Scheller.)

Mögen es nun die Physiologen versuchen, das Mißfallen
an einer solchen Figur physiologisch aus der Forderung der
Sinnesnerven und der Muskelaction zu erklären. Es wird
ihnen schwerlich gelingen.

Das Einzige, was man zugeben kann, ist dieses, daß, wenn
Etwas als schön gefallen soll, es den physiologischen und psy=
chologischen Gesetzen der Thätigkeit des auffassenden Subjects
nicht widerstreiten darf, weil eine extensiv und intensiv die
Capacität desselben übersteigende, die natürlichen Bedingungen
derselben verletzende Erscheinung die objective Anschauung über=
haupt unmöglich machen würde. In diesem Sinne sagte schon
Aristoteles: „Da das Schöne, sei es ein lebendiges Wesen,
oder irgend etwas sonst, aus gewissen Theilen besteht, so muß
es diese nicht nur in fester Ordnung, sondern auch eine gewisse,
nicht vom Zufall gegebene Größe haben. Denn das Schöne
besteht in der Größe und Ordnung: deßwegen kann auch ein

ganz kleines Thier nicht schön sein. Denn wenn die Betrach=
tung beinahe in unbemerkbarer Zeit geschieht, so vermischt sich
darin die Unterscheidung. Eben so wenig aber ein ganz großes
Thier; denn dabei geschieht die Betrachtung nicht auf einmal,
sondern die Einheit und das Ganze verschwindet dem Betrach=
tenden bei der Betrachtung: z. B. wenn ein Thier 10,000
Stadien lang wäre. Wenn daher Körper und Thiere eine
Größe haben, diese aber leicht übersehbar sein muß, so müssen
auch die Mythen eine Länge haben, die aber leicht im Gedächt=
niß behalten werden kann. (Nach) Walz. — „Ἐπεί τὸ καλὸν,
καὶ ζῶον, καὶ ἅπαν πρᾶγμα, ὃ συνέστηκεν ἔκ τίνων, οὐ
μόνον ταῦτα τεταγμένα δεῖ ἔχειν, ἀλλὰ καὶ μέγεθος ὑπάρχειν
μὴ τὸ τυχόν· τὸ γὰρ καλὸν, ἐν μεγέθει καὶ τάξει ἐστί· διὸ
οὔτε πάμμικρον ἄν τι γένοιτο καλὸν ζῶον· συγχεῖται γὰρ ἡ
θεωρία ἐγγὺς τοῦ ἀναισθήτου χρόνου γινομένη. οὔτε παμ-
μέγεθες· οὐ γὰρ ἅμα ἡ θεωρία γίνεται, ἀλλ᾽ οἴχεται τοῖς
θεωροῦσι τὸ ἓν καὶ τὸ ὅλον, ἐκ τῆς θεωρίας· οἷον, εἰ μυρίων
σταδίων εἴη ζῶν· ὥστε δεῖ, καθάπερ ἐπὶ τῶν σωμάτων, καὶ
ἐπί τῶν ζώων ἔχειν μὲν μέγεθος, τοῦτο δὲ εὐσύνοπτον εἶναι,
οὕτω καὶ ἐπὶ τῶν μύθων ἔχειν μὲν μῆκος, τοῦτο δ᾽ εὐμνημό-
νευτον εἶναι.“)

Spätere Aesthetiker haben es dann unzählige Mal wieder=
holt, daß weder Einheit ohne Mannigfaltigkeit, noch Mannig=
faltigkeit ohne Einheit, sondern nur Einheit in der Mannig=
faltigkeit, oder Mannigfaltigkeit auf Einheit zurückgebracht, für
schön gelten könne*).

----

*) So sagt z. B. Sulzer: „Man ist darin einig, daß die Schönheit die
Einheit im Mannigfaltigen ist, oder das Mannigfaltige, auf Einheit
zurückgebracht. Ein schlechterdings einfacher Gegenstand, worin sich gar
nichts unterscheiden läßt, kann auch niemals schön sein; sondern um schön zu
sein, muß ein Gegenstand durchaus viele und mannigfaltige Theile haben. Es
sei z. B. von einem Gebäude, einem Gemälde, oder einer Landschaft die Rede,
so ist alle Welt einstimmig, daß die Schönheit dieser Dinge aus der Anord=
nung ihrer Theile entspringt. Die bloße Menge der Theile macht nicht die
Schönheit aus; es muß auch Mannigfaltigkeit und Verbindung darin sein.
Man setze, daß man in der Natur oder in einem Gemälde eine Menge von
Gegenständen, ohne Verbindung und Ordnung sehe, als z. B. eine große An=
zahl hin und her laufender Menschen, oder eine Menge wild durch einander

Aber man meine nur nicht, aus solchen apriorischen psychologischen Bedingungen, ohne deren Erfüllung uns allerdings

gewachsener Bäume in einem Gehege: so wird man weder von dem einem
noch von dem andern sagen, daß es schön sei. Aber nun denke man sich diese
Bäume, statt der vorigen Unordnung, in verschiedene mit einander verbundene
Alleen gepflanzt, die zusammen eine regelmäßige Figur bilden, und sogleich
wird man Schönheit darin gewahr werden.

„Gesetzt, ein Gemälde stellt eine Landschaft vor, aber man erblickt darin
nichts als ein weitläufiges Feld ohne alle Abwechselung, so wird gewiß Niemand diese Landschaft schön nennen; und ebensowenig dann, wenn zwar Mannigfaltigkeit genug darin ist, aber die übelverbundenen Theile kein Ganzes
machen. Wenn z. B. der Maler sie stückweise aus andern Gemälden zusammen
gestohlen hätte, und nun in dem einen Theile das Licht von der rechten, in
dem andern von der linken Seite hereinfiele; wenn er Berge angebracht hätte,
ohne sonst irgend ein unterscheidendes Merkmal bergigter Gegenden anzugeben;
wenn er endlich Bäume und Vögel aus allen vier Theilen der Welt hineinge-
malt hätte; so würde man das Gemälde, ohnerachtet aller dieser Mannigfaltigkeit, doch niemals schön nennen; aber dann würde es schön sein, wenn alles
dieses Mannigfaltige so mit einander verbunden wäre, daß man sogleich ein
G a n z e s erblickte." („Untersuchung über den Ursprung der angenehmen und
unangenehmen Empfindungen," in den vermischten philosophischen Schriften,
aus den Jahrbüchern der Akademie der Wissenschaften zu Berlin gesammelt,
Leipzig, 1773. S. 27 ff.)

Der psychologische Grund, warum allein Einheit in der Mannigfaltigkeit,
oder Mannigfaltigkeit auf Einheit zurückgebracht, uns als schön gefällt, ist nach
Sulzer dieser: „So oft eine verwirrte Idee deutlich wird, so muß nothwendig
die Seele Vergnügen darüber empfinden. Da nun jede Schönheit eine Menge
besonderer Ideen in sich schließt, so stellt sie uns so lange vom Ganzen eine
verwirrte Idee vor, bis wir die Einheit, durch welche wir die Mannigfaltigkeit
entwickeln können, gefunden haben; und alsdann wird die Idee des Ganzen,
die bisher nur undeutlich gewesen war, deutlich." (S. 39.)

Marcus Herz hat sodann gezeigt, daß auch das Causalgesetz nicht
verletzt werden darf, wenn uns Etwas als schön gefallen soll. „Es ist," sagt er,
„zur Schönheit nicht genug, wenn alle Theile der Mannigfaltigkeit zur Hervorbringung der Einheit mit einander verknüpft sind, sondern ein jeder derselben muß an dieser Wirkung einen bestimmten, ihm angemessenen Antheil haben;
ein größerer oder kleinerer, als ihm verhältnißmäßig zukommt, entstellt das
Ganze. Große Zurüstungen in einer Maschine, die zum Hauptzweck nur eine
Kleinigkeit beitragen, sind ihrer Schönheit eben so zuwider, als große Wirkungen, die man in derselben auf schwache unbedeutende Triebwerke ankommen
läßt." Er nennt diese Bedingung der Schönheit die Haltung, und sagt:
„Der Grund dieser Bedingung scheint mir in dem bekannten Satze zu liegen,
jede Ursache muß ihrer Wirkung proportionirt sein. Nächst dem

Nichts als schön erscheinen kann, weil sie die Grenzen bilden, innerhalb deren Alles liegen muß, was uns ästhetisch gefallen soll, — irgend ein wirkliches Schönes deduciren zu können. Wenn wir weiter nichts wüßten, als daß zur Schönheit Einheit in der Mannigfaltigkeit und richtiges Verhältniß der Theile zu einander erforderlich sei, so würden wir damit allein eben so wenig etwas wirklich Schönes hervorbringen oder beurtheilen können, als der Historiker aus der bloßen apriorischen Gewißheit, daß jede Wirkung ihre Ursachen habe, die Ursachen einer bestimmten gegebenen Wirkung, z. B. des Verfalls eines Staates, deduciren könnte. Denn, woran sollten wir denn nun erkennen, daß jene Bedingungen, Einheit in der Mannigfaltigkeit und richtiges Verhältniß der Theile zu einander, in einem Natur- oder Kunstproduct erfüllt seien, wenn wir nicht schon die Idee desselben besäßen? Der Nichtkenner findet oft Unordnung und Mißverhältniß in Dem, was den Kenner als die schönste Einheit und Ordnung entzückt. Woher diese Verschiedenheit? Etwa daher, daß die Seelen Beider verschiedenen psychologischen Gesetzen unterworfen sind? Nein, daher, daß der Eine die Idee oder die innere Intention das zu beurtheilenden Objects kennt, während sie dem Andern verschlossen ist. Mit ganz' andern Augen sieht der Uhrmacher das innere Räderwerk einer Uhr an, als der, der den Zusammenhang davon nicht kennt. Und eben so sieht der Botaniker eine Pflanze, der Zoolog ein Thier mit ganz andern Augen an, als der Ignorant, dem der immanente Zweck derselben unbekannt ist.

Gesetze des Widerspruchs gibt es keines, das unserer Seele so wichtig ist, überall in ihrer Thätigkeit sich ihr so sehr aufdringt, und an welches sie selbst unbewußt, in ihren dunkelsten Operationen, so viel Anhänglichkeit hat, als das Gesetz der Causalität. An einem festen nervigen Körper, der mit angestrengten Muskeln unter der Last der Erdkugel seinen Rücken beugt, findet die Seele unter der Gestalt des Atlas nichts Anstößiges; die Vorstellung derselben Figur in derselben Stellung, die statt jenes Balles eine gläserne Laterne trägt, beleidigt uns. Es ist hier vergebliche Kraftäußerung, Ursache ohne Wirkung. Eine runde Säule auf einem kubischen Fußgestelle erregt Gefallen, wegen der Angemessenheit der Stütze zur Last; ein viereckiger Obelisk auf einer Kugel mißfällt als Wirkung ohne Ursache, Festigkeit ohne hinreichende Befestigung." (Versuch über den Geschmack, 2. Aufl. S. 37 ff.)

Auf die bloße Befriedigung subjectiver, psychologischer Bedingungen allein läßt sich also die objective Allgemeingültigkeit des ästhetischen Urtheils nun und nimmermehr gründen. Denn obwohl das Bedürfniß nach Einheit in der Mannigfaltigkeit, nach innerer Zweckmäßigkeit, bei Allen das gleiche ist, so muß doch das ästhetische Urtheil über die Einheit eines bestimmten Natur= oder Kunstproductes verschieden ausfallen, je nach der Verschiedenheit der Idee, die demselben zu Grunde gelegt wird. Nur erst, wenn Alle es im Lichte derselben Idee erblicken, und diese die eigene, immanente des angeschauten Objects ist, dann ist das Urtheil darüber überstimmend und hat objective Allgemeingültigkeit.

Sulzer sagt daher mit Recht: „Man muß das Schöne kennen und um es zu kennen, muß man in der Gattung, zu welcher es gehört, einigermaßen bewandert sein, weil man sonst nicht gleich im Stande ist, das Schöne an einem Gegenstande zu fassen. Wenn demnach alle Menschen einerlei Kenntnisse hätten, so würden auch alle einerlei Geschmack haben, und es würde über das, was schön oder nicht schön ist, keine Streitigkeiten mehr geben. Zwei große Meister in der Malerei werden niemals in Absicht auf Gemälde verschiedener Meinung sein, wenn sie nur aufrichtig damit herausgehen. Also nur aus Verschiedenheit der Kenntnisse und der Einsicht entsteht die Verschiedenheit des Geschmacks. Jede Gattung des Schönen hat, so zu reden, ihre Wissenschaft für sich; und diese muß man studirt haben, wenn man richtig über sie urtheilen soll. Nur die Vernachlässigung dieser Regel, und das unwissende Urtheilen über Alles, verursacht die widersprechenden Meinungen über alle Arten von Schönheit, die einige sogar auf den falschen Gedanken gebracht haben, als wenn Schönheit und Geschmack etwas ganz Willkürliches wären." („Untersuchung über den Ursprung der angenehmen und unangenehmen Empfindungen," aus den Jahrbüchern der Akademie der Wissenschaften zu Berlin abgedruckt in den vermischten philosophischen Schriften S. 46 f.)

Kant gerieth in Widerspruch mit sich, indem er einerseits die Allgemeingültigkeit des ästhetischen Urtheils behauptete und doch leugnete, daß dasselbe sich auf objective Erkenntniß gründe. So sagt er: „Das Geschmacksurtheil bestimmt

feinen Gegenstand in Ansehung des Wohlgefallens (als Schön=
heit) mit einem Anspruche auf Jedermanns Beistimmung,
als ob es objectiv wäre. Sagen: diese Blume ist schön, heißt
so viel, als ihren eigenen Anspruch auf Jedermanns Wohl=
gefallen ihr nur nachsagen. Durch die Annehmlichkeit ihres Ge=
ruchs hat sie gar keine Ansprüche; denn Einen ergötzt dieser
Geruch, dem Andern benimmt er den Kopf. Was sollte man
nun anders daraus vermuthen, als daß die Schönheit für eine
Eigenschaft der Blume selbst gehalten werden müsse, die sich
nicht nach der Verschiedenheit der Köpfe und so vieler Sinne
richtet, sondern danach sich diese richten müssen, wenn sie darüber
urtheilen wollen, und doch verhält es sich nicht so. Denn
darin besteht eben das Geschmacksurtheil, daß es eine Sache
nur nach derjenigen Beschaffenheit schön nennt, in welcher sie
sich nach unserer Art, sie aufzunehmen, richtet." (Krit. d. U.
§. 32.) Daß unsere Art, eine Sache aufzunehmen, durch die
Erkenntniß der objectiven Natur der Sache, ihres eigenen
Wesens, ihrer Idee, bedingt, und daher Verschiedene dieselbe
Sache, z. B. dieselbe Blume verschieden aufnehmen, wenn ihre
objective Erkenntniß der Sache eine verschiedene ist, daran hat
Kant nicht gedacht. Er steht also mit Denen auf einer Stufe,
die das ästhetische Urtheil nur auf subjective, physiologische
und psychologische Forderungen gründen.

Hingegen erkannte Göthe: Daß zur Beurtheilung des
Schönen etwas mehr gehört, als das Gefühl des physiologisch
Angenehmen, den Sinnesnerven und der Muskelaction Entspre=
chenden, und des den psychischen Gesetzen Gemäßen, oder der
Einhelligkeit der Gemüthskräfte, wie es Kant nennt, — daß viel=
mehr die Kenntniß der innern Intention des zu beur=
theilenden Objects dazu gehört. Denn in Eckermann's
Gesprächen III. sagt er: „Das Schöne ist ein Urphänomen,
das zwar nie selber zur Erscheinung kommt, dessen Abglanz aber
in tausend verschiedenen Aeußerungen des schaffenden Geistes
sichtbar wird und so mannigfaltig und verschiedenartig ist wie
die Natur selber. Ich bin keineswegs der Meinung, daß diese
in allen ihren Aeußerungen schön sei. Ihre Intentionen sind
zwar immer gut, allein die Bedingungen sind es nicht, die dazu
gehören, sie stets vollkommen zur Erscheinung gelangen zu lassen.

So ist die Eiche ein Baum, der sehr schön sein kann. Doch wie viele günstige Umstände müssen zusammentreffen, ehe es der Natur einmal gelingt, ihn wahrhaft schön hervorzubringen." Nun geht Göthe diese verschiedenen Bedingungen durch, die alle zusammentreffen müssen, um die innere Intention der Eiche auch äußerlich zur Erscheinung zu bringen, und fährt dann fort: „Will man aus diesen Andeutungen den Schluß ziehen, ein Geschöpf sei dann schön, wenn es zu dem Gipfel seiner natürlichen Entwicklung gelangt sei; — recht wohl, doch müßte man zuvor aussprechen, was man unter dem Gipfel der natürlichen Entwickelung wolle verstanden haben. Bezeichnet man damit diejenige Periode des Wachsthums, wo der Charakter, der diesem oder jenem Geschöpf eigenthümlich ist, vollkommen ausgeprägter scheint, so wäre nichts dagegen einzuwenden, besonders wenn man noch hinzufügte, daß zu solchem vollkommen ausgeprägten Charakter zugleich gehöre, daß der Bau der verschiedenen Glieder eines Geschöpfs dessen Naturbestimmung angemessen und also zweckmäßig sei. So wäre z. B. ein mannbares Mädchen, dessen Naturbestimmung ist, Kinder zu gebären und Kinder zu säugen, nicht schön ohne gehörige Breite des Beckens und ohne gehörige Fülle der Brüste. Doch wäre auch ein Zuviel nicht schön, denn das würde über das Zweckmäßige hinausgehen. Ein Pferd nennen wir schön wegen der Zweckmäßigkeit seines Baues. Es ist nicht blos das Zierliche, Leichte, Graziöse seiner Bewegungen, sondern noch etwas mehr, worüber ein guter Reiter und Pferdekenner reden müßte und wovon wir Andern nur den allgemeinen Eindruck empfinden. Und ein Maler fände an dem stark ausgeprägten Charakter, an dem mächtigen Ausdruck von Knochen, Sehnen und Muskeln eines Brabanter Karrengauls wahrscheinlich auch ein weit mannigfaltigeres Spiel von allerlei Schönheiten, als an dem milderen, egaleren Charakter eines zierlichen Reitpferdes.

„Die Hauptsache ist immer, daß die Raçe rein und der Mensch nicht seine verstümmelnde Hand angelegt hat. Ein Pferd, dem Schweif und Mähnen abgeschnitten, ein Hund mit gestutzten Ohren, ein Baum, dem man die mächtigsten Zweige genommen und das Uebrige kugelförmig geschnitzelt hat, und über Alles eine Jungfrau, deren Leib von Jugend auf durch

Schnürbrüſte entſtellt worden, alles dieſes ſind Dinge, von denen ſich der gute Geſchmack abwendet und die blos in dem Schönheits-Katechismus der Philiſter ihre Stelle haben.“

Man ſieht alſo, wie ſehr der gute Geſchmack bedingt iſt durch die Kenntniß des objectiven Weſens und Zweckes der Dinge, und wie das blos ſubjectiv Gefällige, das nach Zeiten und Moden wechſelt, noch keineswegs identiſch iſt mit dem Schönen. Uebrigens ergibt ſich zugleich aus dem Angeführten, in welchem Sinne die Phyſiologie wahrhaft förderlich auf den Geſchmack wirken könnte, wenn nämlich ihr Streben dahin ginge, uns die verſchiedenen Geſtalten der organiſchen Geſchöpfe des Pflanzen- und Thierreichs nach ihrem innern Zweck, der natürlichen Intention des ſie bildenden Principes verſtehen zu lehren. Manches würde uns alsdann vielleicht als ſchön erſcheinen, was uns bisher als häßlich mißfiel.

VI.

Verſchiedenes Verhalten zur Wirklichkeit und zum Bilde.

Rührte das Vergnügen, welches uns gelungene Nach=
ahmungen gewähren, von dem Gegenſtande derſelben her,
ſo könnte nicht Häßliches und Schreckliches, überhaupt Solches,
deſſen Anblick in der Wirklichkeit und im Leben uns abſtößt,
dennoch in der Nachahmung der Kunſt anziehen und gefallen.
Es wäre unmöglich, daß, wie Göthe ſagt:

> Was im Leben uns verdrießt,
> Man im Bilde gern genießt.

Eben dieſe Erfahrung aber, auf die auch Ariſtoteles
(Poetik Cap. 4.) hinweiſt, „daß von Dingen, deren Anblick
in der Natur uns unangenehme Empfindungen erregt, die ge=
naueſten Abbildungen uns Freude machen, z. B. Geſtalten der
häßlichſten Thiere und Leichname", beweiſt am beſten, daß im
Vergnügen an ſolchen Nachahmungen nicht der Gegenſtand es
iſt, der uns Freude macht, ſondern die Nachahmung des
Gegenſtandes. Dieſe verſchiedene Wirkung des Originals und
der Copie, des Wirklichen und Nachgeahmten, bedarf aber einer
Erklärung.

Die Erklärung, die Leſſing von dem Gefallen unangeneh=
mer Gegenſtände in der Nachahmung (Laokoon XXIV.) nach
den „Briefen, die neueſte Literatur betreffend," gibt: „Die
Vorſtellungen der Furcht, der Traurigkeit, des Schreckens, des
Mitleids u. ſ. w. können nur Unluſt erregen, in ſo weit wir
das Uebel für wirklich halten. Dieſe können alſo durch die
Erinnerung, daß es ein künſtlicher Betrug ſei, in angenehme

Empfindungen aufgelöſt werden“ — dieſe Erklärung aus dem Willen, der froh iſt, daß das dargeſtellte Unangenehme, Traurige und Schreckliche unwirklich, nur fingirt iſt, müßte, wenn ſie wahr wäre, zur Folge haben, daß umgekehrt das in der Nachahmung dargeſtellte Angenehme, Glückliche, Freudige durch die Entdeckung, daß es nur ein künſtlicher Betrug ſei, Mißvergnügen und Unzufriedenheit in dem Beſchauer erweckte, da der Wille ja wünſcht, daß es ein Wirkliches ſei. Und doch iſt es nicht blos das Schreckliche, Traurige, Unangenehme, was in der Nachahmung gefällt, ſondern eben ſo ſehr das Liebliche, Heitere, Angenehme, obgleich wir wiſſen, daß es in der Nachahmung kein Wirkliches, ſondern nur ein künſtlicher Betrug ſei. Nicht alſo die Zufriedenheit des Willens, daß das Nachgeahmte kein Wirkliches ſei, kann die Urſache des Vergnügens daran ſein, ſondern dieſes Vergnügen muß eine andere Urſache haben.

Ariſtoteles gibt nächſt der natürlichen, dem Menſchen von Kindheit angebornen Nachahmungsſucht, wegen deren er ihn das nachahmungsſüchtigſte Thier nennt, noch dieſe Urſache an, „daß das Lernen nicht nur den Philoſophen, ſondern auch den andern Menſchen am angenehmſten iſt: nur dauert bei Letztern der Eifer dafür blos kurze Zeit. Denn das Sehen der Bilder macht ihnen darum Freude, weil ſie bei deren Betrachtung lernen und erfahren, was jedes iſt, z. B. daß Das jenen vorſtellt: denn wenn der Beſchauer den Gegenſtand nicht vorher geſehen hat, ſo wird ihm der Gegenſtand der Darſtellung nicht als ſolcher, ſondern durch die Ausführung, oder durch die Farbe, oder durch ſonſt eine Urſache der Art Vergnügen erregen.“ (Poet. 4. nach Walz.)

Dieſe Erklärung aus der Freude am Wiedererkennen des Originals in der Copie trifft die Sache weit näher, als die Leſſing’ſche aus der egoiſtiſchen Reflexion, daß die Nachahmung nur ein künſtlicher Betrug ſei.

Aber dieſe Freude am Wiedererkennen des Originals aus der Copie bedarf ſelbſt wieder einer Erklärung, und dieſe kann nur darin liegen, daß wir uns zum Gegenſtande in der Wirklichkeit, zum Original, ganz anders verhalten, als zum Abbild deſſelben in der Nachahmung, zur Copie, indem wir an jenen ganz andere Forderungen ſtellen, als an dieſe.

Während wir nämlich an die Gegenstände im Leben und in der Wirklichkeit, wo wir uns praktisch zu ihnen verhalten, die Forderung stellen, daß sie unserm Willen gemäß seien und daher nur dann Freude an ihnen haben, wenn sie uns Nutzen oder Vergnügen gewähren, kurz, wenn sie unsern subjectiven Wünschen und Bedürfnissen entsprechen; so ist es bei unserm theoretischen Verhalten zur künstlerischen Nachahmung nicht der materielle Gegenstand, mit dem wir es zu thun haben, sondern die nachgeahmte Form des Gegenstandes, und wir verhalten uns also, indem wir diese mit dem Original vergleichen, nicht mehr wollend, sondern erkennend; wir fassen den Gegenstand nicht mehr in seiner subjectiven Beziehung zu uns auf, sondern in seiner objectiven Beziehung auf sein eigenes charakteristisches Wesen, zufrieden, wenn er diesem vollkommen entspricht.

Das Vergnügen an gelungenen künstlerischen Nachahmungen, ihr Gegenstand sei übrigens, welcher er wolle, entspringt also aus unserm uninteressirten, uneigennützigen, willenlosen Verhalten zum Gegenstande; es ist das Vergnügen der durch keine störende Einmischung des Willens verunreinigten Contemplation, die ja auch nach Aristoteles das Seligste und Beste ist. In dieser fassen wir nämlich das Dargestellte als ein Darzustellendes, als ein Solches auf, das eben hier Das ist, was es sein soll, als eine ihrer Idee vollkommen entsprechende Erscheinung. Wenn daher der Maler, Dichter oder Schauspieler in ihren Darstellungen Narren und Bösewichte, Kämpfende, Traurige, Unglückliche, Wahnsinnige und Sterbende nachahmen, so haben wir kein anderes Interesse dabei, als daß ihre Nachahmungen treu und wahr seien, während wir im Leben fordern, daß jene Charaktere und Zustände überhaupt gar nicht sein sollen, weil wir uns im Leben nicht zu ihnen, wie in der Kunst, erkennend, sondern wollend verhalten.

Nur aus diesem entgegengesetzten Verhalten des Subjects läßt sich's erklären, daß dasselbe Object, das im Leben uns schmerzlich berührt, in der gelungenen, täuschenden Nachahmung der Kunst uns erfreut. Möchte im Leben Einer die Rolle des Undankbaren, des Feigen, des Geizigen, des Lügners, Heuchlers und Verräthers noch so treu und consequent durchführen,

so würden wir ihm doch nicht, wie in der Kunst, Beifall klat=
schen, sondern uns mit Widerwillen und Empörung von ihm
wegwenden; denn im Leben soll er Das nicht sein, sondern
von allem dem das gerade Gegentheil. Wir verhalten uns
also im Leben nicht erkennend zu ihm, wie in der Kunst,
sondern wollend. Daher kommt es auch, daß, wenn wir im
Leben Menschen begegnen, die die personificirte Unschuld, Güte,
Ehrlichkeit, Biederkeit, Dankbarkeit, Frömmigkeit u. s. w. zu
sein scheinen, hinterher aber als Solche entlarvt werden, die
dies Alles nur spielen, aber nicht sind, die die Tugend äußer=
lich zwar täuschend copiren, innerlich aber Bösewichte sind, wir
über diese Heuchler, diese Wölfe in Schafskleidern uns nicht
freuen; während umgekehrt in der Kunst, wo eine solche Rolle
gespielt werden soll, die gelungene Durchführung derselben
uns Beifall abnöthigt.

Das Vergnügen am Tragischen und dem darin abgebil=
deten widrigen Geschick, das, wenn es uns selbst träfe, uns
keineswegs Vergnügen machen würde, beruht eben darauf, daß
wir in der Tragödie das Dargestellte als ein Darzustellendes,
die traurige Begebenheit als eine ihrer Idee entsprechende Er=
scheinung, folglich als nothwendig betrachten; während wir
unser eigenes trauriges Geschick keineswegs mit diesem rein
objectiven Blick anschauen, sondern, weil es unserm individuellen
Willen zuwider ist, meinen, es sei zufällig, unnothwendig,
könnte auch nicht, oder auch anders sein.

Das beste Mittel daher, sein eigenes trauriges Geschick mit
Ruhe und Ergebung zu ertragen, wäre dieses, es wie eine
gespielte Tragödie anzuschauen, mit demselben rein objectiven
Blick, ohne alle Einmischung des Willens, die eigenen Leiden
und Kämpfe als nothwendig, als adäquate Erscheinung der
Idee unsers individuellen Lebenslaufs zu betrachten, wie in der
Tragödie die fremden. Nur so wird es uns möglich, unsern
Schmerz zu genießen. Selbstbiographien in diesem poetischen
Sinne geschrieben, müssen sehr beruhigend auf den Autor wirken.

Nichts wirkt überhaupt so beruhigend und tröstend, als
die Erkenntniß der Nothwendigkeit dessen, was geschieht.
Große Unglücksfälle und Schicksalsschläge werden daher auch
vom Menschen mit weit mehr Ergebung ertragen, als die kleinen

Leiden, die petites misères, die uns oft außer Fassung bringen; blos, weil wir jene als nothwendig, als Werk einer höhern unabwendbaren Fügung, diese hingegen als zufällig, als nicht sein sollend und nicht sein könnend betrachten. Allgemeine, jeden Menschen treffende Leiden und Schicksale tragen wir wieder aus demselben Grunde leichter, als individuelle, unsere Person allein betreffende; und eben so tragen wir aus demselben Grunde physische Injurien und Schmerzen leichter, als moralische; denn bei den Unbilden der Natur denken wir: die Natur kann ja nicht anders, hingegen bei den Kränkungen der Menschen denken wir: sie können und sollen anders handeln. Könnten wir uns daher gewöhnen, die Menschen wie reine Naturwesen und ihre Handlungen wie Naturereignisse zu betrachten, so würden wir bei ihren Ungerechtigkeiten und Lieblosigkeiten weit ruhiger bleiben.

Spinoza's Philosophie ist eben darum so poetisch und wirkt so beruhigend, weil sie die Dinge weder belacht noch beweint, sondern als nothwendig begreift, sich also rein erkennend zu ihnen verhält, einen eben so objectiven uninteressirten Blick auf die Affecte und Leidenschaften der Menschen wirft, wie der Geometer auf Linien, Ebenen und Körper.

Also, um nun wieder auf unser Thema zurückzukommen, das Vergnügen, welches Nachahmungen gewähren, gleichviel was der Gegenstand desselben sei, beruht, wie gezeigt, auf dem Schweigen des Willens und der Thätigkeit der willenlosen, uninteressirten Erkenntniß dem Gegenstand gegenüber. Daß wir nun aber vorzugsweise gern Schreckliches, Schauerliches, Gefährliches, Verderbenbringendes in der Kunst nachgeahmt sehen, also in Gemälden die wilde romantische Natur, zerrissene Felsen über tiefen schauerlichen Abgründen, feuerspeiende Berge, wüthende Orkane, schiffzertrümmernde Meereswogen, in Romanzen und und Balladen kühne gefährliche Wagnisse, wie z. B. in Schiller's Kampf mit dem Drachen, Taucher u. s. w., in Tragödien der Kampf heftiger, Verderben bringender, mit Mord oder Wahnsinn endigender Affecte und Leidenschaften, — das kommt daher, daß, wie in der Wirklichkeit, so auch in der täuschenden Nachahmung der Kunst, solchen ernsten, schrecklichen, erhabenen Gegenständen gegenüber uns die contemplative, rein objective,

willenlose Erkenntniß nicht so leicht wird, wie bei ruhigen, fried=
lichen, heitern Gegenständen, z. B. dem Gemälde idyllischen
Landlebens in einer schönen lachenden Gegend. Das Finstere,
Schauerliche, Gefährliche, schrecklich Erhabene setzt uns in eine
Art von subjectiver Beklemmung und Bedrängniß, deren Herr
zu werden uns nicht so leicht wird, dafür aber auch, wenn es
uns gelingt, desto mehr Freude macht, weil die Freude des
contemplativen Erkennens, wie jede Freude, je schwerer sie
erkauft, desto tiefer und inniger gefühlt wird.

Das Vergnügen an schrecklich Erhabenen in der Kunst ist
also Vergnügen an dem Gelingen der Erhebung über den
Willen, worin überhaupt das Vergnügen am Erhabenen besteht.
„Was das Gefühl des Erhabenen von dem des Schönen unter=
scheidet, ist dieses: Beim Schönen hat das reine Erkennen ohne
Kampf die Oberhand gewonnen, indem die Schönheit des Ob=
jects, d. h. dessen die Erkenntniß seiner Idee erleichternde Be=
schaffenheit, den Willen und die seinem Dienste fröhnende Er=
kenntniß der Relationen, ohne Widerstand und daher unmerklich
aus dem Bewußtsein entfernte und dasselbe als reines Subject
des Erkennens übrig ließ, so daß selbst keine Erinnerung an
den Willen nachbleibt: hingegen bei dem Erhabenen ist jener
Zustand des reinen Erkennens allererst gewonnen durch ein be=
wußtes und gewaltsames Losreißen von den als ungünstig er=
kannten Beziehungen des Objects zum Willen, durch ein freies,
vom Bewußtsein begleitetes Erheben über den Willen und die
auf ihn sich beziehende Erkenntniß. Diese Erhebung muß mit
Bewußtsein nicht nur gewonnen, sondern auch erhalten werden
und ist daher von einer steten Erinnerung an den Willen be=
gleitet, doch nicht an einzelnes individuelles Wollen, wie Furcht
oder Wunsch, sondern an das menschliche Wollen überhaupt.
Träte ein realer einzelner Willensact ins Bewußtsein durch wirk=
liche, persönliche Bedrängniß und Gefahr vom Gegenstande, so
würde der also wirklich bewegte individuelle Wille alsbald die
Oberhand gewinnen, die Ruhe der Contemplation unmöglich
werden, der Eindruck des Erhabenen verloren gehen, indem er
der Angst Platz macht, in welchem das Streben des Individuums,
sich zu retten, jeden andern Gedanken verdrängte." (Arthur
Schopenhauer „die Welt als Wille und Vorstellung" I. §. 39.)

Anders aber, als mit dem Schrecklichen, verhält es sich mit dem Ekelhaften, Widerlichen, Unnatürlichen, Abscheu Erregenden, überhaupt mit Allem, dessen stoffliche Wirkung eine so starke, so grelle, so abstoßende, so unüberwindliche ist, daß es den Beschauer selbst bei der vollendetsten Nachahmung der Kunst, dennoch nicht zur formellen, rein contemplativen Auffassung kommen läßt und ihn nicht über die subjective Willens=affection erhebt, sondern immer wieder seinen Willen erregt und, da dieser sich hier abgestoßen fühlt, den Blick vom Gegenstande abzuwenden nöthigt. Solche Gegenstände, z. B. die ekelhaften Erscheinungen bei einer Pest oder Hungersnoth dürfen höchstens als Ingrediens, als ein untergeordneter Bestandtheil in dem Hauptthema einer Kunstnachahmung dargestellt werden; aber keineswegs dürfen sie selbst das Hauptthema bilden, denn der Ekel am Gegenstande richtet das ästhetische Wohlgefallen an dessen kunstvoller Darstellung zu Grunde, weil, wie Kant richtig bemerkt, bei ekelhaften Sujets „die künstliche Vorstellung des Gegenstandes von der Natur dieses Gegenstandes selbst in unserer Empfindung nicht mehr unterschieden wird und jene als=dann unmöglich für schön gehalten werden kann." (Krit. d. U. §. 48.) Ferner ist es nicht gleichgültig, in welcher Kunst solche Gegenstände vorgeführt werden.

So wie nämlich nicht jeder Gegenstand zur Nachahmung sich eignet, so ist es auch nicht gleichgültig, welche Kunst einen Gegenstand nachahme. Denn in Worten kann die nach=ahmende Darstellung eines Gegenstandes noch so beschaffen sein, daß sie die willenlose Contemplation nicht stört, während der=selbe Gegenstand, in sichtbaren Gestalten nachgeahmt, schon Abscheu erregt, also die willenlose Anschauung aufhebt. Die Malerei darf daher Manches nicht abbilden, was der Poesie zu schildern erlaubt ist, und wiederum innerhalb der Poesie macht es einen großen Unterschied, ob der Gegenstand nur in Weise der Erzählung, also als vergangen, oder in dra=matischer Form, also als gegenwärtig dargestellt wird. Auf diesen Unterschied macht schon Horaz aufmerksam, wenn er sagt:

Aut agitur res in scenis aut acta refertur.
Segnius irritant animos demissa per aurem,

Quam quae sunt oculis subjecta fidelibus, et quae
Ipse sibi tradit spectator. Non tamen intus
Digna geri promes in scenam, multaque tolles
Ex oculis, quae mox narret facundia praesens.
Ne pueros coram populo Medea trucidet,
Aut humana palam coquat exta nefarius Atreus,
Aut in avem Progne vertatur, Cadmus in anguem.
Quodcumque ostendis mihi sic, incredulus odi.
(Bald spielt offen die Sache vor Augen, bald wird sie erzählet.
Schwächer ergreifet das Herz, was blos durch die Ohren hineinkommt,
Als was vor den getreulichen Augen des Schauenden daliegt,
Und er sich selber erzählt. Doch aber, was schicklicher drinnen
Vorfällt, stell' auf der Bühne nicht dar, und enthebe den Augen
Viel und manches, was dann vortrag' ein redender Zeuge.
Weder erwürge vor Augen des Volks Medea die Kinder,
Noch koch' öffentlich Menschengeweid' ein greulicher Atreus,
Noch auch werde zum Vogel die Progne, Cadmus zur Schlange,
Was du mir so darstellst, als ein Ungläubiger haß' ich's.)
(Brief an die Pisonen 179—189, nach Scheller.)

Auch Lessing hat in seinem Laokoon (XXIV. und XXV.)
gezeigt, wie das Häßliche und Ekelhafte als Ingrediens sehr
wohl noch in der Poesie ein Gegenstand der Nachahmung sein
darf, während es aus der Malerei ausgeschlossen bleiben
muß. „In der Poesie verliert die Häßlichkeit der Form, durch
die Veränderung ihrer coexistirenden Theile in successive, ihre
widrige Wirkung fast gänzlich; sie hört von dieser Seite gleich=
sam auf, Häßlichkeit zu sein und kann sich daher mit andern
Erscheinungen desto inniger verbinden, um eine neue besondere
Wirkung hervorzubringen. In der Malerei hingegen hat die
Häßlichkeit alle ihre Kräfte beisammen und wirkt nicht viel
schwächer, als in der Natur selbst." „Auch das Ekelhafte ver=
hält sich zur Nachahmung vollkommen so, wie das Häßliche.
Ja, da seine unangenehme Wirkung die heftigere ist, so kann
es noch weniger als das Häßliche an und für sich selbst ein
Gegenstand weder der Poesie, noch der Malerei werden. Nur weil
es ebenfalls durch den wörtlichen Ausdruck sehr gemildert wird,
getraue ich mich doch wohl zu behaupten, daß der Dichter
wenigstens einige ekelhafte Züge als ein Ingrediens zu den
nämlichen vermischten Empfindungen brauchen könne, die er
durch das Häßliche mit so gutem Erfolge verstärkt."

VII.

Ueber die ästhetische Nachahmung.

Man hat einen Gegensatz gemacht zwischen nachahmen=
den und frei schaffenden Künsten und zu letztern die
Baukunst und Musik gerechnet, weil diese das Urbild zu
ihren Werken nicht in der Natur finden, sondern aus sich
selbst schöpfen.

Indessen dieser Gegensatz hat doch nur dann Wahrheit,
wenn man eben nur auf den Gegenstand der Darstellung
sieht, nur darauf reflectirt, daß in der Natur keine Gebäude
und Musiken vorkommen, wie sie der Architekt und Tonkünstler
schaffen. Faßt man hingegen die Art des Darstellens auf, so
erweisen sich die sogenannten nachahmenden Künste (Sculptur
und Malerei, so wie in der Poesie die objectiv darstellende,
Epos und Drama, im Gegensatz zur subjectiven, lyrischen) nicht
minder frei schaffend, als Baukunst und Musik; denn wenn
jene auch Naturgegenstände, Gestalten von Pflanzen, Thieren,
Menschen, Landschaften oder historische Begebenheiten zum Ge=
genstande ihrer Darstellung wählen, so können sie doch dieselben
nicht lassen, wie sie in der Natur sind; ihr Original liegt also
nicht in der Natur.

Wäre Nachahmung des Natürlichen das Wesen der bilden=
den Kunst, so müßten Wachsfiguren die vollendetsten Kunst=
werke sein, und doch rechnen wir diese nicht zu den ästhetischen
Kunstwerken. Eben so, wäre Nachahmung des Geschichtlichen
das Wesen der objectiven (epischen und dramatischen) Poesie, so
müßte der erste beste geschichtliche Vorgang, treu nach der

Wahrheit in Verse gebracht, eine vollendete Dichtung geben,
und doch setzen wir mit Aristoteles die Geschichte tief unter
die Poesie. Ueberhaupt wäre es zu verwundern, daß echte
Kunstwerke so höchst selten sind, wenn weiter nichts als Nach=
ahmung des Natürlichen und Geschichtlichen zur Kunst erfor=
derlich wäre.

Dennoch darf man die Bezeichnung der bildenden Künste
und der objectiven Poesie als nachahmender nicht schlechthin
verwerfen, wenn man nur dabei das Was ihrer Nachahmung
von dem der gemeinen, unästhetischen Nachahmung wohl unter=
scheidet. Es kommt ja Alles darauf an, was man in der
Kunst als das Nachzuahmende betrachte.

Was nun die Kunst nachzuahmen hat, sind nicht die einzelnen
räumlich und zeitlich begrenzten Dinge in ihrer Einzelnheit,
Natürlichkeit und factischen Wirklichkeit, sondern das Allgemeine,
Wesentliche und Ewige, das in ihnen zur Erscheinung kommt
oder kommen will. Dies ist zwar auch ein Natürliches und
Reales, aber ein Natürliches und Reales höherer Art, als das
Einzelne, in Raum und Zeit Erscheinende, ja es ist das allein
wahrhaft Natürliche und Reale, dessen unvollkommene Abbilder
nur die einzelnen, zeitlich und räumlich erscheinenden Dinge sind.

„Jedes Kunstwerk ist eigentlich bemüht, uns das Leben
und die Dinge so zu zeigen, wie sie in Wahrheit sind, aber,
durch den Nebel objectiver und subjectiver Zufälligkeiten hin=
durch, nicht von Jedem unmittelbar erfaßt werden können.“
(Schopenhauer, die Welt als Wille und Vorstellung II. Cap. 34.)
„Welche Erkenntnißart betrachtet jenes außer und unabhängig
von aller Relation bestehende allein eigentlich Wesentliche der
Welt, den wahren Gehalt ihrer Erscheinungen, das keinem
Wechsel Unterworfene und daher für alle Zeit mit gleicher
Wahrheit Erkannte, mit Einem Wort, die Ideen? Es ist die
Kunst, das Werk des Genius. Sie wiederholt die durch reine
Contemplation aufgefaßten ewigen Ideen, das Wesentliche und
Bleibende aller Erscheinungen der Welt, und je nachdem der
Stoff ist, in welchem sie wiederholt, ist sie bildende Kunst,
Poesie oder Musik. Ihr einziger Ursprung ist die Erkenntniß
der Ideen; ihr einziges Ziel Mittheilung dieser Erkenntniß.“
(Daselbst I. §. 36.)

Die empirische Wirklichkeit in Natur und Geschichte liefert dem Künstler Gegenstände, aber nicht, was das Wesentlichste ist, die Form seiner Darstellungen, durch die er uns die ewigen Ideen zur Anschauung bringt. Mit Recht nennt daher Schopenhauer die Meinung verkehrt und absurd, daß die Griechen das aufgestellte Ideal menschlicher Schönheit ganz empirisch, durch Zusammenlesen einzelner schöner Theile, hier ein Knie, dort einen Arm entblößend und merkend, aufgefunden hätten*) und daß eben so Shakespeare die unzählig mannigfaltigen, so wahren, so gehaltenen, so aus der Tiefe herausgearbeiteten Charaktere in seinen Dramen, aus seiner eigenen Erfahrung im Weltleben sich gemerkt und dann wiedergegeben hätte. „Es ist offenbar, daß der Genius, wie er die Werke der bildenden Kunst nur durch eine ahndende Anticipation des Schönen hervorbringt, so die Werke der Dichtkunst nur durch eine eben solche Anticipation des Charakteristischen; wenn gleich beide der Erfahrung bedürfen, als eines Schema's, woran allein jenes ihnen a priori dunkel Bewußte zur vollen Deutlichkeit hervorgerufen wird und die Möglichkeit besonnener Darstellung nunmehr eintritt." (Die Welt als Wille und Vorstellung I. §. 45.) „Die Erfahrung und Wirklichkeit hält dem Intellect des Künstlers menschliche Gestalten vor, welche, im einen oder andern Theil, der Natur mehr oder minder gelungen sind, ihn gleichsam um sein Urtheil darüber befragen, und ruft so, nach Sokratischer Methode, aus jener dunkeln Anticipation die deutliche und bestimmte Erkenntniß des Ideals hervor .. .. Auf ganz analoge Weise ist dem Dichter, zur Darstellung der Charaktere, eigene Erfahrung nützlich und nöthig. Denn obgleich er nicht nach der Erfahrung und empirischen Notizen arbeitet, sondern

---

*) Diese absurde Meinung findet sich z. B. bei Büsching, welcher sagt: „Weil die höchste Schönheit in allen Theilen eines ganzen Dinges z. B. eines menschlichen Körpers, noch nicht gefunden worden, sondern gemeiniglich diese oder jene Theile in andern Dingen schöner gesehen werden, oder wenigstens gedacht werden können: so wählen die großen Künstler schöne Theile aus vielen einzelnen schönen Dingen, und verbinden dieselben in eins. Das daraus entstehende Kunstwerk wird idealisch schön genannt." (Aesthet. Lehrsätze und Regeln §. 22.)

nach dem klaren Bewußtsein des Wesens der Menschheit, wie er solches in seinem eigenen Innern findet; so dient doch diesem Bewußtsein die Erfahrung zum Schema, gibt ihm Anregung und Uebung. Sonach erhält seine Erkenntniß der menschlichen Natur und ihrer Verschiedenheiten, obwohl sie in der Hauptsache a priori und anticipirend verfährt, doch erst durch die Erfahrung Leben, Bestimmtheit und Umfang." (Daselbst II. Cap. 36.)

Das echte Kunstwerk entspringt also weder rein von Innen, noch rein von Außen, sondern aus der innern Conception der ewigen Ideen, die durch die äußere Anschauung des empirisch Gegebenen nur geweckt wird. Was der echte Künstler nach=bildet, ist also nicht die empirische Erscheinung, sondern das in ihr Erscheinende, das Wesentliche und Wahre.

Wenn Platon, dessen Ideen als das wahrhaft Seiende, das immer ist, aber nie wird, noch vergeht, als die ewigen Ur=bilder der einzelnen vielen, in Zeit und Raum erscheinenden, vergänglichen Dinge, der eigentliche Gegenstand der Kunstnach=ahmung sind, — dennoch mit Verachtung von der nachahmenden Kunst sprach und die Dichter als Nachahmer aus seinem Staate verbannt wissen wollte (Rep. X.); so kam dies daher, daß er hier die Kunst nur als gemeine Nachahmerin der einzelnen, empirischen Dinge vor Augen hatte, wie dies deutlich aus dem Beispiel von den dreierlei Lagergestellen hervorgeht, denen dreierlei Meister entsprechen, indem das ursprüngliche, was in der Natur ist, oder die Idee des Lagergestells von Gott her=rührt, das zweite als einzelnes vom Zimmermann gemacht, und das dritte vom Maler dem Zimmermann nachgeahmt wird. Hätte Platon unter dem nachahmenden Künstler nicht einen solchen „mit dem dritten Erzeugniß von der Natur an" Be=schäftigten verstanden, so hätte er anders geurtheilt. Denn der wahre Nachahmer ist gerade mit dem in der Natur Ersten, den ewigen Ideen der Dinge beschäftigt, die er uns im Einzelnen zur Anschauung bringt. In diesem Sinne faßte daher Aristoteles die Nachahmung als das Wesen der Kunst auf. Ihm ist die $\mu\iota\mu\eta\sigma\iota\varsigma$ nicht bloße Nachahmung des Natürlichen, wie es die gemeine äußere Wirklichkeit darbietet; sondern, wie aus seiner Vergleichung der Poesie mit der Geschichte im 9. Cap. der Poetik und sodann aus der Aeußerung Cap. 15. hervorgeht:

„Da die Tragödie Darstellung der Bessern ist, so müssen wir die guten Maler nachahmen. Denn indem Diese die eigen= thümliche Gestalt abbilden, machen sie sie zwar ähnlich, aber doch schöner. So muß auch der Dichter, wenn er zornige, gleichgültige und andere derartige Charaktere darstellt, ihnen eine edle Seite abgewinnen, wie es Agathon und Homer bei Achilles gethan haben," — dem Aristoteles ist, wie aus diesen Stellen zur Genüge hervorgeht, die künstlerische Nachahmung Abbildung des Wesentlichen, Allgemeinen, Ewigen, Idealen, das in den einzelnen Dingen und Verhältnissen zur Erscheinung kommt.

Und in diesem Sinne sind nicht etwa blos die vorzugs= weise objectiven, d. h. die einen Gegenstand der Natur oder des Menschenlebens darstellenden Künste, die Sculptur, Malerei und in der Poesie die epische und dramatische, nachahmend, son= dern auch die sogenannten subjectiven, die Musik und die lyrische Poesie, sind es. Denn der Unterschied zwischen objectiv und subjectiv betrifft hier nur den Gegenstand, aber nicht die Art der Darstellung. Wohl sind in der Musik und lyrischen Poesie nicht objective Gestalten, Charaktere und Handlungen, wie in der Sculptur, Malerei und in der epischen und dra= matischen Poesie, sondern subjective Zustände und Stimmungen der Gegenstand der Nachahmung; aber dem ungeachtet sind, was die Art der Darstellung betrifft, auch die Musik und lyrische Poesie objective Künste, wie überhaupt das Wesen der Kunst in der Objectivität besteht; denn, wenngleich der Gegenstand der Darstellung in der Musik und lyrischen Poesie ein subjec= tiver ist, da dieselben nur innere, subjective Zustände und Stimmungen abbilden, so ist doch die Art der Abbildung eben so objectiv, und die Nachahmung eben so nur auf das allge= meine, ideale Wesen jener innern, subjectiven Zustände gerichtet, wie die Nachahmung der plastischen Kunst auf das allgemeine, ideale Wesen der objectiven Gestalten. Das Wohl und Wehe, das die Musik durch Töne ausdrückt und die verschiedenen, theils ermuthigenden, theils niederschlagenden, theils heitern, theils traurigen, sei es durch die Natur in ihrem Wechsel, oder durch menschliche Freuden und Leiden, durch Freundschaft und Feindschaft, Liebe und Haß, Streit und Friede, oder sonst wie

veranlaßten Stimmungen und Gemüthsbewegungen, welche die
lyrische Poesie veranschaulicht, sind nicht die individuellen Em=
pfindungen und Stimmungen nur dieses Einzelnen, der jetzt
und hier sich so oder so freut oder leidet, sondern allgemein
menschliche, wie sie Jeden in ähnlicher Lage ergreifen können.
Indem der lyrische Dichter oder Musiker einen subjectiven Zu=
stand abbildet, faßt er die ewige Idee, das allgemeine Wesen
desselben auf, indem er alles Unwesentliche, Zufällige, Zeitliche
daran von dem Wesentlichen, Ewigen und Allgemeinen abson=
dert, so daß das Bild desselben nicht mehr blos das Innere
dieses einzelnen, räumlich und zeitlich begrenzten Individuums
enthüllt, sondern uns einen Blick in die innern Zustände und
Stimmungen thun läßt, in die überhaupt das menschliche Herz
bei verschiedenen Veranlassungen versetzt wird. Wir müssen
daher diejenigen modernen Lyriker aufs Schärfste tadeln, die, wie
Heine u. A., uns nur mit ihrer eigenen individuellen Misère
unterhalten, die also den subjectiven Gegenstand der lyrischen
Poesie auch auf eine subjective persönliche Art behandeln.
Das ist völlig unpoetisch. Persönlichkeiten gehören anderswohin,
als in die Poesie. Die Veranlassung zu einem Liede mag im=
merhin eine persönliche sein und im Liede berührt werden, wie
es bei vielen Horazischen und in der neuern Poesie bei den
Göthe'schen Liedern der Fall ist; aber der eigentliche Inhalt
und Gehalt des Liedes muß sich über das rein Persönliche er=
heben; denn nicht die persönlichen Begegnisse sind der Zweck
des Liedes, sondern die durch sie hervorgerufene ideale Stim=
mung. Die Gedanken und Empfindungen, die der fallende
Baum in Horaz angeregt, (Od. II. 13.) konnten eben so gut
von einem andern lebensgefährlichen Fall angeregt werden und
gelten daher für alle ähnliche Fälle. Nur solche Lieder daher
sprechen allgemein zum Herzen und werden allgemeines Eigen=
thum, in denen das rein Persönliche, Individuelle in den
Hintergrund getreten ist, und nur der lebhafte Ausdruck der
Stimmung, sei es der Freude oder der Trauer, des Muthes
oder der Niedergeschlagenheit, der Hoffnung oder Besorgniß,
der Liebe oder des Hasses, der Eintracht oder Zwietracht, (seien
diese veranlaßt durch natürliche, oder gesellige, oder politische,
oder religiöse Verhältnisse) den Inhalt bildet, und sie zum

Echo für die allgemein menschlichen Stimmungen und Gemüthsbewegungen dieser Art macht. Lieder, die wegen ihrer persönlichen Beziehungen und Anspielungen zu sehr eines Commentars
bedürfen, wie bei manchen Göthe'schen der Fall ist, können zwar
viel Poetisches enthalten, aber der Popularität werden sie sich
nimmer erfreuen, da sie nicht allgemein verständlich sind.*)

Hieraus geht zur Genüge hervor, daß auch in den sogenannten subjectiven Künsten, der Musik und lyrischen
Poesie, obgleich ihr Gegenstand verschieden ist von dem der
objectiven, dennoch die Art der Nachahmung dieselbe ist,
wie bei diesen.

---

*) Göthe's Harzreise im Winter hat einen besondern Commentar von
K. L. Kannegießer hervorgerufen, bei dessen Beurtheilung Göthe selbst (in
Kunst und Alterth. III. 2.) eingesteht, daß dieses Gedicht sehr schwer zu entwickeln sei, weil es sich „auf die allerbesondersten Umstände" bezieht, die er
denn auch darlegt. Bei dieser Gelegenheit sagt Göthe: „Was von meinen
Arbeiten durchaus, und so auch von den kleinen Gedichten gilt, ist, daß sie
alle, durch mehr oder minder bedeutende Gelegenheit aufgeregt, im unmittelbaren Anschauen irgend eines Gegenstandes verfaßt worden, deshalb sie sich
nicht gleichen, darin jedoch übereinkommen, daß bei besondern
äußern, oft gewöhnlichen Umständen, ein Allgemeines, Inneres,
Höheres dem Dichter vorschwebte."

VIII.

Unterschied der ästhetischen und moralischen Beurtheilung.

———

Aesthetisch gelungen sind in einem Epos, Roman oder Drama die Charaktere, wenn sie consequent durchgeführt, d. h. wenn sie gleichsam nur Personificationen eines bestimmten Prädicats sind, ganz in einer bestimmten Eigenschaft aufgehen. Der alte Diener des Hauses muß die personificirte Treue und Anhänglichkeit, der Narr die personificirte Narrheit, der Tartüffe die personificirte Heuchelei und Scheinheiligkeit, der Prahler die personificirte Großsprecherei, der Boshafte, der Ränkesüchtige, der Hartherzige, der Geizige, der Verschwender, der Kühne, der Feige, der Verliebte, die Coquette, die Prüde, die Empfindsame, die Widerspenstige, — kurz jeder Charakter muß die Verkörperung dieser ganz bestimmten, ihn beherrschenden Eigenschaft sein und ganz darin aufgehen, möchte moralisch diese Eigenschaft auch noch so verwerflich sein.*)

———

*) Hiermit ist nicht gesagt, daß der Dichter vom abstracten Begriff der Eigenschaften ausgehen und alsdann erst hinterher zu diesen die ihnen entsprechenden Personen und Handlungen erdichten soll. Einen solchen, nur einfache, einförmige Begriffspuppen, „hagere Gerippe von Lastern und Tugenden" uns vorführenden Dichter würde mit Recht der Tadel (in Lessing's Dramaturgie, 92. Stück) treffen, den Hurd über die Darstellung einfacher, unvermischter Leidenschaften ausspricht. So ist aber die Personification der Eigenschaften hier nicht gemeint. Sondern der Dichter soll uns zwar solche Charaktere vorführen, die von einer herrschenden Grundeigenschaft beseelt sind, in deren Dienst alle ihre andern Triebe und Kräfte stehen, die jedoch, wie Hurd an Shakespeare's Charakteren rühmt, ihre wesentliche und herrschende

6*

Nichts ist dem Dichter unverzeihlicher, als seine Charaktere aus der Rolle fallen zu lassen, während wir im Leben sehr oft wünschen, daß dieser oder jener uns widerwärtige Charakter aus der Rolle fallen möchte.

An dem festen, unerbittlichen Durchführen der Charaktere, an dieser eisernen Consequenz, erkennt man die Größe eines Homer, Sophokles, Shakespeare, Cervantes, Göthe.

Könnten wir uns gewöhnen, die uns im Leben begegnenden Charaktere ästhetisch aufzufassen, so würde sich sehr oft das moralische Mißfallen in ästhetisches Wohlgefallen auflösen. Denn wir würden es ganz angemessen finden, daß der Hoch=müthige hoffärtig, der Kriecher sich wegwerfend, der Heuchler scheinheilig, der Eitle gefallsüchtig, der Feige furchtsam, der Intriguant ränkesüchtig, der Neidische mißgünstig, der Boshafte schadenfroh u. s. w. auftreten und handeln; ja, je besser und vollkommener sie dieses thäten, je consequenter sie ihre Rolle durchführten, desto zufriedener würden wir ästhetisch mit ihnen sein. Auch National=, Standes= und Berufsfehler, so wie Alters= und Geschlechtsfehler, in diesem ästhetischen Sinne, als charakteristische Erscheinung des Wesens der Nation, des Stan=des und Berufs, des Alters und Geschlechts aufgefaßt, würden uns gefallen, während sie nach moralischer Beurtheilung uns mißfallen müssen. Denn etwas Anderes ist es, die Fehler der Vornehmen und Reichen, die Fehler der Regierenden, Priester, Krieger, Gelehrten und Gewerbsleute, die Fehler der Jünglinge und Greise, der Männer und Weiber, ästhetisch, und wieder etwas Anderes, sie moralisch auffassen.

Der Unterschied des ästhetischen und moralischen Urtheils, den sich klar zu machen sehr wichtig und nothwendig ist, damit sich nicht die Moral unbefugte Eingriffe in das Gebiet der Kunst erlaube und man nicht ästhetisch Etwas ver=werfe, weil es moralisch mißfällt, noch moralisch Etwas billige, weil es ästhetisch gefällt, — besteht wesentlich in Folgendem.

Eigenschaft nur gelegentlich, so wie die Umstände eine ungezwungene Aeuße=rung derselben veranlassen, an den Tag legen, also eigentlich „charakterisirte Personen", nicht „personificirte Charaktere". (Vgl. Lessing's Dramaturgie, 83. Stück.)

In der ästhetischen Auffassung und Beurtheilung verhalten wir uns nicht als Einzelne zum einzelnen Ding oder Vorgang, wir stellen also nicht mit unserm individuellen Willen Forderungen an das Einzelne, daß es dieses oder jenes, so oder anders sein solle; sondern wir betrachten es, in individualitäts- und willenloser Erkenntniß, sub specie aeterni, d. h. im Lichte seiner ewigen Idee, indem wir es generell, als charakteristische Erscheinung eines allgemeinen Wesens, einer Gattung, auffassen. Wir sehen also im individuellen, räumlich und zeitlich begrenzten, in diesen oder jenen causalen Beziehungen stehenden Ding nicht es selbst und seine individuellen Beziehungen, sondern seine raum- und zeitlose Idee, sein Wesen, seine Gattung. Was uns daher, wenn wir es als ein Einzelnes, Individuelles auffassen, zufällig und unwesentlich erscheint und daher unzufrieden macht, das erscheint uns, im Lichte seiner Idee gesehen, als ein Wesentliches, Allgemeines und Nothwendiges, und eben dadurch wirkt die ästhetische Betrachtung beruhigend; denn sie befreit uns von dem lästigen Fordern und strengen Sollen, also überhaupt von unserm individuellen Willen, der die Quelle aller Unruhe und aller Qual ist. So kann es denn kommen, daß Dinge, die wir moralisch mißbilligen und verwerfen müssen, z. B. Mord- und Schlachtscenen, dennoch ästhetisch uns gefallen und zu Gegenständen der Kunstdarstellung der Malerei und Poesie werden. Wäre es nun nicht ein unbefugter Eingriff der Moral in die Kunst, ihr solche Stücke zu verbieten, weil sie vom moralischen Standpunkt verwerflich sind?

In dem moralischen Urtheile verhalten wir uns zwar auch, wie in dem ästhetischen, nicht mehr als einzelne egoistische Individuen zu den Dingen, denn die moralische Billigung oder Mißbilligung ist keine eigennützige, die einen Charakter oder eine Handlung nur darum billigt oder verwirft, weil sie uns nützen oder schaden, für uns gut oder schlecht sind; sondern, so wie wir in der ästhetischen Auffassung das an sich Schöne, so beurtheilen wir in der moralischen das an sich Gute. Das moralische Urtheil hat also mit dem ästhetischen die objective Allgemeingültigkeit, wonach es frei ist vom individuellen Gefallen und Belieben, gemein. Aber der große Unterschied zwischen dem ästhetischen und moralischen Urtheil bleibt doch immer dieser, daß wir uns in jenem rein contemplativ, also willenlos, in letzterm hingegen wollend und fordernd verhalten.

Im ästhetischen Urtheil ist der Gegenstand unserer Beurtheilung die Erscheinung und der Maßstab, wonach wir sie beurtheilen, ihre eigenthümliche Idee. Entspricht sie dieser vollkommen, so nennen wir sie schön oder wenigstens charakteristisch, und sind mit ihr zufrieden; im entgegengesetzten Falle erregt sie unser ästhetisches Mißfallen. Wir gehen also im ästhetischen Urtheil nicht über die Ideen der Dinge, oder über das, was sie wesentlich sind, hinaus. Im moralischen Urtheil hingegen bleiben wir nicht bei den Ideen der Dinge stehen und geben uns also z. B. nicht zufrieden, wenn ein Ungerechter, ein Geizhals, ein Bösewicht, nur recht consequent der Idee der Ungerechtigkeit, des Geizes und der Bosheit entsprechen, sondern wir unterwerfen diese Ideen oder Gattungen selbst unserm Urtheil und gehen über dieselben hinaus als über Etwas, das nicht sein soll. Im moralischen Urtheil wird also nicht mehr blos, wie im ästhetischen, die Erscheinung der Dinge, sondern ihr Sein und Wesen selbst gerichtet.

Aesthetisch aufgefaßt, kann daher die Welt gefallen und man kann in den Ausruf ausbrechen: O wie schön ist doch die Welt! oder mit Marquis Posa ausrufen: Das Leben ist doch schön! Aber, moralisch erwogen, die entsetzlichen Sünden, Uebel und Leiden angesehen, die diese so schöne und charakteristische Welt in ihrem Schooße birgt, muß man die Sehnsucht nach einer bessern Welt empfinden und Schopenhauer daher beistimmen, wenn er sagt: „zu sehn sind die Dinge freilich schön; aber sie zu sein ist ganz etwas Anderes." (Die Welt als Wille und Vorstell. II. S. 579.)

Wir müssen also die ästhetische Auffassung und Beurtheilung durchaus sondern von der moralischen und können der Moral keinerlei Befugniß ertheilen, sich in das Gebiet der Kunst einzumischen und ihr gewisse Stoffe vorzuschreiben, andere dagegen zu verbieten.

Kant unterscheidet treffend die ästhetische von der moralischen Güte, indem er sagt: „Selbst die Laster und moralischen Gebrechen führen öfters gleichwohl einige Züge des Erhabenen oder Schönen bei sich; wenigstens so wie sie unserm sinnlichen Gefühl erscheinen, ohne durch Vernunft geprüft zu sein. Der Zorn eines Furchtbaren ist erhaben, wie Achilles Zorn in der Iliade. Ueberhaupt ist der Held des Homer schrecklich erhaben, der des Virgil dagegen edel. Offenbare, dreiste Rache nach großer Beleidigung hat etwas Großes an sich, und so unerlaubt sie auch sein mag, so rührt sie in der Erzählung gleichwohl mit Grausen und Wohlgefallen. Als Schach Nadir zur Nachtzeit von einigen Verschwornen in seinem Zelte überfallen ward, so rief er, wie Hanway erzählt, nachdem er schon einige Wunden bekommen und sich voll Verzweiflung wehrte: Erbarmung! ich will Euch Allen vergeben. Einer unter ihnen antwortete, indem er den Säbel in die Höhe hob: Du hast keine Erbarmung bewiesen, und verdienst auch keine. Entschlossene Verwegenheit an einem Schelme ist höchst gefährlich, aber sie rührt doch in der Erzählung und selbst, wenn er zu einem schändlichen Tode geschleppt wird, so veredelt er ihn doch gewissermaßen dadurch, daß er ihm trotzig und mit Verachtung entgegengeht. Von der andern Seite hat ein listig ausgedachter Entwurf, wenn er gleich auf ein Bubenstück ausgeht, Etwas an sich, das fein ist und belacht wird. Buhlerische Neigung (Coquetterie) im feinen Verstande, nämlich eine Geflissenheit, einzunehmen und zu reizen, an einer sonst artigen Person, ist vielleicht tadelhaft, aber doch schön und wird gemeiniglich dem ehrbaren ernsthaften Anstande vorgezogen." (Beobachtungen über das Gefühl des Schönen und Erhabenen, Ausg. v. Rosenkranz S. 405 f.)

Schiller rechnet das Stehlen unter die unästhetischen Gegenstände, aber nicht, weil es unmoralisch, sondern weil es etwas „Absolut-Niedriges" ist. „Ein Mensch, der stiehlt, würde für jede poetische Darstellung von ernsthaftem Inhalt ein höchst verwerfliches Object sein. Wird aber dieser Mensch zugleich Mörder, so ist er zwar moralisch noch viel verwerflicher, aber ästhetisch wird er dadurch wieder um einen Grad brauchbarer. Derjenige, der sich durch eine Infamie erniedrigt, kann durch ein Verbrechen wieder in etwas erhöht und in unsere ästhetische Achtung restituirt werden. Denn in der ästhetischen Beurtheilung sehen wir auf die Kraft, bei einer moralischen auf die Gesetzmäßigkeit. Kraftmangel ist etwas Verächtliches, und jede Handlung, die uns darauf schließen läßt, ist es gleichfalls. Jede feige und widrige That ist uns widrig durch den Kraftmangel, den sie verräth; umgekehrt kann uns eine teuflische That, sobald sie nur Kraft verräth, ästhetisch gefallen. Ein Diebstahl aber zeigt eine kriechende, feige Gesinnung an; eine Mordthat hat wenigstens den Schein von Kraft, wenigstens richtet sich der Grad unseres Interesses, das wir ästhetisch daran nehmen, nach dem Grad der Kraft, der dabei geäußert worden ist." (Gedanken über den Gebrauch des Gemeinen und Niedrigen in der Kunst.)

Uebereinstimmend hiermit sagt Lessing (Dramaturgie 79. Stück): „Richard ist ein abscheulicher Bösewicht; aber auch die Beschäftigung unsers Abscheues ist nicht ganz ohne Vergnügen, besonders in der Nachahmung. Auch das Ungeheure in den Verbrechen participirt von den Empfindungen, welche Größe und Kühnheit in uns erwecken. Alles, was Richard thut, ist Greuel; aber alle diese Greuel geschehen in Absicht auf Etwas, Richard hat einen Plan; und überall, wo wir einen Plan wahrnehmen, wird unsere Neugierde rege; wir warten gern mit ab, ob er ausgeführt wird werden, und wie er es wird werden; wir lieben das Zweckmäßige so sehr, daß es uns, auch unabhängig von der Moralität des Zwecks, Vergnügen gewährt."

Während die Moral Verleugnung und Verneinung der bösen Begierden, Bekämpfung und Beherrschung der verderblichen Affecte und Leidenschaften fordert, also an die Stelle des Zorns Sanftmuth, an die Stelle des Neides Wohlwollen, an die Stelle der Rachsucht Versöhnlichkeit, an die Stelle des Hochmuths Demuth u. s. w. gesetzt wissen will, so geht die ästhetische Darstellung gerade darauf aus, uns jene verderblichen Affecte und Leidenschaften, in ihrer vollen Kraft und Consequenz, in ihrer ungebrochenen Energie und Entschiedenheit vor die Augen zu führen, und je treuer, charakteristischer sie uns dieselben abspiegelt, desto gelungener ist ihr Werk.

Der Dichter hat sich daher vor allen Dingen an die Horazische Regel zu halten, Jeden seinem Charakter gemäß reden und handeln zu lassen; ob dieser Charakter auch ein moralisch guter und zu billigender sei, das kümmert ihn nicht.

Aut famam sequere, aut sibi convenientia finge,
Scriptor. Honoratum si forte reponis Achillem;
Impiger, iracundus, inexorabilis, acer,
Jura neget sibi nata, nihil non arroget armis:
Sit Medea ferox invictaque, flebilis Ino,
Perfidus Ixion, Io vaga, tristis Orestes.
Si quid inexpertum scenae committis, et audes
Personam formare novam: servetur ad imum
Qualis ab incepto processerit, et sibi constet.

(Ep. ad Pisones, 119—128.)

Nach Scheller's Uebersetzung:

Folg' im Schreiben entweder dem Ruf du, oder erdichte,
Was sich verträgt. Wenn neu den verehrten Achilles du darstellst,
Unfaul, zornig und taub für Bitten und heftigen Sinnes
Sag' er der Rechte sich los, und ertrotze mit Waffen sich Alles.
Frech sei, nicht zu bezwingen Medea, verräthrisch Ixion,
Ino klagend, und finster Orest, landflüchtig die Io.
Bringst zur Bühne du nimmer Vernommenes, wagst du zu bilden
Neue Personen, so führe sie durch zum Ende, so wie sie
Auf im Anfang traten, sich selbst gleichmäßig gehalten.

Wenn Aristoteles (am Schluß des 2. Cap. der Poetik) sagt, die Tragödie stelle die Menschen besser, die Comödie schlechter dar, als sie wirklich sind, so bemerkt Christian Walz in seiner Uebersetzung sehr richtig dazu: „Man würde Dies mißverstehen, wenn man den Unterschied beider Kunstgattungen in einen moralischen Gegensatz setzen wollte; sondern die Tragödie gebraucht, wie das Epos, hochstehende Personen, deren Thaten und Schicksale ein allgemeines Interesse erregen und Stoff zu einer erhabenen Darstellung bieten. Die Comödie, welche die Albernheiten der Menschen persiflirt, wählt ihre Hel=den aus den Kreisen des gewöhnlichen Lebens, und indem sie die Mängel der ganzen Gattung auf einem Individuum concen=trirt, stellt sie ihre Personen schlechter dar als sie sich in der Wirk=lichkeit finden." Der Gegensatz zwischen besser und schlechter ist also hier kein moralischer, sondern er bedeutet nur so viel, als der Gegensatz zwischen dem Erhabenen und Niedrigen, dem Edlen und Gemeinen. Demgemäß ist es denn auch zu ver=stehen, wenn Aristoteles von den Charakteren der Tragödie (am Anfang des 15. Cap.) zuerst fordert, daß sie gut seien.

(περὶ δὲ τὰ ἤθη τέτταρά ἐστιν, ὧν δεῖ στοχάζεσθαι· ἕν μὲν καὶ πρῶτον, ὅπως χρηστὰ ᾖ.) Daß hier gut nicht im Sinne moralischer Reinheit und Schuldlosigkeit zu verstehen sei, sondern nur so viel bedeutet, als edel, geht aus folgender Stelle desselben Capitels hervor: „Da aber die Tragödie Darstellung der Bessern ist, so müssen wir die guten Maler nachahmen. Denn indem diese die eigenthümliche Gestalt abbilden, machen sie sie zwar ähnlich, aber doch schöner. So muß auch der Dichter, wenn er zornige, gleichgültige und andere derartige Charaktere darstellt, ihnen eine edle Seite abgewinnen, wie es Agathon und Homer bei Achilles gethan haben." (Nach Walz.) Ueberdies zeigt schon die Definition, die Aristoteles im 13. Cap. von dem tragischen Charakter gibt, daß er nämlich die Mitte halten müsse zwischen dem völlig Schuldlosen, unverdient Untergehenden, und dem gemeinen, seine Strafe verdienenden Bösewicht: „Es bleibt also nur der Mittelweg zwischen diesen übrig; nämlich eine Person, die sich weder durch Tugend und Gerechtigkeit auszeichnet, noch wegen Laster und Schlechtigkeit in Unglück versetzt wird, sondern wegen eines Fehlers, und zwar eine solche, welche in großem Ruhm und Glück steht, wie Oedipus und Thyestes und die glänzenden Männer aus solchen Geschlechten," — schon diese Umgrenzung der tragischen Person beweist, daß wenn Aristoteles fordert, der Charakter solle gut sein, er damit nicht moralische Güte im Sinne hat, sondern Größe, Erhabenheit der Gesinnung, der sich, wenn auch der objective Zweck, auf den sie gerichtet ist, kein moralisch zu billigender ist, doch eine edle Seite abgewinnen läßt, wodurch sich der tragische Held über gemeine, nur aus niedrigen egoistischen Absichten handelnde Personen erhebt und, obwohl schuldbeladen, doch unser Mitleid erregt und verdient. Und dies fordert Aristoteles mit Recht. Denn ein gemeiner, ein niedrig gesinnter Mensch würde, wenn seine Gemeinheit eine unschädliche wäre, sich unsere Verachtung zuziehen, wäre sie aber eine schädliche, unsern Abscheu erregen.

Der Gemeine hat bei all seinem Thun und Treiben nur sein Ich, seinen persönlichen Nutzen im Auge. Möchte daher auch der Lebenswandel eines Solchen noch so unschädlich und unanstößig sein, ja möchte er noch so viel Gutes thun, so

würde er doch immer gemein sein und bleiben, und sich unsere
Verachtung zuziehen, weil er nicht aus Leidenschaft, aus Be=
geisterung handelt, sondern nur aus kluger, schlauer Berechnung
seines irdischen oder himmlischen Vortheils. Umgekehrt, der
Edle wird von einem höhern, objectiven, allgemeinen Interesse
beherrscht, er handelt aus Leidenschaft und bringt dieser sogar
sein persönliches Wohl zum Opfer. Möchte daher seine Leiden=
schaft in ihrem Laufe noch so schädlich und zerstörend wirken, so
bleibt er doch, von der subjectiven Seite betrachtet, immer edel
und erregt im Glück unsere Bewunderung, im Unglück unser
Mitleid.

Zorn und Rache sind gewiß nicht moralisch zu billigen.
Und doch kann der von Zorn und Rache Entbrannte edler sein,
als der bei allem Schimpf und aller Schande, die man ihm
anthut, ruhig und gelassen Bleibende, wenn nämlich letzterer
nicht aus Großmuth vergibt, sondern nur aus feiger, kriechender
Gesinnung, aus Furcht, seine Existenz durch die Rache in Gefahr
zu bringen, dem ihn beschimpfenden Feinde Alles gestattet.

Wer aus Feigheit sich ruhig beschimpfen läßt, ist gemein.
Wer mit Aufopferung seines eigenen Lebens Rache nimmt, ist
im ästhetischen Sinne edel. Wer dem Feinde, obwohl er Macht
hätte, ihn zu verderben, großmüthig vergibt, ist moralisch gut.

Hieraus ergibt sich, daß das ästhetisch Edle mit dem mo=
ralisch Guten nur von der subjectiven Seite, von Seiten der
Gesinnung, zusammenfällt, nicht aber auch von der objectiven,
von Seiten des erstrebten Zwecks. Der ästhetisch edle Held
kann mit schwerer Schuld beladen sein, viel Böses, moralisch
nicht zu Rechtfertigendes gethan haben, und doch unsere Achtung
und unser Mitleid verdienen, weil er nicht aus niedriger Ge=
sinnung, sondern aus einem über seine Person hinausgehenden
Interesse gehandelt. Kreon z. B. in der Antigone des So=
phokles handelt objectiv unmoralisch, aber nicht gemein. Der
Zorn des Achilles und die Rachsucht Coriolans sind unmoralisch,
aber nicht gemein.

Ein unästhetischer, weit unedler Held wäre Achilles z. B.
nur dann, wenn er in seinem Zorne so weit ginge, daß er
wegen seiner persönlichen Sache die Griechen gegen ihr Ober=
haupt aufreizte, oder in seiner Enthaltung vom Kampfe sie

schadenfroh den Trojanern unterliegen sähe; denn dann würden wir uns mit Unwillen und Verachtung von ihm wegwenden. So aber, wie ihn uns Homer schildert, anfangs heftig und unerbittlich zwar in seinem Zorne, doch nicht ohne Besinnung, und nicht seinem persönlichen Groll die Sache der Griechen opfernd, sondern, als er diese am härtesten bedrängt sieht, sich erbarmend und seinem Freunde Patroklos gestattend, mit seinen Waffen gerüstet sich dem Feind entgegenzustellen; bis er dann endlich, nachdem er den Tod des Freundes vernommen, sich mit Agamemnon aussöhnt und nun selbst in den Kampf stürmt, um die Schmach zu rächen, — so kann die ästhetische Contemplation mit Wohlgefallen auf diesem Charakter ruhen und ihn als einen echten epischen Helden anerkennen, so wie sie den Coriolan bei Shakespeare als einen wahrhaft tragischen Helden anerkennen muß.

Zum ästhetischen Wohlgefallen ist also nicht erforderlich, daß der Held ein Ideal vollendeter Tugend und Heiligkeit sei, — denn er kann ja, wie wir gesehen, mit großen Fehlern und schwerer Schuld behaftet sein, — sondern nur dieses, daß das menschliche Wesen von seiner edlern Seite sich in ihm abspiegele, weshalb er zwar von Affecten und Leidenschaften beherrscht sein, aber in ihnen nicht zur thierischen Rohheit herabsinken darf. Eine Mutter z. B. die, wie Medea, ihre eigenen Kinder mordet, darf in der Poesie nicht wie eine rohe, fühllose, gemeine Kindesmörderin erscheinen, sondern, soll sie Gegenstand der Poesie werden, so muß der Kindermord menschlich motivirt sein; es muß, wie bei Euripides, gezeigt werden, wie schwer Medea von ihrem Gatten gekränkt worden, wie sie, die Barbarin, die ihm in die Fremde gefolgt, nach solcher Kränkung, bei ihrem starken, heroischen Charakter, von leidenschaftlicher Rachsucht entbrennen, und wie ihr Haß gegen den treulosen Gemahl sich auf die unschuldigen Kinder übertragen mußte, so daß sie in denselben nun nicht mehr ihre Kinder sah, sondern nur Werkzeuge ihrer Rache. Man muß es fühlen: „Die Kinder eines solchen Vaters werden von einer solchen Mutter gehaßt, sie kann sie nicht zurücklassen und eben so wenig mit ihnen leben." (Randglossen eines Laien zum Euripides, von F. v. Raumer.)

Je consequenter in diesem Sinne die Poesie ist, je weniger sie sich unmittelbar auf moralische Forderungen einläßt und tugendsame Zwecke verfolgt; desto sicherer wird sie mittelbar, durch treue Darstellung leidenschaftlicher Charaktere und Handlungen in ihrer Verkettung und ihren Folgen, moralische Besserung und Belehrung erreichen. Denn das menschliche Leben ist schon an sich von moralischer Bedeutung, die Moral steckt tief in dem Wesen desselben, und der Dichter braucht es daher nur seinem Wesen nach treu abzuspiegeln, um belehrend, bessernd und veredelnd auf das Menschengeschlecht zu wirken.

Ueberhaupt muß man den Gegenstand oder Stoff der ästhetischen Production von der Art der Darstellung desselben wohl unterscheiden. So wie Häßliches auf eine schöne Weise, so läßt Unmoralisches auf eine moralische Weise sich darstellen. Verwerflich kann es daher nicht sein, daß der Dichter uns unmoralische Charaktere und Handlungen vorführt; wohl aber müßten wir es mit Indignation aufnehmen, wenn er uns dieselben auch auf eine unmoralische Weise, mit sichtbarem Wohlgefallen an ihrer Schlechtigkeit, und ohne die von der ewigen Gerechtigkeit der Schuld zugemessene innere oder äußere Strafe, vorzuführen wagte.

Der Dichter braucht nicht moralischer zu sein, als das Leben; aber er soll auch nicht weniger moralisch sein, als dieses. Mag er daher immerhin in seinen Stücken Unschuldige den Schuldigen, Gerechte den Ungerechten, Freiheitliebende den Tyrannen, Weise den Thoren, für Licht und Wahrheit Kämpfende den Finsterlingen und Lügnern zum Opfer fallen lassen, wie es im Leben geschieht; aber er zeige auch, wie der Sieg der Bösen über die Guten zum Siege des Guten über das Böse, führt; er zeige, wie der Ungerechte, der Bösewicht, der Tyrann, der Lügner u. s. w., indem sie das Leben der Unschuldigen, der Gerechten, der Freiheits- und Wahrheitsliebenden verstören und zerrütten, zugleich sich selbst die Grube graben, äußerlich und innerlich von den Furien verfolgt werden, und sei es, daß sie zuletzt selbst zur Besinnung und Umkehr kommen, oder unbekehrt von den Folgen ihrer Frevel hinweggerafft werden, an sich selbst ein lebendiges Beispiel der ewigen Gerechtigkeit geben. Und dieses Alles zeige er ungezwungen, er gehe nicht von der abstracten

Moral aus und suche hinterher dazu eine sie veranschaulichende Handlung, wie äsopische Fabeldichter, die eine abstracte Wahrheit in einem aus der Thierwelt entlehnten Gleichniß vortragen; sondern er suche solche Begebenheiten auf, aus denen wie von selbst und natürlich die Moral des Menschenlebens herausspricht, wie es in den Tragödien des Sophokles und Shakespeare der Fall ist. Denn das Kunstwerk soll nicht einem äußern Zwecke dienen, sei es auch der moralischeste, so daß man fühlt, es sei nicht um seiner selbst willen da, sondern nur Mittel zur Erreichung einer außer ihm liegenden Absicht; vielmehr soll es, wie die organischen Naturproducte, Selbstzweck sein, von Innen herauswachsen, selbstständiges Leben und innere Bedeutung haben, wodurch es eben als ein freies Schönes sich von dem blos dienenden Angenehmen und Nützlichen unterscheidet. Wer daher die Kunst der Moral dienstbar machen will, hat das Wesen des Schönen als eines Freien, Natürlichen, Selbstständigen, nur sich selbst Aussprechenden und Bedeutenden noch nicht begriffen.

IX.

Der tragische Held und das tragische Geschick.

———

Aus demselben Grunde, aus welchem das Reizende aus Werken der schönen Kunst zu verbannen ist, weil es nämlich den Beschauer aus der reinen Contemplation, die zu jeder Auffassung des Schönen erfordert ist, herabzieht, indem es seinen Willen durch demselben unmittelbar zusagende Gegenstände nothwendig aufbringt, wodurch der Betrachter nicht mehr reines Subject des Erkennens bleibt, sondern zum bedürftigen, abhängigen Subject des Wollens wird (vergl. Arthur Schopenhauer's „Welt als Wille und Vorstellung" Bd. I. §. 40 der zweiten Auflage) — aus eben demselben Grunde ist das Gräßliche aus der Tragödie zu verbannen; denn es ist ein Reizendes negativer Art, ein Abstoßendes, Empörendes.

Nun wirkt es aber empörend, den Unschuldigen und Reinen in schweres Unglück stürzen und dagegen seinen Verderber im Glücke triumphiren zu sehen. Aus diesem Grunde allein daher ist es zu rechtfertigen, wenn Aristoteles in seiner Poetik (Capit. 13) für die Tragödie die Regel aufstellt, daß weder biedere Männer vom Glück ins Unglück, noch schlechte vom Unglück ins Glück versetzt werden dürfen; denn Beides errege Abscheu, (μιαρόν ἐστιν). Abscheu zu erregen und zu empören, kann nämlich nicht die Aufgabe der Tragödie, überhaupt nicht die Aufgabe der Kunst sein. Die Tragödie soll, wie Aristoteles sie definirt, durch Darstellung Furcht und Mitleiden erregender

Gegenstände die Reinigung der Leidenschaften dieser Art be=
wirken, d. h. sie soll uns nicht in diesen Affecten stecken lassen,
sondern über dieselben hinaus zu reiner Contemplation erheben.

Von dem Empörenden, Unschuldige gräßlich untergehen zu
sehen, sagt Lessing, der sich der Aristotelischen Erklärung an=
schließt, bei Besprechung des Richard (im 79. Stück der Drama=
turgie): „Ist dieser Jammer, der mich mit Schaudern an die
Schicksale des Menschen denken läßt, dem Murren wider die
Vorsehung sich zugesellt, und Verzweiflung von weitem nach=
schleicht, ist dieser Jammer — ich will nicht fragen, Mitleid?
— Er heiße wie er wolle. — Aber ist er das, was eine nach=
ahmende Kunst erwecken sollte?"

Aber auch der umgekehrte Fall, wenn der Schuldige gut
und glücklich davon kommt, erweckt den gleichen Jammer.
(„Ich glaube, sagt Lessing, die griechische Sprache ist die einzige,
welche ein eigenes Wort hat, diesen Unwillen über das Glück
eines Bösewichts auszudrücken: νεμεσις, νεμεσαν").

Mithin darf die Tragödie weder den Untergang ohne
Schuld, noch die Schuld ohne Untergang zeigen, sondern Cha=
rakter und Schicksal des tragischen Helden müssen einander
entsprechen. Sein Leiden muß, direct oder indirect, eine
Folge seines Thuns sein.

Daher auch darf das tragische Geschick nicht durch bloßen
Zufall herbeigeführt werden, sondern, wenn Zufall mitwirkt,
müssen doch der Charakter und die Handlungsweise des Helden
dem Zufall den Anknüpfungspunkt geben, wodurch er verderb=
lich wird. Der Held muß es selbst verschuldet haben, daß eine
äußere, zufällige Begebenheit ihm den Untergang bereiten hilft.
Wäre er selbst ein Anderer gewesen, muß sich der Beschauer
sagen, dann hätte ihm dieser Zufall nichts schaden können.

Wäre in der antiken Tragödie das Schicksal ein rein
äußerliches, in keinem innern, moralischen Zusammenhang mit
dem Charakter und der Schuld der handelnden Personen stehend,
so würde es empörend wirken, also die ästhetische Contemplation
aufheben. Aber so ist es nicht. Oedipus, so wie Eteokles
und Polyneikes fallen nicht schuldlos. Dagegen waltet das

Schicksal in der Braut von Messina auf eine widerliche Weise. (Vergl. Conrad Schwenck's Erläuterungen zum König Oedipus des Sophokles und zur Braut von Messina *).

---

*) Karl Friedrich Becker hat in seinem Werke: „Die Dichtkunst aus dem Gesichtspunkte des Historikers" (1803) Unrecht, wenn er bei Betrachtung des Sophokleischen Oedipus von dem darin waltenden Schicksal sagt: „Will ich mir die Sache recht versinnlichen, so kann ich mir den Schicksalsgott allenfalls wie einen spaßhaften Schiffsherrn denken, der mitten auf dem Meere zu seinem Vergnügen einen Sklaven über Bord geworfen hat, um zu sehen, wie lange er das Schwimmen wohl aushalten werde, ehe er untergeht. Der Sklave will auch diesem Schicksale entgehen und glaubt es recht gut zu machen, wenn er sich an dem Rande des Bootes festhält; aber der Schiffsherr haut ihm mit einem glücklichen Hiebe beide Hände ab. Der Sklave will darauf mit den Zähnen in ein herabhängendes Seil beißen, aber der Herr taucht ihn durch einen kräftigen Stoß mit einer Stange tief ins Wasser hinab, daß er blutig wieder heraufkommt. Doch schwimmt er noch ganz matt eine Strecke fort, bis ihn die Kräfte verlassen und er ertrinken muß." Dieser Oedipus, der, wie es Becker sich vorstellt, durch ein grausames Spiel des Schicksalsgottes gemartert wird, ist keineswegs der Sophokleische. Von diesem hat vielmehr Karl Johann Hoffmann in seiner Schrift „über das Nichtvorhandensein der Schicksalsidee in der alten Kunst" (Berlin 1832, Alexander v. Humboldt gewidmet) nachgewiesen, daß keineswegs die Schicksalsidee das Hauptmotiv der Tragödie bildet, sondern die Schuld des Oedipus, und eben dieses hat auch Konrad Schwenck in seinen Erklärungen der Tragödien des Sophokles (1846) nachgewiesen. In den Erklärungen der Schiller'schen Werke hat derselbe gezeigt, wie Schiller in der Behandlung der Schicksalsidee weit hinter Sophokles zurückgeblieben, da in der Braut von Messina der Fluch des Ahnherrn, dem die feindlichen Brüder unterliegen, nur wie ein Schicksalspopanz waltet: „Der Haß eines solchen Brüderpaars, wie es uns der Dichter vorführt, muß wenn er irgend sittlich wirksam sein soll, sich in menschlichen Gründen des Hasses bewegen, damit ihnen eine Zurechnungsfähigkeit zu Theil werde. Bei solcher Motivirung mag ein Fluch im Hintergrunde stehen und einen dämonischen Schauer über das Ganze verbreiten, er wird dann das Sittlich=Menschliche nicht ganz vernichten. Schiller hat jedoch nur das vollkommen schroffe Schicksal ohne Spur einer Milderung zu seiner Darstellung gewählt, obgleich die Oedipussage die Schroffheit in hohem Grade mildert. In dieser fühlen die Söhne des Oedipus, daß ein Fluch in ihrem Hause walte, aber ihr Haß entbrennt erst um die Herrschaft und reißt Beide in der Wuth des Wechsel= mordes in den Tod. Um Herrschaft kämpfen aber auch Andere, ohne daß sie glauben, ein Fluch lauere auf sie, und um Herrschaft sind schon zahlreiche grauenvolle Verbrechen begangen worden und werden noch begangen. Da bietet sich denn doch eine menschliche Leidenschaft dar, welche in so vieler

Die vielfach besprochene Aristotelische Definition der Tragödie (im 6. Cap. der Poetik), daß sie die Darstellung einer Handlung sei, welche durch Mitleid und Furcht die Reinigung der Leidenschaften dieser Art bewirkt, läßt sich ganz einfach und ungezwungen aus der Aufgabe der Kunst überhaupt ableiten, durch Erweckung der ästhetischen Contemplation das Individuum über seinen aufgeregten Willen, seine Affecte und Leidenschaften zu erheben, also es zu reinigen und zu läutern, nur mit dem Unterschiede, daß dies in der Tragödie durch Darstellung Furcht und Mitleid erregender Gegenstände geschieht, die Reinigung sich also auf diese hier eben angeregten Affecte bezieht. Wir müssen daher ᴜ ᴜ gründlichen Uebersetzer der Aristotelischen Poetik, Christian Walz, beistimmen, wenn er in seiner Anmerkung zum 6. Cap. sagt, daß die vielbesprochene Stelle einem erst dunkel wird, wenn man die zum Theil sonderbar klingenden Ansichten der Kunstrichter liest. „Fr. Schlegel im dritten Bande seiner Werke zählt sie kurzweg zu den Paradoxen der Aristotelischen Kunstlehre: wir unseres Ortes halten sie für den wahrsten und einfachsten Satz des ganzen Buches. Betrachten wir eine alte Tragödie, z. B. die Orestie des Aeschylus, den Oedipus des Sophokles. Die Leiden, welche die Helden dieser Tragödie treffen, erregen nicht nur unser Mitleid, sondern wir schweben auch in steter Furcht (nicht daß uns dasselbe Schicksal treffen könnte, sondern) über das Endschicksal, das über die Dulder ergehen werde. Wäre nun die Orestie damit geschlossen, daß Orestes, welcher den Muttermord, genöthigt durch die Pflicht der Blutrache, vollbracht hat, eine Beute der Erinnyen ist: oder der Oedipus damit, daß er geblendet und dürftig aus seinem Lande flüchtig wird, so wäre die Harmonie unsers Gefühls durch Mitleid und Schrecken gestört und wir würden unbefriedigt des Theater verlassen. Wenn aber Orestes in den Eumeniden von dem Areopag durch den weißen Stein der Minerva freigesprochen; wenn der verstoßene Oedipus in Colonos im Hain der Eumeniden seine Erlösung findet, so wird

---

Menschen Brust heftige Begier entflammt, und die Jeder verstehen kann, und es ist nicht ein gegenstandloser Haß, der wie ein thierischer Instinkt wirkt und, wie bei Schiller, als unbegreifliche Idiosynkrasie erscheint.‟

dadurch das geſtörte Gleichgewicht unſers Innern wieder her=
geſtellt, und je tiefer die Tragödie in ihrem Verlaufe uns durch
Mitleid und Schrecken zu erſchüttern wußte, deſto größer iſt die
Befriedigung, welche der verſöhnende Ausgang in uns hervor=
bringt. Es erfolgt eine wahre Läuterung der unreinen, wild
aufgeregten Leidenſchaften."

X.

Psychologische Bedingungen des tragischen Mitleids.

Das tragische Mitleid ist nicht blos objectiv, durch den Mitleid erregenden Gegenstand, sondern auch subjectiv, durch den Seelenzustand des Beschauers bedingt. Es ist bedingt dadurch, daß man sich ganz in die Lage des Leidenden hineinversetzen könne. Dies wird aber immer am leichtesten dann geschehen, wenn man selbst schon in einer gleichen oder wenigstens in einer ähnlichen Lage gewesen. Daher wird ein Armer den andern eher bemitleiden können, als den Reichen. Ueberhaupt sind Gleiche mit Gleichen eher zum Mitleid geneigt, als solche, deren Loos durch einen zu weiten Abstand, wie das des Bettlers vom König, getrennt ist. Denn nur Gleiche verstehen Einer des Andern Leiden.

Andrerseits aber ist das Mitleid bedingt dadurch, daß man nicht durch eigenes Leiden occupirt sei. Denn wen eignes Leiden drückt, der hat nicht Raum zum Mitgefühl mit fremdem. Daher sind Personen, die sich selbst wohl befinden, beim Anblick fremden Elends weit eher zum Mitleid geneigt, als die, welche selbst im Elend stecken. Also Freiheit von eigenem schweren Leiden ist nicht minder eine Bedingung des Mitleidens, als die Fähigkeit, sich in die fremde Lage zu versetzen. Diese beiden Bedingungen müssen daher sowohl beim Dichter, als beim Leser und Zuschauer eintreten, wenn Jener im Stande sein soll, Mitleid zu erregen, und Dieser es zu empfinden.

Daß das Verständniß fremden Leidens sehr das Mitleiden befördert, geht nicht blos daraus hervor, daß Gleiche
mit Gleichen, also Geschlechts-, Alters-, Standes- und Berufs-
genossen mehr zum Mitleiden mit einander geneigt sind, als
völlig heterogene Naturen, weil jene unter einander ihre Leiden
besser verstehen; sondern auch daraus, daß intelligente, geistig tiefe Menschen, die in das Wesen der Dinge eindringen
und die ein Verständniß für die Eigenthümlichkeit der verschiedensten Wesen haben, des Mitleidens fähiger sind, als Gedankenlose und geistig Stumpfe, deren Gesichtskreis nicht über ihre
eigene beschränkte Sphäre hinausreicht. Der intelligente Mensch
kann sich die Leiden wie die Freuden jedes von ihm selbst
auch noch so verschiedenen Wesens zu eigen machen. Daher
das Mitgefühl des ächten Dichters mit Allem, was lebt und
webt; denn er vermag sich nicht nur in die verschiedenartigsten
Charaktere und Geschicke der Menschen hineinzuversetzen, sondern
auch in das Leben und Leiden der Thiere, ja sogar der Pflanzen. Daher kein wahrer Dichter ohne Sentimentalität.

Die ächte Sentimentalität ist keine leere Empfindelei,
sondern aus Erkenntniß und Verständniß der Wesen hervor-
gehendes Mitgefühl. Die falsche Sentimentalität ist freilich
verächtlich, weil sie nur eine künstliche, gemachte ist; aber
die wahre, ächte Sentimentalität ist gar nichts so Geringes, wie
man vielleicht glaubt; denn es gehört zu ihr ein Seherblick,
der in das Innere der verschiedenartigsten Charaktere, Zustände
und Situationen, nicht blos unter Wesen derselben Gattung,
sondern auch der verschiedensten eindringt. Gemeinen Naturen
ist solche Sentimentalität unmöglich.

(Thierquälerei wäre unmöglich, wenn die Quäler Sinn
und Verständniß für das Leben der Thiere hätten. Kinder und
rohe, gedankenlose Menschen quälen nur darum so gefühllos die
Thiere, weil ihnen dieses Verständniß abgeht.)

XI.

Ueber das Komische.

Während uns die Tragödie das Leben der Menschen von der schrecklichen Seite darstellt, zeigt uns die Comödie dasselbe von seiner lächerlichen Seite. Denn das Leben trägt, wie Jean Paul treffend sagt, an dem einen Fuße einen Soccus und am andern einen Cothurn.

Nun ist zwar Lächerliches und Schreckliches im Leben nicht so getrennt, daß nicht jenes auch an diesem und dieses an jenem vorkäme. Das Schreckliche hat sehr oft eine lächerliche Außenseite, so wie das Lächerliche oft schreckliche Folgen. Der Wahnsinn z. B. und der Aberglaube sind ein Schreckliches, das oft unter lächerlichen Geberden und Grimassen auftritt. Bei gefährlichen Tumulten, bei Feuersbrünsten u. s. w., kommt oft mitten im Schrecklichen manches Lächerliche vor. Könige fliehen in komischer Verkleidung und müssen lächerliche Dienste verrichten; in dem Drange nach Rettung ihrer Habe raffen die Menschen thöricht das Unbedeutendste zusammen und lassen das Wichtigste zurück. Andrerseits kommt Lächerliches von schrecklichen Folgen vor, wie wenn z. B. ein Zerstreuter durch komische Verwechslungen, Mißverständnisse und Mißgriffe schweres Unheil anstiftet, oder thöricht Wettende und Wagende in der lächerlichen Gefahr, in die sie sich begeben, umkommen.

Als ein Beispiel, wie nahe im Leben oft das Komische an das Tragische grenzt, erzählt Lessing nach Voltaire (im 21. Stück der Dramaturgie): „Eine sehr ehrwürdige Matrone saß bei einer von ihren Töchtern, die gefährlich krank lag, am

Bette und die ganze Familie stand um ihr herum. Sie wollte in Thränen zerfließen, sie rang die Hände und rief: O Gott laß mir, laß mir dieses Kind, nur dieses; magst du mir auch alle die andern dafür nehmen! Hier trat ein Mann, der eine von ihren übrigen Töchtern geheirathet hatte, näher zu ihr hinzu, zupfte sie beim Aermel und fragte: Madame, auch die Schwiegersöhne? Das kalte Blut, der komische Ton, mit denen er diese Worte aussprach, machten einen solchen Eindruck auf die betrübte Dame, daß sie in vollem Gelächter herauslaufen mußte; alles folgte ihr und lachte; die Kranke selbst, als sie es hörte, wäre fast vor Lachen erstickt."

Ferner: "Es trifft sich wohl, daß mitten unter den Greueln einer Schlacht, mitten in den Schrecken einer Feuersbrunst, oder sonst eines traurigen Verhängnisses ein Einfall, eine ungefähre Posse, troß aller Beängstigung, troß alles Mitleids, das unbän= digste Lachen erregt. Man befahl in der Schlacht bei Speier einem Regimente, daß es keinen Pardon geben sollte. Ein deutscher Officier bat darum und der Franzose, den er darum bat, antwortete: Bitten Sie mein Herr, was Sie wollen, nur das Leben nicht; damit kann ich nicht dienen! Diese Naivetät ging sogleich von Mund zu Munde: man lachte und meßelte."

Aber, obgleich solcherweise im Leben Lächerliches und Schreckliches oft gemischt vorkommt; so kann doch auf das an= schauende und empfindende Subject immer nur eines von beiden vorherrschend wirken, so daß die Stimmung in demselben immer eine ein= und gleichartige ist. In der tragischen Stimmung, wo uns das Schreckliche einer Sache ergreift, können wir über das damit verbundene Komische nicht lachen, oder dieses kann uns höchstens ein widerwilliges Lachen abgewinnen, auf welches der Schmerz verdoppelt zurückkehrt, wie beim Anblick der komi= schen Geberden und Grimassen eines durch Wahnsinn Zerrütte= ten oder der lächerlichen Ceremonien eines Abergläubischen, der im Begriffe ist, seinem Gotte zu opfern.

Umgekehrt, wo das Lächerliche einer Sache vorherrschend wirkt, kann das Schreckliche derselben keinen Eindruck machen. Bei unverständigen Kindern daher und bei rohen Menschen bringt der Anblick eines Betrunkenen oder Wahnsinnigen, so wie der des Zappelns gequälter Thiere kein Mitleid hervor, sondern erregt nur ihr Lachen über das Komische der äußern Geberden.

Diese sich gegenseitig aufhebende Wirkung des Schrecklichen und des Lächerlichen kommt daher, daß Jenes erschütternd auf das Gemüth wirkt und in diesem die Affecte der Furcht und des Mitleids erregt, während Letzteres den Verstand ergötzt und das wohlthätige Gefühl geistiger Ueberlegenheit gibt. Zwischen Gemüths = und Verstandesthätigkeit waltet aber ein Antagonis= mus ob, demzufolge die eine die andere aufhebt oder wenigstens in dem Momente ihrer Thätigkeit hemmt und lähmt. Warme Gemüths = und kalte Verstandesmenschen stoßen daher auch einander ab, wie Rousseau und Voltaire. Der kalte Spötter, der über Alles lacht, wird selten von Schmerz und Mitleid ergriffen, so wie umgekehrt der Empfindsame und Mitleidige selten fähig ist, zu spotten und zu lachen. Der lachende De= mokrit und der weinende Heraklit werden sich nie zu Einer Person verbinden.

Aus diesem Antagonismus zwischen Gemüth und Verstand geht aber für die Kunst, deren erste und wesentlichste Aufgabe es ist, durch ihre Werke den Beschauer in eine reine, einheitliche Stimmung zu versetzen, die Regel hervor, Schreckliches und Lächerliches nicht so in einem Werke zu mischen, daß die Wir= kung des einen die des andern hemmt und lähmt, das Mitleid durch Lachen und das Lachen durch Mitleid erstickt wird, son= dern so, daß das eine das andere hebe und verstärke. Der tragische Held werde also nicht lächerlich gemacht, und der komi= sche errege keinen Schrecken; wohl aber diene in der Tragödie das Lächerliche, als ein untergeordnetes Ingrediens, wie bei Shakespeare, dazu durch seinen Contrast das Schreckliche nur noch mehr zu heben und schrecklicher erscheinen zu lassen; und andererseits diene in der Comödie das schrecklich Dro= hende, wie bei Molière, als ein Vorübergehendes und sich heiter Auflösendes dazu, das Lächerliche noch mehr zu heben und die Lust daran zu erhöhen.

Die hauptsächliche Aufgabe der Tragödie ist, uns die schreck= lichen Folgen heftiger Affecte und Leidenschaften und der aus ihnen hervorgehenden schweren Verirrungen und Conflicte zur Anschauung zu bringen; die der Comödie hingegen, das Lächerliche beschränkter Urtheilskraft oder geistiger Bornirtheit und der daraus hervorgehenden Thorheiten und Ungereimtheiten zum Bewußtsein zu bringen. Jene wählt ihren Gegenstand aus dem Gebiete des Willens, denn ihr Object ist der Wille in seiner Heftigkeit und in seinem Leiden; diese hingegen aus dem Gebiete des Verstandes, denn ihr Object sind Verstandesfehler und Thorheiten. Daraus geht aber die Regel hervor, daß der tragische Held nicht geistig bornirt und der komische nicht von bösem, gefährlichen Willen sein darf. Die Fehler und Conflicte, die den tragischen Helden ins Verderben stürzen, dürfen nicht solche sein, die ihn lächerlich machen; noch auch umgekehrt die, welche den komischen Helden lächerlich machen, solche, die ihn ins Verderben stürzen. Denn Mitleid und Spott vertragen sich einmal nicht. Wo wir Mitleid empfinden sollen, darf nicht unser Lachen erregt; wo wir lachen sollen, nicht unser Mitleid erweckt werden.

Zwar können dieselben Fehler, je nach Umständen, komisch und tragisch wirken, den damit Behafteten entweder lächerlich oder schrecklich machen. Denn Eitelkeit, Eigensinn, Geiz, Neid, Zorn, Stolz, Rachsucht, Heuchelei u. s. w. können sich eben so, unter gewissen Umständen, von einer lächerlichen, als unter andern von ihrer schrecklichen Seite zeigen. Molière hat z. B. in seinem Avare und Tartuffe den Geiz und die Heuchelei, die an sich gar nichts Lächerliches sind, vielmehr die schrecklichsten Folgen haben können, und alsdann einen Tragödienstoff abgeben, von ihrer lächerlichen Seite gezeigt. Und es wäre zu wünschen, daß überhaupt alle Fehler, die in Tragödien eine schreckliche Rolle spielen, auch in guten Comödien von ihrer lächerlichen Seite dargestellt würden. Aber, wie verschieden ist doch die Behandlung derselben Fehler in der Comödie gegen die in der Tragödie! Welch ein ganz andres Gesicht trägt der lächerliche Geizhals und Heuchler, als der schreckliche! Welch ein Unterschied zwischen der verderblichen Schwäche und Leichtgläubigkeit eines Lear und derselben Schwäche, wie sie in einer Comödie verspottet wird; welch ein Unterschied zwischen der schrecklichen Eifersucht eines Othello und der lächerlichen eines Comödienhelden; wie ganz anders wirkt die teuflische Intrigue eines Marinelli, als die kleinlichen verächtlichen Ränke in einem Lustspiel!

Treffend sagt Schiller: Die Freiheit des Gemüths in uns hervorzubringen und zu nähren, ist die schöne Aufgabe der Comödie, so wie die Tragödie bestimmt ist, die Gemüthsfreiheit, wenn sie durch einen Affect gewaltsam aufgehoben worden, auf ästhetischem Wege wieder herstellen zu helfen. In der Tragödie muß daher die Gemüthsfreiheit künstlicher Weise und als Experiment aufgehoben werden, weil sie in Herstellung derselben ihre poetische Kraft beweist; in der Comödie hingegen muß verhütet werden, daß es niemals zu jener Aufhebung der Gemüthsfreiheit komme. Daher behandelt der Tragödiendichter seinen Gegenstand immer praktisch, der Comödiendichter den seinigen immer theoretisch. Der Tragiker muß sich vor dem ruhigen Raisonnement in Acht nehmen und immer das Herz interessiren; der Komiker muß sich vor dem Pathos hüten und immer den Verstand unterhalten. (Ueber naive und sentimentale Dichtung.)

Diesen Gegensatz erkannten auch schon die Alten. Denn Aristoteles sagt: Die Comödie ist die Darstellung der Schlechteren, jedoch nicht nach jeder Art von Schlechtigkeit, sondern derjenigen, welche Lachen erregt (also nicht das Gemüth, sondern den Verstand beschäftigt); denn das Lächerliche ist ein Fehler oder Mangel, der weder Schmerz erregt, noch Verderben herbeiführt. (Poet. 5.) Und dem entsprechend, sagt Cicero: Locus et regio quasi ridiculi turpitudine et deformitate quadam continetur, haec enim ridentur vel sola, vel maxime, quae notant et designant turpitudinem aliquam non turpiter — Nec insignis improbitas et scelere juncta, nec rursus miseria insignis agitata ridetur — Ea facillime luduntur, quae neque odio magno, neque misericordia maxima digna sunt. Quamobrem materies omnis ridiculorum est in istis vitiis, quae sunt in vita hominum neque carorum, neque calamitosorum, neque eorum, qui ob facinus ad supplicium rapiendi videntur, eaque belle agitata ridentur. (De orat. II. 58.)

Mit dem Lächerlichen ist das Häßliche verwandt. Wenigstens wird durch das Häßliche in vielen Fällen das Lächerliche verstärkt; denn das Häßliche ist ein Lächerliches der äußern Erscheinung. Aber auch hier gilt die Regel, daß nur die unschädliche Häßlichkeit lächerlich erscheint, die schädliche dagegen schrecklich, wie dieses Lessing am Thersites des Homer nachgewiesen. „Man nehme auch nur an, daß dem Thersites selbst seine hämische Verkleinerung des Agamemnon theurer zu stehen gekommen wäre, daß er sie, anstatt mit ein paar blutigen Schwielen, mit dem Leben bezahlen müssen: und wir würden aufhören über ihn zu lachen. Denn dieses Scheusal von einem Menschen ist doch ein Mensch, dessen Vernichtung uns stets ein größeres Uebel scheint, als alle seine Gebrechen und Laster.... Gesetzt aber gar, die Verhetzungen des Thersites wären in Meuterei ausgebrochen, das aufrührerische Volk wäre wirklich zu Schiffe gegangen und hätte seine Heerführer verrätherisch zurückgelassen, die Heerführer wären hier einem rachsüchtigen Feinde in die Hände gefallen, und dort hätte ein göttliches Strafgericht über Flotte und Volk ein gänzliches Verderben verhangen: wie würde uns alsdann die Häßlichkeit des Thersites erscheinen? Wenn unschädliche Häßlichkeit lächerlich werden kann, so ist schädliche Häßlichkeit allezeit schrecklich.“ (Laokoon XXIII.)

Gehen wir näher auf das eigentliche Wesen des Lächerlichen ein, so hat dieses Keiner so richtig definirt, als Arthur Schopenhauer („die Welt als Wille und Vorstellung“ I. §. 13. und II. Cap. 8.). Das Lächerliche besteht, wie er gezeigt, allemal in der Incongruenz zwischen einem Begriff und einem durch denselben gedachten realen Gegenstand, also zwischen dem Abstracten und dem Anschaulichen. „Je größer und unerwarteter, in der Auffassung des Lachenden, diese Incongruenz ist, desto heftiger wird sein Lachen ausfallen. Demnach muß bei Allem, was Lachen erregt, allemal nachzuweisen sein ein Begriff und ein Einzelnes, also ein Ding oder Vorgang, welcher zwar unter jenen Begriff zu subsumiren, mithin durch ihn zu denken ist, jedoch in anderer und vorwaltender Beziehung gar nicht darunter gehört, sondern sich von Allem, was sonst durch jenen Begriff gedacht wird, auffallend unterscheidet.“ „Je nachdem wir, beim Auffinden einer solchen Incongruenz, vom Realen

d. i. Anschaulichen, zum Begriff, oder aber umgekehrt vom Begriff zum Realen übergehen, ist das dadurch entstehende Lächerliche entweder ein Witzwort, oder aber eine Ungereimtheit, im höhern Grade, zumal im Praktischen, eine Narrheit."

Als ein Beispiel des Lächerlichen der ersten Art, des Witzigen, welches durch Subsumtion eines Realen unter einen contrastirenden Begriff entspringt, führt Schopenhauer unter Anderem das Epigramm an:

> „Brav ist der treue Hirt, von dem die Bibel sprach:
> Wenn seine Heerde schläft, bleibt er allein noch wach."

„als welches unter den Begriff eines bei der schlafenden Heerde wachenden Hirten den langweiligen Prediger subsumirt, der die ganze Gemeinde eingeschläfert hat und nun ungehört allein fortbelfert." Ueberhaupt ist der witzige Spott in Epigrammen meist dieser Art, daß er ein Reales durch Subsumtion unter einen contrastirenden Begriff, lächerlich macht. Ich führe z. B. nur noch folgende drei Epigramme von Lessing an:

Auf das Jungfernstift zu **

> Denkt, wie gesund die Luft, wie rein,
> Sie um dies Jungfernstift muß sein!
> Seit Menschen sich besinnen,
> Starb keine Jungfer drinnen.

Auf Lukrins Grab.

> Welch' tödtender Gestank hier, wo Lukrin begraben,
> Der unbarmherzige Filz! — Ich glaube gar, sie haben
> Des Wuchrer's Seele mit begraben.

Auf den Sanktulus.

> Dem Alter nah, und schwach an Kräften,
> Entschlägt sich Sanktulus der Welt
> Und allen weltlichen Geschäften,
> Von denen keins ihm mehr gefällt.
> Die kleine trübe Neige Leben,
> Ist er in seinem Gott gemeint,
> Der geistlichen Beschauung zu ergeben,
> Ist weder Vater mehr, noch Bürger mehr, noch Freund.

Zwar sagt man, daß ein trauter Knecht
Des Abends durch die Hinterthüre
Manch' hübsches Mädchen zu ihm führe.
Doch böse Welt, wie ungerecht!
Ihm so was übel auszulegen!
Auch Das geschieht blos der Beschauung wegen.

Als Beispiele des Lächerlichen der zweiten Art, des Un=
gereimten, welches umgekehrt „vom abstracten Begriff übergeht
zu dem durch diesen gedachten Realen, also Anschaulichen, wel=
ches nun aber irgend eine Incongruenz zu demselben, die über=
sehen worden, an den Tag legt, wodurch eine Ungereimtheit,
mithin in praxi eine närrische Handlung entsteht," — führt
Schopenhauer jenen Bedienten an, der das abgeschabte See=
hundsfell am Koffer seines Herrn mit Makassaraöl bestreicht,
damit es wieder behaart werde; wobei er ausgeht von dem Be=
griff „Makassaraöl macht Haare wachsen"; ferner die Soldaten
in der Wachtstube, welche dem eben eingebrachten Arrestanten
an ihrem Kartenspiel Theil zu nehmen erlauben, weil er aber
dabei chicanirt, wodurch Streit entsteht, ihn hinauswerfen: sie
lassen sich leiten durch den allgemeinen Begriff „schlechte Ge=
sellen wirft man hinaus", vergessen aber, daß er zugleich Arre=
stant, d. h. Einer ist, den sie festhalten sollen. (Ich füge hier
noch das Beispiel Dessen hinzu, der an der Post einen Brief
ohne Adresse abgab und auf die Frage des Postbeamten: An
Wen denn der Brief sei? antwortete: er brauchte auch nicht alle
Geheimnisse zu wissen.) „Belege sind ferner die meisten Hand=
lungen des Don Quixote, welcher unter Begriffe, die er aus
Ritterromanen geschöpft, die ihm vorkommenden sehr heterogenen
Realitäten subsumirt, z. B. um die Unterdrückten zu beschützen,
die Galeerensklaven befreit." (Vergl. Schopenhauer a. a. O.
II. 96.)

Aus dieser Definition des Lächerlichen nebst Beispielen
ergibt sich, welcher Art der Widerspruch zwischen Begriff und
Realität sein muß, der komisch wirken soll. Es muß allemal
ein Widerspruch für den Verstand sein, nicht aber für das
Herz und Gemüth. Die Begriffe, zu denen die Realität
komisch contrastiren soll, müssen theoretischer, nicht prakti=

ſcher Natur ſein. Es macht dieſes auch den Unterſchied zwiſchen der Comödie und Satire aus.

In der Satire nämlich ſind die Begriffe, zu denen die Realität als contraſtirend dargeſtellt wird, praktiſcher Natur, es ſind Ideale oder Vorſtellungen von dem, was ſein ſoll, wovon aber die Wirklichkeit abgewichen iſt und ins gerade Gegentheil ſich verkehrt hat. So z. B. wenn von dem Ideale der Reinheit und Einfalt der Sitten, der Natürlichkeit und Unverdorbenheit, der körperlichen wie geiſtigen Kraft und Geſundheit der Naturmenſchen aus die Sittenverderbniß, das Gekünſtelte und Verbildete, das Weichliche und Entartete im Leben der Culturmenſchen ſatiriſch gegeißelt wird.

Hier erſcheinen die Fehler, die der Satiriker ſtraft, keineswegs als lächerlich, keineswegs als bloße Verſtandesfehler, ſondern als verwerflich, als Fehler des Herzens und Willens. So z. B. wenn Falk in dem ſatiriſchen Gedichte: die Helden, von dem Ideale menſchlicher Eintracht, Sanftmuth und Friedliebe aus, die Verkehrtheit und Verheerungen der kriegeriſchen Ruhmſucht beleuchtet:

> Das Feuer iſt entweiht und Waſſer, Luft und Aether,
> Die Ruhſtatt ſelbſt, die ſonſt im Erdenſchooß uns barg!
> Der Krieg bereitet aus der Todtengruft Salpeter,
> Gießt Mörſer aus Geläut, ſchmelzt Kugeln aus dem Sarg;
> Er murmelt Zauberſprüch' und ruft das Schlachtgebrülle
> Aus unterirdiſcher Gewölbe Todtenſtille. *)
> Das Erz, das liebreich uns, den üpp'gen Wuchs der Saat,
> Des Weinſtocks abzumähn, Natur verliehen hat,
> Mäht Glieder ſtatt der Saat und muß in Lazarethen,
> Anſtatt mit Traubenblut, mit Menſchenblut ſich röthen.
> Das Feuer, das uns von dem Sonnenheerd',
> Als Gaſtgeſchenk, Prometheus zugekehrt,
> Und das, wann rauh der Nord vom brauſenden Gefieder
> Reif, Froſt und Schneegeſtöber ſchüttelt, werth
> Des hohen Urſprung's, wirthbar um den Heerd
> Das Haus verſammelt, und Erquickung wieder
> Und Leben wärmt in halb erſtarrte Glieder:

---

*) Hierzu macht Falk die Anmerkung: Bekanntlich ſchmolz man in Frankreich die bleiernen Sargdeckel und Metallglocken in Mörſer und Kugeln um. Bei den Nachſuchungen nach Salpeter in Kellern und Grüften gaben die Leichengewölbe keine verächtliche Ausbeute.

Ach, ausgeartet ist dies Himmelskind!
Oft, wann der Purpursaum des Nachtgewölks im Westen
In sanften Tinten blaßroth wie zerrinnt:
Bepurpurt mit dem Schein von ausgebrannten Vesten,
Anstatt zu leuchten, es den späten Horizont.
Verzehrend ist sein Grimm! Nichts bleibt ihm unverschont!
Der Apfelbaum nicht, der mit schwer belad'nen Aesten
Sich röthend niederbeugt, von Phöbos mild umsonnt,
Der Weinstock nicht, und nicht die gold'ne Frucht der Aehren,
Die jener langsam reift. Umsonst strömt frische Lebenskraft
Erwärmend Phöbos in der Traube Purpursaft:
Es stürzt laut zischend sich und wild aus Feuerröhren
Sein widerspänstig Kind. — Unwandelbar im Bund
Mit der Vernichtung, heult es um den offnen Schlund
Weit aufgerißner, glühend rother Breschen,
Den Funken, den Er freundlich angefacht,
Unfreundlich, und mit siebenfacher Nacht,
In unserm Busen wieder auszulöschen.

Hier sind es auch Widersprüche zwischen Begriff und Rea=
lität, zwischen dem Gedachten und Wirklichen, die der Satiriker
durchnimmt; aber nicht lächerliche, sondern herzzerreißende. Denn
der Widerspruch, der darin liegt, daß Feuer und Erz, statt zu
friedlichen und Leben erhaltenden, zu kriegerischen, Leben zerstören=
den Zwecken verwendet wird, ist kein Widerspruch für den Ver=
stand, keine Ungereimtheit, sondern ein Widerspruch für den
Willen, eine Schlechtigkeit. Lächerlich würde nur diejenige
Anwendung des Feuers und Erzes sein, die dem eigenen Begriff
beider widerspräche; es widerspricht aber dem Begriff des Erzes
und Feuers eben so wenig, zu kriegerischen, als zu friedlichen
Zwecken angewendet zu werden. Der Begriff, welchem der
kriegerische Gebrauch des Erzes und Feuers in der Satire
widerspricht, ist ein Ideal, das moralische Ideal der Eintracht
und Friedliebe.

Und derselbe Unterschied der komischen von der satirischen
Behandlung ergibt sich für alle Fehler und Laster. Es sei
z. B. der Geiz das zu behandelnde Object, so wird die Satire
denselben dadurch als verabscheuungswerth darstellen, daß sie
ihn dem moralischen Ideal gegenüberhält, daß sie zeigt, wie
der Geizige der wahren Güter und der ächten Freuden des
Lebens entbehrt, wie ihn Freundschaft und Liebe fliehen und er

einsam und verlassen in der Welt dasteht, wie dies z. B.
Horaz gethan in folgenden Versen:

        .   .. Du schlummerst auf Säcken, von allen
Seiten gethürmet, mit schnappendem Mund', und schonen der gleichsam
Heiligen mußt Du, und ihrer, als wärens Gemälde, genießen.
Kennst Du noch nicht vom Golde den Werth, noch seinen Gebrauch nicht?
Kauf Dir Brot und Gemüse, verschaff Dir des Weines ein Mäßlein,
Und was sonst noch die Menschennatur mit Schmerzen entbehret.
Schlaflos liegen, entseelt vor Angst, und Nachts und am Tage
Zittern vor Dieben, den bösen, vor Brand, vor Knechten, sie könnten
Dich ausplündern und fliehn — dies wäre Dir Freude? So möcht' ich
Ewig der Aermste bleiben an solchen beglückenden Gütern! —

„Fährt Dir aber der Frost durch schmerzende Glieder, und wirft Dich
„Ander Gebrest auf's Lager, so hast Du, der neben Dir sitze,
„Bähungen mache, den Arzt anflehe, damit er Dir helfe,
„Dich herstelle den Kindern gesund und den theuren Verwandten!"

Deine Genesung verlangt Dein Weib, Dein eigener Sohn nicht!
Alle Bekannte und Nachbarn hassen Dich, Knaben und Mägdlein!
Wunderst Du Dich, da jeglichem Dinge das Silber Du vorziehst,
Wenn Dir keiner erzeigt, was Du nicht erwarbest — die Liebe?
               Hor. Sat. I. 1, 70—87 (nach Scheller).

    Hier ist der Geizige nicht lächerlich gemacht, sondern viel=
mehr als bedauernswerth dargestellt, und der Dichter läßt
deutlich genug das Ideal durchblicken, mit welchem er den
Geiz in Widerspruch findet, ja er weist später ausdrücklich auf
dasselbe als auf die richtige Mitte zwischen Habsucht und Ver=
schwendung hin, indem er auf die Frage des Geizigen: „Nun
was räthst du mir also? Soll ich wie die Schlemmer Mänius
und Nomentan leben?" — antwortet:

         Du fährst nur fort zu vergleichen,
Was mit feindlichen Stirnen sich ankämpft. Heiß' ich Dir darum
Lockrer Vergeuder zu sein, wenn den Geizhals ich Dir verbiete?
Jegliches hat sein Maß, hat seine gewisse Begrenzung,
Jenseits welcher das Rechte so wenig bestehet als diesseits. —

    Anders hingegen die komische Behandlung des Geizes.
Diese wird denselben dadurch lächerlich zu machen suchen,
daß sie den auffallenden Contrast zeigt zwischen den Begriffen,

nach) denen der Geizige handelt und der Realität, wie sie der
gesunde unbeirrte Menschenverstand auffaßt. Sie wird also den
Geiz mehr von Seiten seiner geistigen Bornirtheit, als
von Seiten seiner moralischen Verwerflichkeit und Schlechtigkeit
darstellen. So z. B. wenn Blumauer spottet:

> Ein Geizhals fiel in einen Fluß, der tief
> Und reißend war. Ein Fischer, der das Leben
> Ihm retten wollte, sprang hinein und rief:
> Er möchte nur die Hand ihm geben;
> Allein der Geizhals sprach, indem er untersank:
> Ich kann nichts geben, und ertrank.

und wenn Moliere seinen Avare, nachdem er bestohlen worden,
in einer solchen Verstandesverwirrung zeigt, daß derselbe sich
selbst für den Dieb hält und sich beim Arme ergreift und schreit:
Arrête! Rends-moi mon argent, coquin! (Act IV. Scene 7),
alsdann sich schon als begraben betrachtet und ausruft: N'y
a-t-il personne qui veuille me ressusciter, en me rendant
mon chèr argent, ou en m'apprenant qui l'a pris? und endlich
in Jedem seinen Dieb erblickt und alle Welt henken will.

In der Satire behält allemal der Begriff Recht gegen
die Realität, denn jener ist das Ideal, dem diese entsprechen
soll, von dem sie aber abgewichen ist*). In der Comödie hin=
gegen verhält es sich umgekehrt. Da behält allemal die Rea=
lität Recht gegen die verkehrten Begriffe, nach denen der
Thor handelt, denn eben die Realität straft seine Begriffe Lügen,
stellt ihnen ein Bein, über das sie fallen. So z. B. wenn der
Tartuffe meint, durch seinen devoten Schein, seine frömmelnden
Reden und Geberden alle Welt düpiren zu können, und Orgon
meint, ein so Scheinender sei auch wirklich ein Heiliger, bis
Beide (Orgon sogar unter dem Tische) zu ihrer Beschämung

---

*) Schiller sagt: „In der Satire wird die Wirklichkeit, als Mangel,
dem Ideal, als der höchsten Realität, gegenüber gestellt. Es ist übrigens gar
nicht nöthig, daß das letztere ausgesprochen werde, wenn der Dichter es nur
im Gemüth zu erwecken weiß; dies muß er aber schlechterdings, oder er wird
gar nicht poetisch wirken. Die Wirklichkeit ist also hier ein nothwendiges Ob=
ject der Abneigung; aber, worauf hier Alles ankommt, diese Abneigung selbst
muß wieder nothwendig aus dem entgegenstehenden Ideal entspringen."
(Ueber naive und sentimentalische Dichtung.)

erfahren, daß die Realität das gerade Gegentheil von ihren bornirten Begriffen ist.

Die komische Satire gehört weit mehr mit der satirischen Comödie zu einer Gattung als mit der ernsten, strafenden Satire, obgleich sie mit dieser den Namen Satire gemein hat. Denn, wie die satirische Comödie, muß auch die komische Satire nicht verabscheuungswerthe, sondern lächerliche Fehler zu ihrem Gegenstande wählen, oder sie muß wenigstens die abscheulichen Fehler, wie den Geiz, den Neid u. s. w., nicht von ihrer verabscheuungswerthen, sondern von ihrer lächerlichen Seite zeigen. Die ernste, strafende Satire hingegen stellt uns die Fehler umgekehrt nicht von ihrer lächerlichen, sondern von ihrer verabscheuungswerthen Seite dar; denn sie will Unwillen, Abneigung gegen die gerügten Fehler einflößen. So wie sich daher Lachen und Unwillen ausschließen, so schließen die komische und ernste Satire einander aus. Der Satiriker, der die Fehler der Menschen lächerlich machen will, darf sie nicht so darstellen, daß er unsern Unwillen gegen dieselben erregt, denn was unsere Indignation erregt, finden wir nicht lächerlich; und umgekehrt, der Satiriker, der unsere Indignation erregen will, darf die Fehler nicht lächerlich machen, denn der stärkste Unwille kann durch Lachen getilgt werden. Gewöhnlich haben auch die komischen Satiriker kein Talent zur ernsten, und die ernsten keines zur komischen Satire, woraus man ersieht, wie die poetische Production an psychologische Gesetze gebunden ist *).

---

*) Dies bemerkt auch schon Aristoteles, indem er sagt: „Die Dichtkunst theilt sich nach den eigenthümlichen Charakteren der Dichter in verschiedene Richtungen: denn die Ernsteren stellten edle und von edlen Personen vollbrachte Handlungen dar; die Leichtfertigeren dagegen die Handlungen der Schlechten, indem sie zuerst Schmähgedichte dichteten, wie Andere Hymnen und Loblieder." (Poet. 4. nach Walz. — Διεσπάσθη δὲ κατὰ τὰ οἰκεῖα ἤθη ἡ ποίησις. Οἱ μὲν γὰρ σεμνότεροι τὰς καλὰς ἐμιμοῦντο πράξεις καὶ τὰς τῶν τοιούτων τύχας· οἱ δὲ εὐτελέστεροι τὰς τῶν φαύλων, πρῶτον ψόγους ποιοῦντες, ὥσπερ ἕτεροι ὕμνους καὶ ἐγκώμια.) Das umfassende Genie ist freilich nicht so einseitig, daß es nur zu einer Gattung befähigt wäre, sondern es leistet auch in entgegengesetzten Gattungen Großes, wie Shakespeare in der Tragödie und Comödie. Aber auch bei dem umfassendsten Genie kann in dem Momente, wo die eine Richtung des Geistes vorherrscht, nicht zugleich die andere entgegengesetzte thätig sein.

Da das Lächerliche, wie gezeigt worden, in einer für den Verstand auffallenden, unerwarteten Incongruenz zwischen Begriff und Realität besteht, so wird alles Dasjenige Stoff zu Comödien und komischen Satiren geben, was eben jene Art der Incongruenz an den Tag legt. Eigenschaften daher, die an sich gar nicht lächerlich sind, können durch die begriffswidrige Verbindung, in der sie auftreten, durch den unrechten Ort und die ungehörige Zeit, wo und wann sie wirken, so wie durch den übertriebenen Grad, in dem sie wirken, lächerlich werden, z. B. Ernst, Würde, Selbstgefühl, Consequenz, Strenge; oder Bescheidenheit, Fügsamkeit, Empfindsamkeit, Freigebigkeit u. s. w. am unrechten Ort, zur unrechten Zeit und im übertriebenen Grade geübt. Die falsche Würde, das falsche Pathos, die falsche Empfindsamkeit u. s. w. machen sich eben dadurch lächerlich, daß sie falsch sind, d. h. sich da zeigen, wo man dem wahren Begriffe nach Etwas ganz Anderes erwartet. Ritterlicher Sinn ist an sich nicht lächerlich; aber Don Quixote's ritterliche Begeisterung ist lächerlich, weil sie ihn auch da ergreift, wo etwas ganz Anderes nöthig ist. Eben so ist Vielwissen nicht lächerlich, aber der prahlerische Vielwisser, der überall seine Gelehrsamkeit zur Schau trägt, auch wo sie nicht hingehört, und z. B. bei einem fröhlichen Mahle eine gelehrte Geschichte der Kochkunst auskramt, macht sich lächerlich. Dergleichen Charaktere bieten also Stoff zu Comödien und komischen Satiren.

Naivetät ist an sich nichts Lächerliches, wird aber ebenfalls durch die unerwartete, begriffswidrige Verbindung, in der sie vorkommt, lächerlich, wenn sie nämlich einem Erwachsenen in Fällen entwischt, wo man von ihm gerade das Gegentheil, nämlich Verstellung, Verbergung seiner wahren Absichten und Gesinnungen, kurz Raffinement erwartet. Von dieser Art ist z. B. die Antwort einer Frau an ihren sterbenden Mann, der ihr die Person beschrieb, die sie nach seinem Tode heirathen sollte. Nimm ihn, sprach er, du wirst sehr wohl thun! Ach! antwortete sie, ich habe auch schon daran gedacht. (Vgl. „Ueber das Erhabene und Naive in den schönen Wissenschaften" von Moses Mendelssohn, in dessen philos. Schriften.) Schiller nennt dieses belustigende Naive, welches der Person

wider Wissen und Willen entfährt, das Naive der Ueber=
raschung, im Gegensatz zum Naiven der Gesinnung, welches
rührt und Achtung-einflößt, da die Quelle desselben nicht Un=
verstand, Unvermögen ist, sondern eine höhere praktische
Stärke, ein Herz voll Unschuld und Wahrheit, welches die
Hülfe der Kunst, der Verstellung, aus innerer Größe verschmäht.
(Ueber naive und sentimentale Dichtung.)

Auch das Erhabene, welches an sich nicht lächerlich ist,
wird lächerlich, wenn es in einer begriffswidrigen Verbindung,
also wo man es nicht erwartet, vorkommt. Vom Erhabenen
zum Lächerlichen ist daher nur ein Schritt. Dasselbe, was
am Starken erhaben ist, wirkt am Schwachen lächerlich. Der
Zorn und die Drohungen eines Herkules oder Achilles z. B.
sind erhaben, hingegen der Zorn und das Drohen der Kinder
oder schwacher Weiber erregt nur Lachen. Denn überall, wo
uns Größe ohne Stärke, der Schein der Erhabenheit ohne das
innere Wesen, den Kern, entgegentritt, wird unser Begriff durch
die Realität unerwartet getäuscht. Justus Möser definirt
sogar in seinem „Harlekin oder Vertheidigung des Grotesk=
Komischen" das Lächerliche nur als „Größe ohne Stärke."
„Ein Mann fällt zur Erde, sagt er, und neben ihm stürzt ein
Kind. Man lacht über den ersten, weil man seiner Größe
Stärke genug zutraute um sich vor dem Fall zu bewahren;
letzteres im Gegentheil erweckt Mitleid. Mikromegas, dieses
Ungeheuer in der übertriebenen Art, ist nicht lächerlich, weil er
eine seiner Größe angemessene Stärke besitzt. Allein die durch
seine Gegenwart geschwächten Größen, die gedemüthigten
Alexander und Newtons, reizen zum Lachen." „Meine Cari=
caturmalerei, läßt Möser seinen Harlekin sagen, ist die höchste
Vorstellung des Lächerlichen, indem ich die Gestalt vergrößere
und die innere Seele oder Stärke dieser Gestalt aufs möglichste
vermindere. Der mannhafte Ritter bei dem ersten Caricatur=
maler, dem Cervantes, ist ein ausgehöhlter Körper, welcher
Größe zeigt und Stärke lügt." (Vermischte Schriften von Justus
Möser Th. I. S. 96 f.) Indessen die Größe ohne Stärke,
dieser äußere Schein der Erhabenheit bei mangelndem Wesen,
ist nur eine besondere Art des Lächerlichen, erschöpft aber
nicht das ganze Wesen desselben, folglich ist Möser's Definition

eine einseitige. Das Wesen des Lächerlichen besteht, wie wir gesehen haben, in dem unerwarteten Contrast zwischen Begriff und Realität. Daß Größe ohne Stärke lächerlich wirkt, kommt nur daher, daß wir in unserm Begriff mit der Größe Stärke verbinden, also, wo eine Erscheinung sich als groß ankündigt, auch Stärke von ihr erwarten, diese unsere Erwartung aber alsdann durch die Realität Lügen gestraft wird. Wenn Berge kreißen, so erwarten wir nicht, daß eine Maus herauskommen wird. Daher heißt diese Maus auch in dem bekannten Verse: *Parturiunt montes, nascetur — ridiculus mus,* eine lächerliche Maus.*)

*) Einen andern Gegensatz, als das Lächerliche, bildet das Gemüthliche zum Erhabenen. Gemüthlich nennen wir nämlich ein Wesen, das Auge und Ohr, Herz und Sinn für unsere persönlichen Wünsche und Bedürfnisse, für unsere individuellen Interessen, Leiden und Freuden hat, kurz das sich persönlich für uns interessirt. Das Verhältniß der Eltern zu den Kindern, der Freunde und der Geliebten zu einander ist darum ein gemüthliches. Gemüthlich ist auch die Religion, in der Gott als liebender Vater vorgestellt wird, der für jeden Einzelnen sorgt und sich speciell um ihn bekümmert. Gemüthlos hingegen ist der Egoist, der sich nur für sich interessirt und dem alle Andern nur Sachen, nur Mittel zu seinen Zwecken sind. Gemüthlos ist auch die kalte, rücksichtslose, nur ihren eigenen allgemeinen Gesetzen folgende und um Wohl und Wehe des Einzelnen sich nicht kümmernde Natur.

Ein ferneres Zeichen des Gemüthlichen ist, daß er frei und ungezwungen, aus eigenem innern Antriebe handelt, daß er thut, was ihm das Herz eingibt, fern von aller Absichtlichkeit und Berechnung. Wohlwollen und Wohlthun, Treue und Dankbarkeit, Gefälligkeit und Zuvorkommenheit, — alles dies nennen wir gemüthliche Eigenschaften, so lange wir sie für ächte und natürliche Charakterzüge halten; sobald wir aber hinter allem diesen Absicht merken, fühlt sich unser Gemüth verletzt und wir nennen den, der jene Eigenschaften zu gewissen Zwecken nur heuchelt, keineswegs gemüthlich. Ein König z. B., der sich unter das Volk mischt und sich für die persönlichen Angelegenheiten der Einzelnen interessirt, gilt für gemüthlich; kommen wir aber dahinter, daß das Ganze nur aus schlauer, diplomatischer Berechnung geschieht, dann verschwindet die Gemüthlichkeit. Gemüthlicher oft als Menschen sprechen uns befreundete Hausthiere, Hunde und Vögel an, weil sie sich unverstellt zeigen, wie sie sind und es redlich mit uns meinen.

Glatte Diplomaten und rauhe Grundsatzmenschen, steife Bureaukraten und Pedanten, gleißende Heuchler und Schmarotzer sind das Ungemüthlichste, was Gottes Erdboden trägt.

Daß in Geldsachen die Gemüthlichkeit aufhöre, will nichts anderes sagen, als daß wo das Rechnen und Berechnen anfängt, es mit der Gemüthlich-

Das Lächerliche und demzufolge das Komische entspringt aber nicht immer blos daraus, daß die angeschaute Realität unsern Begriffen nicht gemäß ist, sondern oft auch daraus, daß die Begriffe der handelnden Personen der von uns angeschauten Realität nicht gemäß sind, wie z. B. die ritterlichen Begriffe Don Quixote's gegenüber der reellen Situation, in der wir ihn sehen. Der Dumme, Unwissende und Ungebildete, der, weil er durch Reichthum emporgekommen, nun auch meint den Mäcen spielen zu dürfen und um sich einen Schwarm von Autoren, Poeten, Virtuosen versammelt, die sich alle seinen Wein gut schmecken lassen, mit seiner Frau oder Töchtern Liebesintriguen anspinnen und hinter seinem Rücken über seine abgeschmackten Sottisen lachen; der Weiberfeind, der mit seinem Haß und seiner Verachtung des weiblichen Geschlechts prahlt, heimlich aber, ohne es zu wissen, schon von Einer entbrannt ist, sich rasend in sie verliebt und endlich zu den Füßen der Angebeteten angetroffen wird; die runzliche Alte, die sich noch geliebt wähnt, aber zu ihrer Beschämung erfährt, daß nicht sie, sondern ihre schöne Nichte gemeint ist; der Großsprecher, der von seinem Muthe, seiner Tapferkeit und seinen Heldenthaten viel Wesens macht, bei der nächsten geringsten Gefahr aber feig davon läuft; der von Wissensdünkel Aufgeblasene, der in den einfachsten und gewöhnlichsten Dingen des Lebens die gröbste Unwissenheit an den Tag legt, — alles dieses sind komische Charaktere; denn sie machen sich dadurch lächerlich, daß sie sich unter Begriffe stellen, zu denen ihre Realität das gerade Gegentheil bildet.

––––––––––

keit zu Ende ist. — Wer also in der Kunst gemüthlich wirken will, vermeide die erwähnten Gegensätze des Gemüthlichen.

In der Kunst wirkt die Darstellung des kleinen, beschränkten Lebens in Genrebildern, Familien = Scenen und Idyllen gemüthlich, die des großen Welt= und Naturlebens hingegen erhaben. Das Erhabene wirkt also in ästhetischer Beziehung gerade entgegengesetzt wie das Gemüthliche; denn jenes erhebt uns über das persönliche, individuelle Interesse, indem es sich verneinend dagegen verhält; dieses hingegen führt uns in dasselbe ein und bejaht es. Die Schilderung des gestirnten Himmels und des Meeres wirkt erhaben, aber keineswegs gemüthlich, die des Dörfchens im Thale wirkt gemüthlich, aber nicht erhaben. — Bei Jean Paul wechselt das Gemüthliche mit dem Erhabenen.

Und so wie individuelle Charaktere auf diese Weise lächerlich werden, so auch ganze Stände dadurch, daß die sie repräsentirenden Personen in ihrer Realität zu dem Begriff des Standes oder dem Titel, unter den sie sich stellen, einen unerwarteten Contrast bilden, indem hinter der aufgesteckten Standesmaske sich ihre individuelle Natur verräth, die auf ganz gemeine Zwecke ausgeht, während sie die Würde des Standes erheuchelt. Entsagung predigende Geistliche mit dicken Bäuchen und wolüstigen Mienen; Recht sprechende, aber als bestechlich ertappte Richter und dergleichen Personen, sind, wenn der Widerspruch zwischen Begriff und Realität, an dem sie laboriren, keine schädlichen Folgen hat, also nicht den Willen, sondern nur den Verstand beschäftigt, komische Charaktere.

Auch das Komische der Situationen entspringt ebenfalls daraus, daß durch sie der Widerspruch zwischen der Realität und den Begriffen der Handelnden plötzlich für den Verstand an den Tag kommt. Der Geizige, der seinen Schatz gut vergraben zu haben meint, aber durch die Art, wie er denselben ängstlich bewacht und umgeht, gerade den Ort desselben verräth und bestohlen wird; der leichtgläubig Vertrauende, der gerade von dem Ehrenmann, mit dem er es zu thun zu haben wähnt, geprellt wird; der eifersüchtige Ehemann, den seine auf Tritt und Schritt belauschte Frau dennoch coiffirt; der sich schlau dünkende Intriguant, dessen Ränke auf ihn selbst zurückprallen; der Schmeichler, dessen wahre Meinung hinter der Thür behorcht wird; der Liebhaber, der gerade durch die Art, wie er seinen Nebenbuhler aus der Gunst seiner Geliebten zu verdrängen sucht, ihn in derselben befestigt; der strenge Vater, der durch rigoureuse Erziehung aus seinem Sohne ein Muster der Tugend gemacht zu haben glaubt, während derselbe hinter seinem Rücken die liederlichsten Streiche von der Welt begeht; der sichs leicht machende Bequeme, der sichs durch seine Trägheit gerade recht schwer macht; der nach Vergnügen Jagende, der sich durch seine Hast und Unüberlegtheit überall Mißvergnügen bereitet, u. s. w. — alle diese gerathen in dem Moment, wo der Widerspruch zwischen der Realität und ihren bornirten Begriffen, zwischen dem, was sie erwarteten, und dem, was ihnen wird, plötzlich an den Tag kommt, in komische Situationen. Je sicherer sie auf ihre Vorkehrungen, auf ihre Mittel zum Zweck rechneten, und je unerwarteter und entgegengesetzter alsdann das Resultat ausfällt, je mehr die Realität ihre Begriffe Lügen straft, desto komischer ist die Situation.

Zwar kann das Komische der Situationen auch durch bloße, unverschuldete Zufälle herbeigeführt werden. Aber lehrreicher wird die Comödie jederzeit sein, wenn sie die lächerlichen Situationen, in denen sie uns ihre Helden zeigt, nicht rein äußerlich, durch bloßen Zufall herbeigeführt sein läßt, sondern dieselben mit einer Art von Nothwendigkeit aus dem Innern, aus dem Charakter der handelnden Personen herausspinnt. Auch in der Comödie muß, wie in der Tragödie, eine Art von Schuld obwalten, nur daß es dort die Schuld des Verstandes ist, die lächerlich macht, während es hier die Schuld des Willens ist, die schrecklich wirkt. Das zufällig Komische hat mehr seinen Ort in der Posse, deren Zweck bloße Belustigung ist, als in der Comödie, die belehren, den Verstand und das Urtheil bilden soll. Lächerliche Mißverständnisse, Mißgriffe und Verwechslungen (auf welchen letztern Shakespeare's Comödie der Irrungen beruht) sollten nie das Hauptmotiv einer Comödie bilden; wohl aber sind sie als ein wirksames Ingrediens zu benutzen. Dieser Art sind die durch Verkleidungen, durch in unrechte Hände gerathene Briefe, durch falsch gedeutete Worte, durch in Zerstreuung begangene Fehlgriffe u. s. w. herbeigeführten komischen Situationen und Verwirrungen.*)

---

*) Voltaire hat zwar Recht, wenn er (in der Vorrede zum Enfant prodigue sagt: J'ai cru remarquer, qu'il ne s'elève presque jamais des éclats de rire universels qu'a l'occasion d'une meprise. — Il y a bien d'autres genres de comique — mais je n'ai jamais vu ce qui s'apelle rire de tout son coeur que dans ces cas approchans de ceux, dont je viens de parler. Aber aus der Allgemeinheit und Herzlichkeit des Lachens bei Mißverständissen und Mißgriffen, welches von dem Großen und Unerwarteten des Contrastes kommt, der in solchen Fällen zwischen Begriff und Realität stattfindet, — folgt nicht, daß diese Art des Lächerlichen zum Hauptmotiv der Comödie zu machen sei; vielmehr darf dasselbe in der höhern Comödie immer nur eine untergeordnete Rolle spielen und darf nie ganz abgerissen, ohne allen Zusammenhang mit dem Charakter der handelnden Personen dastehen,

Was die Frage betrifft, ob man in der Comödie die Charaktere übertreiben dürfe, so ist dieselbe zwar schon im Wesentlichen von Lessing richtig beantwortet.*) Es läßt sich jedoch noch Folgendes hinzufügen. Charaktereigenschaften, die an sich keine Fehler und durchaus nicht lächerlich, vielmehr

---

sondern muß immer in letzterem einen Anknüpfungspunkt haben, wie z. B. das lächerliche Mißverständniß in Moliere's Avare (Act 5. Sc. 3.), wo der Geizhals, der an Nichts anderes zu denken fähig ist, als an seine gestohlene Cassette, und in Jedem den Dieb sieht, die Worte des Valère, des Liebhabers seiner Tochter: Nous nous sommes promis une foi mutuelle et avons fait serment de ne nous point abandonner Nous nous sommes engagés d'être l'un à l'autre à jamais. Rien que la mort nous peut séparer; — c'est d'une ardeur toute pure et respectueuse que j'ai brûlé pour elle u. s. w. auf seine gestohlene Cassette bezieht und in diesem Sinne alle Worte des Valère deutet, der immer nur seine Geliebte im Sinne hat. Hier ist das Mißverständniß ein nothwendiges, durch den Charakter des Harpagon motivirtes, da ihn sein blos auf's Geld gerichteter Sinn an nichts anderes, als eben an dieses denken und daher Alles auf dieses beziehen läßt. Sein Koch und Kutscher Jacques spricht von Sengen, Sieden, Hängen; alsbald bezieht er es auf den Dieb, während Jener sagt: Je parle d'un cochon de lait que votre intendant me vient d'envoyer, et je veux vous l'accommoder à ma fantasie.

*) Lessing sagt: „Ein komischer Dichter, welcher in einem Charakter ein gewisses Laster recht verabscheuungswürdig und lächerlich abmalen will, der wird nimmermehr seinen Zweck glücklich erreichen, wenn er niemals dabei die Natur ein wenig aus den Augen verlieren will. Wenn er nichts auf das Theater bringt, als was er in der einfachen Natur findet, so wird er seinen Zuschauern nichts zu sehen und zu hören geben, als was man alle Tage sieht und hört. Wer besucht aber deswegen den Schauplatz, damit er das daselbst antreffe, was er außer demselben mehr als zu häufig findet? Er muß also ungewöhnliche Züge in seine Charaktere einmischen, wenn er die Aufmerksamkeit der Zuschauer auf sich ziehen will. Was ist aber das Ungewöhnliche anderes, als eine Abweichung von dem Natürlichen? . Eine Comödie, in welcher Scherz und zum Lachen bewegende satirische Charaktere, Reden und Handlungen fehlen, kann unmöglich eine Comödie heißen, so lange Aristophanes, Plautus und Moliere gute Muster sind. Und daß sie es sind, das wagt doch wohl noch kein Kunstrichter so schlechthin zu leugnen. Das wesentliche Schöne aber in dieser ihren Lustspielen sind die überaus lächerlichen Abschilderungen der menschlichen Fehler. Und mit was für Grunde wollte man leugnen, daß diese gerades Weges zum Hauptzweck des komischen Theaters führen, welcher ist, die Laster durch das Abgeschmackte, welches sie an sich haben, bei den Menschen verhaßt zu machen?"
(In den Beiträgen zur Hist. u. Aufnahme des Theaters.)

lobenswerthe Tugenden sind, wie Sparsamkeit, Freimüthigkeit,
Selbstgefühl; oder Bescheidenheit, Empfindsamkeit, Schamhaftig=
keit u. s. w., werden im Leben oft dadurch zu Fehlern und
machen sich lächerlich, daß sie übertrieben und einseitig wirken,
ins Extrem ausarten und überall auch da sich hervordrängen
und geltend machen, wo sie nicht am rechten Orte sind, wo
vielmehr ganz andere, ja entgegengesetzte Eigenschaften erfordert
werden. So wird aus Sparsamkeit Geiz, aus Freimüthigkeit
Grobheit, aus Selbstgefühl Hochmuth, aus Bescheidenheit Selbst=
erniedrigung, aus Empfindsamkeit sentimentale Winselei, aus
Schamhaftigkeit Prüderie, — und alsbald ist mit der Ueber=
treibung auch die Lächerlichkeit da. Denn solche über=
triebene, in's Extreme ausartende Charaktere *) schlagen Alles
über einen Leisten, behandeln alle, auch noch so heteroge=
nen Fälle auf dieselbe Weise, übertragen auf die verschieden=
sten Realitäten dieselben einseitigen und bornirten Begriffe.
Der Geizige knickert also auch da noch, wo es gerade gilt, sich
liberal zu zeigen, beim Bewirthen von Gästen; der übertrieben
Freimüthige sagt auch da seine Meinung gerade heraus, wo es
gilt, dieselbe zu verbergen oder doch wenigstens zu mildern;
der übertrieben Bescheidene ist auch dann noch bescheiden, wo es
gilt, Selbstgefühl zu zeigen, wenn man ihn nämlich beschimpft;
der Hochmüthige ist auch da noch hochmüthig, wo er Ursache
hat demüthig zu sein; die Empfindsame zerschmilzt vor Weh=
muth beim Tod einer Fliege und die Prüde erschrickt über das
unschuldigste Wort wie über die gröbste Zote. Die Einseitigkeit
des Charakters hat nämlich Bornirtheit des Verstandes zur Folge,
und überall, wo letztere waltet, ist, wie wir schon gesehen haben,
reichlicher Stoff zum Lachen. Die Comödie hat also nicht
nöthig, künstlich zu übertreiben, sondern sie braucht sich nur
solche Charaktere aufzusuchen, die an sich schon übertrieben sind
und braucht dieselben alsdann nur consequent auszubilden und
in solche Situationen zu versetzen, wo ihre ganze Lächerlichkeit
an den Tag kommt. Sollte es auch im Leben solche consequent
ausgebildete Narren nicht geben, so schadet das Nichts. Denn

---

*) Dum vitant stulte vitia, in contraria currunt.

Hor. Sat. I. 2. 24.

die Comödie hat nicht gerade nur zu zeigen, was die Menschen sind, sondern was aus ihnen werden kann, wenn gewisse Eigenschaften einseitig wirken und sich nicht durch die andern, zugehörigen ergänzen. Mag der Zuschauer beim Anblick des übertriebenen Comödienhelden immerhin sagen: Das bin ich nicht! so zeigt ihm doch der Dichter: Das kannst Du werden, wenn Du Dich nicht vor Einseitigkeit in Acht nimmst. Und gerade hierin besteht der Nutzen der Comödie. Sie warnt den Zuschauer durch Uebertreibung vor der Uebertreibung; sie heilt durch Narrheit von der Narrheit.

„Der wahre allgemeine Nutzen der Comödie, sagt Lessing, liegt in dem Lachen selbst, in der Uebung unserer Fähigkeit das Lächerliche zu bemerken; es außer allen Bemäntelungen der Leidenschaft und der Mode, es in allen Vermischungen, mit noch schlimmern oder mit guten Eigenschaften, sogar in den Runzeln des feierlichen Ernstes, leicht und geschwind zu bemer= ken. Zugegeben, daß der Geizige des Molière nie einen Gei= zigen, der Spieler des Regnard nie einen Spieler gebessert habe; eingeräumt, daß das Lachen diese Thoren gar nicht bessern könne: desto schlimmer für sie, aber nicht für die Co= mödie. Ihr ist genug, wenn sie keine verzweifelte Krankheiten heilen kann, die Gesunden in ihrer Gesundheit zu befestigen. Auch dem Freigebigen ist der Geizige lehrreich; auch dem, der gar nicht spielt, ist der Spieler unterrichtend; die Thorheiten, die sie nicht haben, haben andere, mit welchen sie leben müssen; es ist ersprießlich, diejenigen zu kennen, mit welchen man in Collision kommen kann; ersprießlich, sich wider alle Eindrücke des Beispiels zu verwahren. Ein Präservativ ist auch eine schätzbare Arznei; und die Moral hat kein kräftigeres, wirk= sameres, als das Lächerliche." (Dramaturgie 29. Stück.)

Der Nutzen der Comödie ist zwar zunächst nur ein intel= lectueller, theoretischer; denn sie weckt und schärft unmittelbar nur die Urtheilskraft, indem sie das Falsche und Verkehrte als falsch und verkehrt erkennen läßt und dadurch das Wahre und Richtige zum Bewußtsein bringt. Aber mittelbar wirkt sie durch diese Bildung des Urtheils auch praktisch; denn die geistige Erhebung über verkehrte Sitten und Gewohnheiten ist die erste Bedingung, sich auch leiblich oder praktisch von ihnen loszumachen. Worüber man lacht, darüber hat man sich geistig schon erhoben, worüber man sich aber geistig schon erhoben, was man sich objectiv gemacht hat, davon hat man sich innerlich schon befreit, hat es aus sich herausgearbeitet, und die äußerliche Befreiung ist alsdann nicht mehr so schwer. Ist erst Etwas in der Meinung gesunken, dann wird es bald auch in der Wirklichkeit fallen. So manche Thorheit ist schon auf diese Weise aus dem individuellen und öffentlichen Leben geschwunden und so manche wird noch daraus schwinden. Gute, die herrschenden Zeitvorurtheile, Thorheiten und Verkehrtheiten geißelnde Comödien sind daher ein sehr wichtiges Bildungs- und Erziehungsmittel. Sie sind die Vorläufer einer, wenn auch nicht moralisch bessern, doch verständigern und vernünftigern Zeit. Die Comödie ist von allen Gattungen der Poesie gerade diejenige, die am meisten auf die jedesmalige Zeit Rücksicht zu nehmen hat. Vorurtheile und Verkehrtheiten, die die Menschheit längst abgelegt hat, dürfen nicht mehr auf die Bühne gebracht werden. Damit aber die Comödie ihre wichtige Mission für die Zeit erfüllen und derselben den Spiegel vorhalten könne, worin sie ihre Flecken und Runzeln, ihren Zopf und ihre lange Nase erblicke, muß der Spott vom Staate frei gegeben sein, wie er es noch zur Zeit des Aristophanes war. Wo der Komus angefesselt ist, da kann die Comödie nicht gedeihen. Daß ihn aber Jeder, so gern er auch über Andere lacht, anzufesseln sucht, wenn er sich gegen ihn selbst wenden will, ist nicht zu verwundern. Denn Nichts fürchtet man mit Recht so sehr, als lächerlich gemacht zu werden. Wem wir das Recht zugestehen, sich über uns zu moquiren, dem gestehen wir eben damit das Recht zu, uns unsere Borniretheit, unsern Unverstand und dagegen seine eigene geistige Ueberlegenheit fühlbar zu machen. Rousseau sagt in seinen Confessionen: „Ce n'est pas ce qui est criminel qui coûte le plus a dire, c'est qui est ridicule et honteux," d. h. man gesteht lieber seine Schlechtigkeit, als seine Lächerlichkeit ein. Aber eben, weil dieses so ist, weil der Spott so vernichtend wirkt, darum sollte man ihn auch gegen alles Dasjenige frei lassen, was an sich lächerlich ist und durch Spott vernichtet zu werden verdient.

XII.

Ueber Contraste.

Käme es in der Kunst blos darauf an, Einförmigkeit und
Monotonie zu vermeiden, Wechsel und Mannigfaltigkeit und
dadurch Leben in das Kunstwerk zu bringen, so würde dieses
schon durch bloße Verschiedenheit der dargestellten Gestalten,
Charaktere, Stimmungen und Handlungen erreicht werden, ohne
daß es dazu eines Gegensatzes bedürfte. Mit der bloßen
Verschiedenheit begnügen wir uns aber nicht, wir wollen, wo
möglich, auch Gegensätze, und haben an einen einzigen ge=
schickt angebrachten, natürlich sich ergebenden Gegensatz eine
tiefere und innigere Freude, als an allem noch so reichen und
und mannigfaltigen Wechsel blos verschiedener Gestalten.
Im Don Quixote ist sicherlich eine große Mannigfaltigkeit von
Abenteuern, und doch erregen diese alle zusammen genommen
nicht das Interesse, wie der einzige durchgreifende Gegensatz
zwischen dem Idealismus Don Quixote's und dem Realismus
Sancho Pansa's.

Dieses Vergnügen an Gegensätzen ist Freude an der durch
sie uns gewährten Erkenntniß. Denn Nichts läßt uns einen
so tiefen Blick in das innere Wesen eines Dinges thun, als
die Beleuchtung durch sein Gegentheil. Nicht unter Verschie=
denen, sondern unter Entgegengesetzten wird Etwas erst als das
erkannt, was es ist. Eine Eiche z. B., unter noch so vielen und
verschiedenen Eichen gesehen, bringt uns die wesentlichen, charak=
teristischen Eigenschaften der Eiche nicht so zum Bewußtsein, wie
gegenüber dem schwankenden Rohr. Daher die Freude, die

uns die Benutzung dieses Contrastes in Lafontaine's lehr=
reicher Fabel: Le Chêne et le Roseau, macht, in der die
Eiche das Rohr beklagt:

Vous avez bien sujet d'accuser la Nature

Un Roitelet pour vous est un pesant fardeau.

Le moindre vent qui d'aventure

Fait rider la face de l'eau

Vous oblige à baisser la tête:

Cependant que mon front, au Caucase pareil,

Non content d'arrêter les rayons du soleil,

Brave l'effort de la tempête.

Tout vous est aquilon, tout me semble zéphir, etc.

Hierauf das Rohr:

Vôtre compassion, lui répondit l'arbuste,

Part d'un bon naturel; mais quittez ce souci:

Les vents me sont moins qu'à vous redoutables.

Je plie et ne romps pas. Vous avez jusqu'ici

Contre leurs coups épouvantables

Resisté sans courber le dos:

Mais attendons la fin. Comme il disoit ces mots,

Du bout de l'horizon accourt avec furie

Les plus terrible des enfans

Que le nord eût porté jusque-là dans ses flancs.

L'Arbre tient bon; le Roseau plie:

Le vent redouble ses efforts,

Et fait si bien qu'il déracine

Celui de qui la tête au ciel étoit voisine,

Et dont les pieds touchoient à l'empire des morts.

Wie hier, in der Entgegensetzung der Eiche gegen das
Rohr, die Eigenschaften des Festen und Schwankenden, des
Starren und Biegsamen, einander gegenseitig beleuchten; so
lernen wir überhaupt von Jedem, wozu es ein Entgegengesetztes
gibt, seinen wesentlichen eigenthümlichen Charakter erst durch den
vergleichenden Blick auf sein Gegentheil recht kennen. Opposita
juxta se posita magis elucescunt. Ein Mann, unter noch so
verschiedenen Männern erblickt, ein Kind unter noch so ver=
schiedenen Kindern, eine Schöne unter noch so verschiedenen
Schönen, ein Gesunder unter noch so verschiedenen Gesunden,
ein Leidenschaftlicher unter noch so verschiedenen Leidenschaft=
lichen, ein Kluger unter noch so verschieden Klugen, ein Guter
unter noch so verschiedenen Guten — gewährt die Erkenntniß nicht,

und macht den tiefen Eindruck nicht, wie der Mann neben dem Weibe gesehen, das Kind neben dem Greise, die Schöne neben der Häßlichen, der Gesunde neben dem Kranken, der Leidenschaft=liche neben dem Apathischen, der Kluge neben dem Dummen, der Gute neben dem Bösen u. s. w.

Dieses fühlend, haben daher auch von jeher die Genies aller Nationen, wo es anging, Contraste in ihren Werken angebracht, um durch sie ihren Gegenstand in das hellste Licht zu setzen, die Wahrheit, die sie lehren wollten, recht anschaulich oder das Gefühl, das sie erwecken wollten, recht eindringlich zu machen. Wie die Natur dadurch, daß sie uns leidensfähig gemacht und vielfach Gelegenheit zu Leiden bereitet hat, das Gefühl der Lebensfreuden erhöht; so erhöht auch die Kunst den Geschmack dessen, was sie uns bietet, dadurch, daß sie ihm das Salz des Contrastes beimischt *).

Treffliche, d. h. wahre, ungezwungene, ungekünstelte, aus

---

*) Nur schlechte Köche salzen zu viel. So auch die schlechten Nachahmer der Genies (imitatorum servum pecus), die es sich abgemerkt haben, welche vortreffliche Wirkung diese durch Contraste hervorbringen und nun eine Jagd auf Contraste machen, die uns allen Genuß verleiden muß, da sie das Mittel zum Zweck, das Salz zur Hauptspeise macht. Montesquieu hat daher in seinem „Essai sur le goût dans les choses de la nature et de l'art", in dem Capitel „des contrastes", sehr richtig bemerkt, daß der Künstler durch das beständige Haschen nach Contrasten gerade in Einförmigkeit verfällt, statt ihr zu entgehen: „Comme nous avons dit que la variété que l'on a cherché a mettre dans le gothique lui a donné de l'uniformité, il est souvent arrivé que la variété que l'on a cherché à mettre par le moyen des con-trastes est devenue une symmetrie et une vicieuse uniformité. Ceci ne se sent pas seulement dans de certains ouvrages de sculpture et de pein-ture, mais aussi dans le style de quelques écrivains, qui, dans chaque phrase, mettent toujours le commencement en contraste avec la fin par des antitheses continuelles, tels que saint Augustin et autres auteurs de la basse latinité, et quelques uns de nos modernes, comme Saint-Evremont. Le tour de phrase toujours le même et toujours uniforme déplait extrê-mement; ce contraste perpétuel devient symmétrie, et cette opposition toujours recherchée devient uniformité Bien des peintres sont tombés dans le défaut de mettre des contrastes par-tout et sans ménagement; de sorte que, lorsqu'on voit une figure, on devine d'abord la disposition de celles d à côte: cette continuelle diversité devient quelque chose de semblable. D'ailleurs la nature, qui jette les choses dans le désordre, ne montre pas l'affectation d'un contraste continuel."

der Natur der Sache sich ergebende Contraste findet man bei den großen Dichtern aller Nationen, bei Homer, Sophokles, Horaz, Cervantes, Shakespeare, Göthe und Schiller. Diese muß man sich also zum Muster nehmen.

Wie tritt doch z. B. bei Homer die geistige Gewandtheit des Odysseus in das hellste Licht gegenüber der kolossalen, aber erzdummen Körperstärke des Cyklopen Polyphem (im 9. Gesang der Odyssee). Dieser Contrast zwischen List und Kraft, geistiger und materieller Stärke, ist sehr lehrreich und ergötzlich. Andrerseits tritt wieder auch die ungebrochene Körperstärke des Odysseus in ein helles Licht gegenüber der Kraftlosigkeit der verweichlichten Freier, beim Bogenspannen (im 21. Gesang). Der Freier wilde Ausgelassenheit und Verblendung bildet einen tragischen Contrast zu ihrem nahen, vom Seher Theoklymenos im Gesichte geweissagten Ende:

> Ach was trifft euch für Leid, Unglückliche? Dunkel in Nacht ja
> Sind euch Haupt und Antlitz gehüllt, und unten die Glieder!
> Wehklag' hat sich empört, naß sind von der Thräne die Wangen!
> Blut auch sprengte die Wänd', und jegliche schöne Vertiefung!
> Voll ist schwebender Schatten die Flur, und voll auch der Vorhof,
> Die zum Erebos eilen in Finsterniß! Aber die Sonn' ist
> Ausgelöscht am Himmel, und rings herrscht gräßliches Dunkel.
>
> (Od. 20, 351—357.)

Bei Sophokles wird der Charakter der Antigone durch den der Ismene, der Heldenmuth jener durch die Verzagtheit dieser gehoben. Im Philoklet desselben bildet die offene, der List widerstrebende Geradheit des jungen Neoptolemos einen schönen Contrast zu dem in allerlei List heimischen, vor keinem Trug zurückschreckenden Sinn des Odysseus.

Eine vollständige und geordnete Beispielsammlung von poetischen Contrasten, wie sie bei den großen Dichtern aller Nationen vorkommen, wäre gewiß kein unverdienstliches Werk. Ich führe hier nur noch einige an, wie sie mir gerade einfallen. In Shakespeare's „Julius Cäsar" bildet der Charakter des Brutus zu dem des Cassius einen lehrreichen Contrast. Beide zwar sind darin einig, daß sie als Verschworne dem Cäsar entgegen treten; aber unter dieser äußern Gleichheit waltet, wie dies häufig auch im Leben der Fall ist, ein tiefer innerer Gegensatz. Des Brutus edler, offener, nur den patriotiſchen Zweck im Auge habender Charakter ſticht ſcharf ab gegen die neidiſche, eiferſüchtige, mißgünſtige Geſinnung des Caſſius. Solche Contraſte unter den dem Anſcheine nach Gleichen ſind lehrreich und überraſchend, eben weil ſie den Gegenſatz des innern Weſens unter der Gleichheit der äußern Erſcheinung aufdecken.

Unter den lyriſchen Dichtern iſt beſonders Horaz reich an Contraſten. Gleich in der erſten Ode des erſten Buchs, an Mäcenas, finden wir auf der einen Seite die nach dem Olym=piſchen Siege, nach hohen Ehrenſtellen, nach Reichthum, nach dem Beſitz von Aeckern, nach fröhlichen Gelagen, nach Krieg und Jagd Trachtenden, und auf der andern Seite den Dichter:

> Me doctarum ederae praemia frontium
> Dis miscent superis: me gelidum nemus
> Nympharumque leves cum Satyris chori
> Secernunt populo etc.

(Scheller: Mich erhebet das Laub, welches die Dichter kränzt,
Zu den Göttern empor, sondert der kühle Hain
Ab vom Volk' und der leichtſchwebende Nymphentanz
Mit den Satyrn.)

Die 28. Ode des 1. Buchs fängt mit dem rührenden Gegenſatz an:

> Te maris et terrae numeroque carentis arenae
> Mensorem cohibent, Archyta,
> Pulveris exigui prope litus parva Matinum
> Munera: nec quidquam tibi prodest
> Aërias tentasse domos, animoque rotundum
> Percurrisse polum, morituro.

(Den, der früher die Räume des Himmels durchmeſſen, engt jetzt eine Hand voll Staubes ein.)

In der 10. Ode des 2. Buchs ſind, wie öfter bei Horaz, die Extreme einander entgegengeſetzt, um die richtige Mitte zwiſchen beiden zu zeigen.

> Rectius vives, Licini, neque altum
> Semper urgendo, neque, dum procellas
> Cautus horrescis, nimium premendo
> Litus iniquum.
>
> Auream quisquis mediocritatem
> Diligit, tutus caret obsoleti
> Sordibus tecti, caret invidenda
> Sobrius aula.

(Besser thut, wer weder stets zur Meereshöhe hinausteuert, noch scheu vor Stürmen sich ans Ufer drängt, sondern die goldene Mittelstraße liebt; denn der ist frei vom Schmutz der morschen Hütten, wie von dem beneideten Glanz der Schlösser.)

Ich mache noch auf die 18. Ode des 2. Buches aufmerksam, wo der Glanz des Reichen einen schneidenden Contrast bildet zu dem daraus entspringenden Elend seines Clienten:

> Tu secanda marmora
>> Locas sub ipsum funus etc.
> Quid? quod usque proximos
>> Revellis agri terminos, et ultra
> Limites clientium
>> Salis avarus; pellitur paternos
> In sinu ferens Deos
>> Et uxor, et vir, sordidosque natos.

Nach Scheller's Uebersetzung:

> Du läß'st Marmor brechen hart
>> Am Grabesrande, und erbaust Paläste
>> Deines Tods uneingedenk;
> Des Meeres Küsten, gegen Bajä rauschend,
>> Strebst du zu verdrängen, nicht
>> Genug bereichert mit dem festen Lande.
>> Ja noch mehr — o du verrückst
> Die Nachbargrenzen deiner Ackerfelder,
>> Springst voll Habsucht über der
> Clienten Schwellen: Weib und Gatte werden,
>> Ihre nackten Kinder und
> Der Väter Götter an der Brust — vertrieben! —

Unter den neuern lyrischen Dichtern ist Schiller reich an Contrasten. Welche Gegensätze knüpft er an die Glocke an! In der „Würde der Frauen" läßt er auf jede Strophe, in der er die weiblichen Eigenschaften preist, eine mit dem Gegenbilde der männlichen folgen. In den „Idealen" stellt er die rauhe Wirklichkeit den Träumen entgegen, die einst das trunkne Herz geschwellt:

> Wie wenig, ach! hat sich entfaltet;
> Dies Wenige, wie klein und karg!

Im Spaziergang wird der Gegensatz zwischen Natur und Cultur, in der Theilung der Erde der Gegensatz zwischen dem Realismus der Weltmenschen und dem Idealismus der Poeten, in den

Göttern Griechenlands der Gegensatz zwischen der antifen phan=
tasievollen und der modernen phantasielosen (vergötternden und
entgötternden) Weltansicht in scharfen Antithesen zur Anschauung
gebracht. Auch in Schiller's dramatischen Werken fehlt es nicht
an lehrreichen und ergreifenden Contrasten.

Im Drama sind, je nachdem es Comödie oder Tragödie
ist, die Contraste entweder komische oder tragische. Worin das
Wesen der komischen Contraste besteht, ist in dem Capitel über
das Komische gezeigt, wo auch Beispiele von komischen Contrasten
gegeben sind. Die tragischen Contraste sind besonders dann
lehrreich, wenn gleichberechtigte Eigenschaften und Interessen,
die sich einander zu ergänzen bestimmt wären, in eigensinniger
hartnäckiger Einseitigkeit sich feindlich entgegentreten und dann
durch das Verderbliche ihrer Einseitigkeit die Wahrheit zum Be=
wußtsein bringen, daß einseitige Tugenden Fehler sind, einseitiges
Recht zum Unrecht wird. Denn es gibt gewisse Eigenschaften,
die nur in ihrer Ergänzung durch die entgegengesetzten heilsam,
in Bekämpfung derselben hingegen verderblich wirken, wie z. B.
Strenge und Milde, Begeisterung und Besonnenheit, Festigkeit
und Fügsamkeit u. s. w. So wie Göthe uns im Tasso gezeigt,
daß die in zwei Gespaltenen (Tasso und Montecatino) nur
darum Feinde sind, „weil die Natur nicht Einen Mann aus
ihnen Beiden formte," — in diesem Sinne, meine ich, sollten
uns die Tragödien=Dichter öfter das Verderbliche der Einseitig=
keit durch tragische Contraste anschaulich zum Bewußtsein bringen.

Im Idyll dürfen entgegengesetzte Eigenschaften und Inter=
essen nur vorübergehend, zur Würze des Ganzen, in Conflict
gerathen, wie z. B. in Göthe's Herrmann und Dorothea, wo Vater
und Mutter, Vater und Sohn streiten. Hier ist es angemessen,
daß eine über den feindlichen Parteien stehende, mit Auto=
rität begabte und Vertrauen genießende Person, wie der Pfar=
rer, die Rolle des Vermittlers übernehme, die Extreme auf
ihr richtiges Maß zurückführe und so aus dem Unfrieden den
Frieden wieder herstelle.

Während in der Tragödie die Contraste abschreckend wirken,
indem die feindselig Contrastirenden sich gegenseitig aufreiben,
sollen sie im Idyll ein anziehendes Bild harmonischer Ergänzung

gewähren. Mann und Weib, Eltern und Kinder, Herr und Diener u. s. w. sollen uns hier in schönem, friedlichen, einträchtigen Zusammenleben und Zusammenwirken entgegentreten. Reibungen und Conflicte dürfen daher nur vorübergehend vorkommen; auch dürfen es nicht schwere, wichtige Interessen sein, die zu einander in Gegensatz treten.

Was die Form der Gegensätze betrifft, so sind dieselben entweder räumliche oder zeitliche, neben oder nach einander auftretende. Im Drama kommen beide Formen vor. Der Held des Stückes wird uns neben seinem Gegner in einem gleichzeitigen Contrast gezeigt, das Ende seiner Laufbahn hingegen bildet zu dem Anfang derselben einen nachfolgenden Contrast.

Die bildenden Künste in ihrem räumlichen Material können wohl gleichzeitige, neben einander bestehende Contraste geben, aber nicht nach einander folgende, wie die Poesie und Musik, die sich zeitlich consecutiver Darstellungsmittel bedienen. Der Umschlag des Glücks und der Freude in Unglück und Trauer, wie ihn uns Poesie und Musik in einem Stücke zur Anschauung bringen, könnte in der bildenden Kunst nur durch zwei verschiedene, neben einander gestellte Stücke wiedergegeben werden, wovon das eine das Moment der Freude, das andere das der Trauer darstellte; den dazwischen liegenden Verlauf hätte sich dann die Phantasie zu ergänzen, so z. B. wenn der Contrast zwischen den zechenden, jubelnden und den von den Pfeilen des Odysseus hingestreckten Freiern der Penelope, oder der Contrast zwischen dem lustigen und dem von steinernen Gast besuchten Don Juan, der Contrast zwischen dem leidenschaftlich liebenden und dem tödtlich hassenden Othello oder der zwischen dem unschuldigen und dem schuldigen Gretchen zur Anschauung gebracht werden sollte.

Der Poesie gewähren ihre zeitlich consecutiven Darstellungsmittel noch den Vortheil, daß sie bei Schilderung eines Gegenwärtigen, durch Vergleichung mit dem dagegen contrastirenden Vergangenen einen lebhaftern und tiefern Eindruck hervorbringen kann, als die bildenden Künste, denen solche Parallele in ihrem räumlich fixirenden Material versagt ist. So kann der Dichter z. B. die Schilderung des eisernen Zeitalters durch Vergleichung mit dem dahingeschwundenen goldenen, die des Friedens durch

Vergleichung mit dem vorhergegangenen Kriegszustand, die des Frühlings durch Vergleichung mit dem vergangenen Winter heben. Der Maler kann aber immer nur das eine von beiden Entgegengesetzten auf einem Bilde geben. Ein Maler z. B., der eine Frühlingslandschaft malt, kann eben auf dem Bilde nur den Frühling geben; vom Winter darf nichts mehr auf demselben vorkommen. Hingegen kann der Dichter die Schilderung des Frühlings dadurch heben, daß er an den verschwundenen Winter erinnert und das flüssig gewordene, neu erwachte Leben vergleicht mit dem starren, eisigen im Winter, wie Horaz in der 4. Ode des 1. Buches thut:

> Solvitur acris hiems grata vice veris et Favoni.
> Trahuntque siccas machinae carinas.
> Ac neque jam stabulis gaudet pecus, aut arator igni:
> Nec prata canis albicant pruinis.
> Jam Cytherea choros ducit Venus etc.

(Scheller: Sanfterem Lenzhauch weicht unfreundlicher Winter und dem Weste;
Hinab ins Meer senkt man die trocknen Schiffe;
Nicht mehr hütet die Stallung das Vieh, und den Heerd nicht mehr
der Landmann;
Die Au erglänzt nicht mehr von weißem Reise
Schon führt Venus Cythere den Reigen im Mondenglanz u. s. w.)

Eben so kann uns der Maler, wenn er einen von der Höhe seines Glücks in tiefes Unglück gestürzten Helden malt, auf dem Bilde eben nur das gegenwärtige Unglück, die Leiden, das Elend, die Schmach, in der sich der Gestürzte befindet, zur Anschauung bringen; der Dichter aber kann alles dieses heben durch die Erinnerung an das frühere Glück, den frühern Ruhm, die frühere Größe des Helden. Er kann also da Contraste anbringen, wo in der räumlichen Darstellung der bildenden Künste nur eines der beiden contrastirenden Momente zur Anschauung kommen kann.

XIII.

Zwei Kennzeichen des ächten Kunstwerks.

———

Im ächten Kunstwerk ist jeder Theil und seine Stellung zu den übrigen Theilen so nothwendig durch den Plan des Ganzen bestimmt, wie im lebendigen Organismus; so daß in jenem so wenig, wie in diesem, sich ein Theil verrücken, versetzen, verändern oder herausreißen ließe, ohne daß dadurch das Ganze entstellt oder zerstört würde. Denn das Ganze ist hier nicht hinterher aus den vorher für sich bestehenden Theilen zusammengesetzt, sondern entwickelt und gliedert sich von Innen heraus zu einer Mannigfaltigkeit, die es schon vorher in seinem Keime, wenn auch noch unentwickelt, enthielt.

Leider aber gibt es eine Sorte von Künstlern, oder richtiger Fabrikanten, bei denen die Werke nicht organisch, durch Entwicklung aus einem Keime von Innen heraus, sondern mechanisch, durch Zusammensetzung von Außen, zu Stande kommen. Die Theile haben sie früher, als das Ganze, in der Hand, und hinterher erst suchen und studiren sie, wie sich wohl ein Ganzes daraus machen ließe. So trägt mancher Dramatiker einzelne Chäraktere, Handlungen und Situationen mit sich im Kopfe herum, die er gern, weil sie ihm theatralisch, effectvoll scheinen, auf die Bühne bringen möchte und für die er daher eine Verbindung erdichtet, die alles Zusammenhanges, aller Wahrscheinlichkeit und innern Nothwendigkeit entbehrt. An solchem Machwerk arbeiten manchmal, wie besonders in Frankreich vorkommt, Mehrere, so wie an einer Uhr oder sonstigen Maschine. Daher man auch solchem Stück, das selbst aus lauter Stücken besteht, anmerkt, daß es ganz anders sein, daß dieser oder jener Theil ganz fehlen könnte, ja daß das Ganze nicht zu sein brauchte; während man bei dem ächten Kunstwerk fühlt, daß es durch und durch nothwendig ist, daß es nicht nicht und nicht anders sein kann, weil ein innerer Trieb es ins Leben gerufen.

In der That gibt es kein besseres Unterscheidungsmittel des ächten vom schlechten Kunstwerk, als die Prüfung nach Nothwendigkeit und Zufälligkeit. Alle schlechten Machwerke tragen das Gepräge der Zufälligkeit an sich; denn abgesehen davon, daß äußere Zwecke, wie Geld oder Ehre, es sind, die zu ihrer Schöpfung begeistern, so stehen auch ihre Theile an sich in keiner innern nothwendigen Beziehung zu einander, denn sie werden äußerlich zusammengebracht; das ächte Kunstwerk hingegen trägt den Zweck, der es ins Leben gerufen, in sich selbst, und aus diesem innerlich schaffenden Principe, dieser inwohnenden Seele des Ganzen, geht zugleich die Gliederung der Theile mit strenger Nothwendigkeit hervor, so daß sich auch nicht das kleinste Glied verrücken oder herausnehmen ließe, ohne daß das Ganze dadurch verstümmelt würde.

Zu dieser objectiven Einheit kommt, als zweites Kriterium, die subjective, in die es den Beschauer versetzt, indem es nicht einseitig nur die Sinne, oder den Verstand, oder die Phantasie, oder das Gemüth beschäftigt, sondern die verschiedenen Seelenkräfte harmonisch anregt, durch das Anschauliche (Sicht- oder Hörbare) zu denken und durch das Gedachte zu fühlen gibt. Daher der mächtige Eindruck, den gehaltvolle Kunstwerke vor allen andern, nur eine Kraft vorzugsweise anregenden Geistesproducten, vor rein sinnlichen oder rein begrifflichen Werken, machen. Das vollendetste Sinnen- oder Verstandes-, oder Gemüths-, oder Phantasieproduct gewährt doch nicht die volle Befriedigung, wie ein Kunstwerk, das alle die verschiedenen Saiten der Seele harmonisch anschlägt. Reine Sinnen- oder Phantasieproducte lassen, bei all dem Glanz ihrer Bilder und dem Reichthum ihrer bunten Gestalten doch kalt und verpuffen wie ein brillantes Feuerwerk, ohne eine tiefere Wirkung zu hinterlassen. Noch frostiger wirken reine Gedankenproducte, z. B. Allegorien, worüber man höchst lehrreiche

Bemerkungen bei Schopenhauer („Welt und Wille und Vor=
stellung" Bd. I. §. 50.) findet. Wiederum reine Gemüths=
und Gefühlsproducte, sentimentale Rührstücke, die nichts zu
denken und zu erkennen geben, wirken widerlich, wie das allzu
Süße; während rein didaktische Stücke, die viel zu erkennen,
aber wenig anzuschauen, zu imaginiren und zu fühlen geben,
den Eindruck des Trockenen, Dürren, Saftlosen machen. (Daher
auch in alle didaktischen Poesien erst die Episoden, in denen man
anzuschauen, zu imaginiren und zu fühlen bekommt, poetisches
Leben hineinbringen.) Dagegen die ächten, classischen, muster=
gültigen Werke der großen Meister aller Gattungen geben in
Einem anzuschauen, zu denken, zu imaginiren und zu fühlen.
In ihnen wirkt, wie Göthe sagt, die gesunde Natur des Men=
schen als ein Ganzes und bringt ein harmonisches Behagen
hervor. Da ist weder gedankenloser Bilderreichthum, noch bild=
loser Gedankengehalt; weder wird die Phantasie auf Kosten des
Verstandes, noch dieser auf Kosten jener befriedigt; da ist nicht
sentimentale Weinerlichkeit, noch gefühllose Kälte; weder roman=
tische Ueberschwenglichkeit, noch prosaische Gemeinheit.

XIV.

Zur Vergleichung der Künste.

Die wesentlichen Gattungen des ästhetisch Gefallenden: das Schöne und Charakteristische; das Erhabene und Anmuthige; das Tragische und Komische, oder wie immer man diese Gattungen bezeichnen möge; — alle diese sind keiner einzigen Kunst ausschließlich eigen, sondern gehören allen zu. Denn es gibt Gebäude im erhabenen und anmuthigen Styl, wie es erhabene und anmuthige Dichtungen und Musiken gibt; das Tragische und Komische läßt sich eben so in Werken der Sculptur, Malerei und Musik, wie in denen der Poesie ausdrücken. Also dem eigentlichen Was der Darstellung nach sind die Künste nicht verschieden.

Aber anders verhält es sich mit dem Wie der Darstellung. Hier gibt es Unterschiede, welche die Künste von einander sondern, und den einen möglich machen, was den andern unmöglich ist. Diese Unterschiede beruhen auf der Verschiedenheit des Materials, dessen sie sich zu ihren Darstellungen bedienen, und diese sind daher hier näher zu untersuchen.

Jedes Kunstwerk ist zwar wesentlich eine Einheit, ein Ganzes von harmonisch gegliederten Theilen; aber da es zwei grundverschiedene Arten von Einheiten gibt, nämlich räumliche, deren Theile neben einander liegen, und zeitliche, deren Theile nach einander folgen, oder coexistirende und successive Einheiten; so ist klar, daß die Künste, die sich des räumlichen Materials bedienen, unmittelbar auch nur ein räumlich coexiſtirendes, diejenigen hingegen, die ſich des zeitlichen Materials bedienen, unmittelbar nur ein zeitlich conſecutives Ganzes geben können.

Ich ſage ausdrücklich: unmittelbar, damit man nicht meine, den bildenden Künſten, die ſich des räumlichen Materials bedienen, ſei es überhaupt unmöglich, ein zeitlich conſecutives Ganzes, und der Poeſie und Muſik, die ſich des zeitlichen Materials bedienen, unmöglich, ein räumlich coexiſtirendes Ganzes zu veranſchaulichen.

Freilich, wenn man eine Kunſt blos auf Das beſchränken wollte, was ſie in ihrem Material unmittelbar geben kann, dann müßte man die Darſtellung von Empfindungen, Willensregungen und Handlungen, die eine zeitliche Folge haben, von den in räumliches Material bildenden Künſten, und die Veranſchaulichung eines räumlichen Ganzen, deſſen Theile ſimultan gegeben ſind, von den zeitlich conſecutiver Mittel ſich bedienenden Künſten, der Muſik und Poeſie, gänzlich ausſchließen.

Aber in der Kunſt hat man die unmittelbare Wirkung von der mittelbaren ſehr wohl zu unterſcheiden. Was eine Kunſt nicht unmittelbar geben kann, das vermag ſie doch mittelbar zu erreichen. Man darf alſo die Grenzen der Künſte keineswegs blos nach Dem beſtimmen, was eine jede in ihrem Material unmittelbar leiſten kann; denn ſonſt würden ſie viel zu eng ausfallen. Vielmehr muß man ins Auge faſſen, was einer Kunſt überhaupt erreichbar iſt, und innerhalb dieſes Umfanges muß man alsdann das nur mittelbar Erreichbare von dem unmittelbar Erreichbaren unterſcheiden.

Es heißt überhaupt das Weſen der Kunſt verkennen, wenn man ihr zumuthet, ſie ſolle Alles unmittelbar geben und dem Verſtand und der Phantaſie des Hörers oder Beſchauers nichts zu thun übrig laſſen. Wäre dieſes ihre Aufgabe, ſo dürfte die Malerei auf ihren Farbenflächen nicht körperliche Erhöhungen und Vertiefungen zeigen wollen, weil ſie Körperliches nicht unmittelbar geben kann, wie die Sculptur. Beide, die Malerei und Sculptur, dürften nicht Bewegungen und Handlungen der von ihnen dargeſtellten Körper und Figuren zeigen wollen, weil ſie es nicht unmittelbar können, wie die

Mimik und Tanzkunst. Alle Künste überhaupt, die ein äußerlich Sichtbares darstellen, dürften keine innern, unsichtbaren Vorgänge, Empfindungen und Gemüthsbewegungen, veranschaulichen wollen, weil sie es nicht unmittelbar können, wie Musik und Poesie. Kurz, die Kunst müßte ganz sclavisch das Natürliche und Wirkliche nachahmen. Die Statuen müßten also bemalt werden, und den Pantomimen wäre es unerläßlich zu sprechen.

Aber es kann die Aufgabe der Kunst nicht sein, die Sache selbst zu geben, wie sie in der Natur leibt und lebt, und in diesem Sinne die Wirklichkeit und Natürlichkeit nachzuahmen. Vielmehr hat sie das Ihrige gethan, wenn sie die Imagination so angeregt und ins Spiel versetzt hat, daß ihr die ideale Form die Sache deutlich und lebhaft vorschwebt.

Ein großer Theil des Vergnügens an Kunstdarstellungen beruht eben darauf, daß sie täuschen, d. h. daß sie Wahrheit ohne Wirklichkeit geben; und je mehr eine Kunst dies versteht, je mehr sie, trotz ihrer Entfernung von der materiellen Wirklichkeit, dennoch ideale Wahrheit gibt, desto größer ist das Vergnügen an ihren Werken; denn desto mehr gibt sie der Einbildung des Beschauers zu thun.

Die plumpe materielle Wirklichkeit kann den Zuschauer nicht in diejenige Illusion versetzen, die die Grundbedingung des ästhetischen Vergnügens ist. Es ahme z. B. ein Schauspieler einen Rasenden nach, so wollen wir zwar wahr und getreu den Rasenden vor uns sehen, wollen aber doch dabei das Bewußtsein haben, daß der Mensch nicht wirklich rasend ist. Ju dem Augenblicke, wo der Schauspieler auf uns den Eindruck mächte, als spiele er nicht blos den Rasenden, sondern sei selbst rasend geworden, (wie Lucian „über den mimischen Tanz" 83. sich erinnert, einst einen Tänzer gesehen zu haben, der die Rolle des Ajax zu spielen hatte, wie er, sogleich nachdem er in dem Streite um die Waffen des Achilles den Kürzern gezogen, in Raserei geräth, der dabei aber sich so geberdete, daß er nicht einen Rasenden darzustellen, sondern selbst rasend geworden zu sein schien), in demselben Augenblick ginge alle Illusion verloren.

Wahrheit und Täuschung bilden also in der Kunst keinen Widerspruch, sondern die Täuschung entspringt eben aus der formellen Wahrheit bei materieller Unwirklichkeit. „Illusion ist dasjenige Blendwerk, welches bleibt, ob man gleich weiß, daß der vermeinte Gegenstand nicht wirklich ist." (Kant in der Anthrop. §. 12.)

Je mehr stoffliche Wirklichkeit daher eine Kunst in ihrem Material gibt, desto geringer ist die Täuschung und desto geringer daher das Vergnügen an ihren Werken. Demgemäß findet eine Stufenfolge in den Künsten statt, von der materiellsten, stofflichsten an, die, weil sie die Sache selbst gibt, den Beschauer am Wenigsten zur Selbstthätigkeit veranlaßt, bis zu der geistigsten, idealsten, die uns die reine Form der Sache bietet. Die Baukunst gibt uns die Sache selbst. Unter den bildenden Künsten ist die Sculptur noch stofflicher, der materiellen Wirklichkeit noch näher stehend, als die Malerei, erreicht daher in ihren Werken noch keinen so hohen Grad von Täuschung, als diese, und die Malerei wieder noch stofflicher, als die Poesie, welche letztere in ihrem geistigen Material sich am meisten an die Imagination wendet.

„Die zum Genuß eines Kunstwerks verlangte Mitwirkung des Beschauers beruht zum Theil darauf, daß jedes Kunstwerk nur durch das Medium der Phantasie wirken kann, daher es diese anregen muß und sie nie aus dem Spiel gelassen werden und unthätig bleiben darf. Dies ist eine Bedingung der ästhetischen Wirkung und daher ein Grundgesetz aller schönen Künste. Aus demselben aber folgt, daß durch das Kunstwerk nicht Alles geradezu den Sinnen gegeben werden darf, vielmehr nur so viel, als erfordert ist, die Phantasie auf den rechten Weg zu leiten: ihr muß immer etwas zu thun und zwar das Letzte zu thun übrig bleiben. Muß doch sogar der Schriftsteller stets dem Leser noch etwas zu denken übrig lassen; da Voltaire sehr richtig gesagt hat: le secret d'être ennuyeux, c'est de tout dire. In der Kunst aber ist überdies das Allerbeste zu geistig, um geradezu den Sinnen gegeben zu werden: es muß in der Phantasie des Beschauers geboren, wiewohl durch das Kunstwerk erzeugt werden .... Aus dem in Rede stehenden ästhetischen Grundgesetz wird ferner auch erklärlich, warum

Wachsfiguren, obgleich gerade in ihnen die Nachahmung der Natur den höchsten Grad erreichen kann, nie eine ästhetische Wirkung hervorbringen und daher nicht eigentliche Werke der schönen Kunst sind. Denn sie lassen der Phantasie nichts zu thun übrig. Die Sculptur nämlich gibt die bloße Form, ohne die Farbe; die Malerei gibt die Farbe, aber den bloßen Schein der Form: Beide also wenden sich an die Phantasie des Beschauers. Die Wachsfigur hingegen gibt Alles, Form und Farbe zugleich; woraus der Schein der Wirklichkeit entsteht und die Phantasie aus dem Spiele bleibt. — Dagegen wendet die Poesie sich sogar allein an die Phantasie, welche sie mittelst bloßer Worte in Thätigkeit setzt." (Arthur Schopenhauer „die Welt als Wille und Vorstell." II. S. 407.)

Dieses aber vorausgesetzt, so werden wir finden, daß Lessing, die Mitwirkung der Phantasie außer Acht lassend, die Grenzen der bildenden Künste in seinem Laokoon zu eng gezogen hat, wenn er daraus, daß der bildende Künstler „von der immer veränderlichen Natur nie mehr als einen einzigen Augenblick, und der Maler insbesondere diesen einzigen Augenblick auch nur aus einem einzigen Gesichtspunkte brauchen kann," folgert: „Erhält dieser einzige Augenblick durch die Kunst eine unveränderliche Dauer, so muß er nichts ausdrücken, was sich nicht anders als transitorisch denken läßt. Alle Erscheinungen, zu deren Wesen wir es nach unsern Begriffen rechnen, daß sie plötzlich ausbrechen und plötzlich verschwinden, daß sie das, was sie sind, nur einen Augenblick sein können; alle solche Erscheinungen, sie mögen angenehm oder schrecklich sein, erhalten durch die Verlängerung der Kunst ein so widernatürliches Ansehen, daß mit jeder wiederholten Erblickung der Eindruck schwächer wird, und uns endlich vor dem ganzen Gegenstande ekelt oder graut." (Laokoon III.)

Eine ähnliche Aeußerung findet sich auch in Heinse's Ardinghello. Dort sagt Einer der über die Kunst sich Unterredenden: „Alle blos bildende Kunst macht auch den stärksten Liebhaber und Besitzer über kurz oder lang zum Tantalus. Das schönste Bild, sei's auch eine Venus vom Praxiteles, wird endlich ein Schatten ohne Saft und Kraft, es regt und bewegt sich nicht, und verwandelt sich nach und nach wieder in den todten Stein, oder Oel und Farbe, woraus es gemacht war; und für den lebendigsten Menschen am geschwindesten. Ich glaube, daß, wenn die goldenen Zeiten der Griechen länger gedauert hätten, sie endlich alle Statuen würden ins Meer geworfen haben, um des unerträglich Todten, Unbeweglichen einmal ledig zu werden."

Als ob der todte, unbewegliche Stoff der Statuen und Gemälde den Beschauer hinderte, seinen Blick auf die diesem Stoff eingeprägte lebendige und bewegte Form zu richten, und als ob nicht gerade durch ein recht flüchtiges, transitorisches Moment Feuer und Leben in den kalten, todten Stoff gebracht würde! Die Erfahrung lehrt, daß völlig transitorische Zustände und Bewegungen, seien es körperliche, wie Laufen, Tanzen, Ringen, Fliegen, oder vorübergehende Gemüthsbewegungen, wie Angst, Schreck, Zorn, Scham, Reue, Staunen, in Stein und Farben auf so täuschende Weise zur Anschauung gebracht werden können, daß das örtlich Festhaftende des Materials über den lebendigen, bewegten Ausdruck der demselben eingeprägten Form ganz vergessen wird. Was kann wohl transitorischer sein, als der Zickzack des Blitzes; und doch wird Niemand auf einem Bilde den gemalten Blitz darum für einen unbeweglich feststehenden halten, weil das Gemälde unbeweglich feststeht. Der sich bewegende Gegenstand im Bildwerk oder Gemälde kann ja dadurch, daß der Stoff ein stabiler ist, nichts an seiner bewegten Form verlieren; denn worauf der Beschauer sein Augenmerk richtet, ist ja nicht der Stoff, sondern die Form. Keiner wird daher, weil das Bild des fliegenden Vogels auf der Leinwand festhaftet, auch den abgebildeten Vogel selbst für einen ruhenden, statt für einen fliegenden halten. Die erste Forderung, die man überhaupt an ein Kunstwerk zu richten hat, ist die, daß es in dem Anschauenden wirklich die Idee erwecke, die es erwecken soll und will, daß also, wenn z. B. die Idee eines im aufgeregten Meere von den Wellen gepeitschten Schiffes zur Anschauung gebracht werden soll, eben diese Idee auch wirklich zur Anschauung komme, und wenn umgekehrt die Idee der Meeresstille, ebenfalls wiederum diese in dem Beschauer erweckt werde. In welchem Material dies geschehe, ob in einem örtlich feststehenden, oder in einem zeitlich consecutiven, einem ruhenden oder beweglichen, dies kann zunächst ganz gleichgültig sein, wenn nur der Zweck erreicht wird. Es wäre lächerlich, zu behaupten, das aufgeregte Meer dürfe, weil es kein stillstehendes ist, nicht in einem Gemälde, dessen Farben festhaften, und umgekehrt die Meeresstille nicht in bewegten Tönen und Worten dargestellt werden. Solcher Theorien, die Alles nach ihren vorgefaßten Begriffen modeln wollen, spottet die wirkliche Kunst, die durch ihre Werke beweist, daß sie das aufgeregte Meer eben so täuschend in festgebannten Farben, wie umgekehrt die Meeresstille in consecutiv beweglichen Worten und Tönen, in der Poesie, zur Anschauung zu bringen vermöge. Wer wird z. B. behaupten, daß Göthe's Meeres= stille:

> Tiefe Stille herrscht im Wasser
> Ohne Regung ruht das Meer,
> Und bekümmert sieht der Schiffer
> Glatte Fläche rings umher.
> Keine Luft von keiner Seite!
> Todesstille fürchterlich!
> In der ungeheuren Weite
> Reget keine Welle sich.

weil in dem Versmaß eine zeitliche Folge von Hebungen und Senkungen, also keineswegs „glatte Fläche und Regungslosigkeit" stattfindet, nicht den Eindruck des stillen, sondern des bewegten Meeres mache?

Lessing führt, um das Unpassende der Darstellung eines transitorischen Zustandes in räumlich feststehendem Material zu beweisen, folgende Beispiele an: „La Mettrie, der sich als einen zweiten Demokrit malen und stechen lassen, lacht nur die ersten Male, die man ihn sieht. Betrachtet ihn öfter und er wird aus einem Philosophen ein Geck, aus seinem Lachen wird ein Grinsen. So auch mit dem Schreien. Der heftige Schmerz, welcher das Schreien auspreßt, läßt entweder bald nach, oder zerstört das leidende Subject. Wenn also auch der geduldigste, standhafteste Mann schreit, so schreit er doch nicht unabläßlich. Und nur dieses scheinbare unabläßliche in der Nachahmung der Kunst ist es, was sein Schreien zu weibischem Unvermögen, zu

144

kindischer Unleidlichkeit machen würde. Dieses wenigstens mußte
der Künstler des Laokoons vermeiden, hätte schon das Schreien
der Schönheit nicht geschadet, wäre es auch seiner Kunst schon
erlaubt gewesen, Leiden ohne Schönheit auszudrücken." Aber
wer wird denn, wenn er einen Lachenden oder einen Schreien=
den im Bilde oder einer Statue sieht, glauben, daß jener un=
aufhörlich lacht und dieser unaufhörlich schreit? Und, wenn
wirklich der Lachende bei längerm Ansehen sich uns in einen
Grinsenden und der Schreiende sich in einen Kindischen oder
Weibischen verwandelt, wer heißt uns denn, sie so lange anzusehen,
bis diese Verwandlung in uns vorgeht? Anstatt zu folgern,
daß Transitorisches auch nur transitorisch angesehen werden darf,
hat Lessing fälschlich gefolgert, daß es in einem transito=
rischen Material dargestellt werden müsse, als ob Lachen
und Schreien dadurch, daß sie im Bilde oder in der Statue
fixirt sind, aus transitorischen zu dauernden Zuständen würden.

Hätte Lessing dieses bedacht, daß die Dauer des Materials
noch nicht das in ihm dargestellte Transitorische zu einem
Dauernden macht, daß also die flüchtigste Bewegung, ob auch
im Bilde oder in der Statue festgehalten, der Form nach, doch
Bewegung ist und bleibt, so hätte er sich nach andern Gründen
umgesehen, warum Laokoon in der Statue nicht schreien darf.
Den wahren Grund hiefür hat Schopenhauer („die Welt als
Wille und Vorstellung" Bd. I. §. 46.) angegeben. Dieser sagt,
nachdem er die verschiedenen Ansichten von Winckelmann, Lessing,
Göthe, Hirt und Fernow angeführt: „Vor aller psychologischen
und physiologischen Untersuchung, ob Laokoon in seiner Lage
schreien wird oder nicht, welches ich übrigens ganz und gar
bejahen würde, ist in Hinsicht auf die Gruppe zu entscheiden,
daß das Schreien in ihr nicht dargestellt werden durfte, weil
die Darstellung desselben gänzlich außer dem Gebiete der Sculp=
tur liegt. Man konnte nicht aus Marmor einen schreienden
Laokoon hervorbringen, sondern nur einen den Mund auf=
reißenden und zu schreien sich fruchtlos bemühenden, einen
Laokoon, dem die Stimme im Halse stecken geblieben, vox
faucibus haesit. Das Wesen und folglich auch die Wirkung des
Schreiens auf den Zuschauer, liegt ganz allein im Laut, nicht
im Mundaufsperren. Dieses letztere, das Schreien nothwendig

begleitende Phänomen muß erst durch den dadurch hervorge=
brachten Laut motivirt und gerechtfertigt werden: dann ist es,
als für die Handlung charakteristisch, zulässig, ja nothwendig,
wenn es gleich der Schönheit Abbruch thut."

Auch für das Lob, das Lessing unter den alten Malern
dem Timomachus, dessen rasender Ajax und Kindesmörderin
Medea berühmte Gemälde waren, dafür zollt, daß er die Medea
nicht in ihrer höchsten Raserei, in der sie die Kinder ermordet,
noch auch den Ajax in dem Augenblick, wo er unter den Heerden
wüthet und Rinder und Böcke für Menschen mordet, darge=
stellt habe, sondern jene einige Augenblicke v o r der grausamen
That, da die mütterliche Liebe in ihr noch mit der Eifersucht
kämpfte, und diesen n a c h der wahnwitzen Handlung, da er er=
mattet dasaß und den Anschlag faßte, sich selbst umzubringen, —
auch für dieses Lob gibt es wahrere Gründe, als die Lessing'schen
sind. .Lessing nämlich lobt, seiner Theorie zufolge, den Timo=
machus deshalb, weil er es vermieden, was ein anderer unver=
ständiger Maler gethan, „dem flüchtig überhingehenden Grade der
äußersten Raserei eine Dauer zu geben, die alle Natur empört",
und nennt deshalb auch den Tadel des alten Dichters sehr
sinnreich, der das Bild jenes andern unverständigen Malers
mit den Worten angeredet: „Durstest Du denn beständig nach
dem Blute Deiner Kinder? Ist denn immer ein neuer Jason,
immer eine neue Creusa da, die Dich unaufhörlich erbittern? —
Zum Henker mit Dir auch im Gemälde!" (Laokoon III.)

Aber der wahre Grund, warum Timomachus zu loben, daß
er den Ajax und die Medea nicht in ihrer höchsten Raserei ge=
malt, kann nicht dieser sein, daß ein so transitorischer Zustand
im Bilde zu einem dauernden werde und Ajax alsdann nicht
aufhöre, unter den Rindern und Böcken, Medea nicht, gegen
ihre Kinder zu wüthen; denn Jeder, der überhaupt die Be=
deutung eines historischen Bildes versteht und weiß, daß es
ein vorübergehendes Moment aus dem Ganzen einer Handlung
darstellt, weiß auch, daß, wie in der Wirklichkeit, so im Bilde
jenes Moment eben nur ein vorübergehendes ist. Es ist daher
nicht sinnreich, sondern kindisch, beim Anblick des Bildes der
kindermordenden Medea auszurufen: „Durstest Du denn be=
ständig nach dem Blute Deiner Kinder?"

Der wahre Grund, warum der Maler die Medea nicht in
dem Augenblick, wo sie die Kinder mordet, und den Ajax nicht
in dem Augenblick, wo er gegen das Vieh wüthet, malen darf,
ist derselbe, aus welchem solche Handlungen auch auf der Bühne
nicht den Blicken der Zuschauer gezeigt werden dürfen. Horaz
hat ihn bereits (ep. ad Pison. 180. ff.) treffend angegeben:

> Segnius irritant animos demissa per aurem,
> Quam quae sunt oculis subjecta fidelibus, et quae
> Ipse sibi tradit spectator.

(Schwächer ergreifet das Herz, was blos durch die Ohren hineinkommt,
Als was vor den getreulichen Augen des Schauenden daliegt,
Und er sich selber erzählt.)

Alles zu Entsetzliche, Gräßliche, Widerliche; oder Erniedrigende
und Herabwürdigende, dessen Anblick in der nachahmenden Darstellung auf den Beschauer so stark wirken würde, daß es ähnlich,
wie die Sache in der Wirklichkeit, die heftigen Affecte des
Abscheues und der Empörung, oder der Scham und Demüthi-
gung in ihm erregte und ihm so die reine, ruhige, affectlose
Contemplation raubte, ist aus der Kunst zu verbannen; denn
diese soll nicht, wie das wirkliche Leben, den Willen afficiren,
sondern in den Zustand der willenlosen Contemplation
versetzen, in welcher die ewigen Ideen des Wirklichen zur Anschauung kommen. Beim Anblick eines Kunstwerks sollen wir
uns erkennend, nicht wollend (begehrend oder verabscheuend)
verhalten. Da nun aber dennoch die Kunst nicht umhin kann,
auch die schreckliche Seite des Lebens zur Anschauung zu bringen, weil es ja eben ihre Aufgabe ist, uns das Wesen des
Lebens von allen Seiten zu zeigen, so muß sie wenigstens in
der Art der Darstellung ein milderndes Verfahren beobachten,
indem sie uns das Gräßliche, wie den Kindermord der Medea,
oder das Erniedrigende und Herabwürdigende, wie die Raserei
des Ajax, nicht sichtbar vorführt; als welches zu grell wirken
und die reine Contemplation aufheben würde, sondern nur
hörbar, in der Erzählung davon, zur Kunde bringt. Das ist
der wahre Grund der Lessing'schen Forderung des Maß-
haltens im Bilde. Aehnlich, wie es dem Odysseus im Ajax
des Sophokles ergeht, daß er, als ihm Pallas Athene den ihn
tödtlich hassenden Mann in seiner Erniedrigung zeigen will, es

mit der Bemerkung ablehnt, vor dem Helden in vernünftigem Zustande werde er nicht zurückweichen, doch den unvernünftig Rasenden wünsche er nicht zu sehen: ähnlich müßte es auch dem Zuschauer beim Anblick des gegen das Vieh wüthenden Ajax ergehen, daß er, sich schämend, die Augen wegwendete. Was also im Bilde ähnlich wie im Leben wirkt, wovon der Blick sich, entweder weil es zu grausam, oder weil es zu erniedrigend ist, unwillig wegwendet, das soll auch der Künstler nicht dem Blicke zeigen, sondern demselben so viel wie möglich verbergen und es nur durch die Ohren beibringen, weil Worte als abstracte Begriffe weit schwächer wirken, als sichtbare Bilder. Aus diesem Grunde hält auch Lessing dem Dichter das Häßliche und Ekelhafte, wie jenes z. B. am Thersites des Homer, dieses am Philoktet des Sophokles vorkommt, zu schildern gestattet, dem Maler hingegen möchte er die Abbildung desselben nicht rathen. (Laokoon XXV.)

Nicht also die unbewegliche Dauer, die das dargestellte Transitorische im Bilde oder Bildwerk durch das örtlich feststehende Material erhält, ist der Grund, warum gewisse Scenen aus der Sculptur und Malerei auszuschließen sind; sondern die allzugrelle Wirkung des sichtbaren Bildes, die den Beschauer leicht aus der affectlosen Contemplation herausreißt; während der Dichter im hörbaren, minder lebhaft und anschaulich wirkenden Wort ein Mittel hat, die allzugrellen Effecte zu mildern.

Und so, wie die bildenden Künste nicht durch das Stabile ihres Materials gehindert werden, zeitlich transitorische Momente in demselben zur Anschauung zu bringen; so wird umgekehrt die Poesie durch das Transitorische ihres Materials nicht gehindert, räumlich Stabiles zu veranschaulichen. Denn, wie oben schon gesagt worden, die Kunst ist nicht dazu da, dem Beschauer alles körperlich und handgreiflich zu geben, sondern überall wird auf die Mitwirkung desselben gerechnet, und demgemäß wird vorausgesetzt, daß wie das im Bilde oder in der Statue räumlich Festgewordene vermöge des Transitorischen seiner Form dennoch der Phantasie als ein zeitlich Transitorisches vorschweben, eben so umgekehrt das in Worten nach und nach Geschilderte, wenn es ein räumlich Coexistirendes bezeichnet,

auch von dem Hörer als ein räumliches Ganzes zusammengefaßt
werden wird; denn die successiven Worte machen ja noch nicht
die in ihnen geschilderte räumliche Sache, sondern nur die
Schilderung derselben zu einer successiv zeitlichen, und der Hörer
weiß sehr wohl, daß er durch Zusammenfassung aller einzelnen,
nach und nach vorgetragenen Züge sich das Bild des Ganzen
als ein räumlich Coexistirendes vorzustellen habe. Wenn wir
z. B. bei Horaz lesen (Od. I. 9.):

Vides, ut alta stet nive candidum
Soracte, nec jam sustineant onus
Silvae laborantes, geluque
Flumina constiterint acuto.

wer sieht da nicht die ganze Winterlandschaft mit einem Blicke
vor sich, das successiv Gegebene als ein simultanes Ganzes
auffassend? Ja, solche poetische Landschaftsbilder haben sogar
vor den gemalten den Vorzug, daß man sich aller einzelnen
darin enthaltenen Züge recht bewußt wird, was bei dem Ge=
sammteindruck des sichtbaren Bildes, wenn man ihn sich nicht
zergliedert, nicht der Fall ist.

Wollte man sich an der Beschaffenheit des Materials
stoßen, so dürfte kein Maler eine Handlung oder Begebenheit,
in der mehrere Momente in dem Zusammenhange von Ursache
und Wirkung als nacheinander folgend aufzufassen sind, ab=
bilden, weil ja das Bild als ein räumliches Ganzes alle Theile
simultan, also nebeneinander gibt. Es dürfte also z. B.
kein Schiffbruch gemalt werden, in welchem der Sturm als die
Ursache der Zertrümmerung des Schiffes und diese als die Ur=
sache des Schwimmens und Ertrinkens der Mannschaft aufzu=
fassen ist, da ja das Bild diese successiven Momente nur zugleich
geben kann. Oder es sei auf einem Bilde ein durch die Gegen=
rede eines Andern heftig Gereizter abgebildet, wie er eben im
Begriff ist, gegen jenen das Schwert zu ziehen, aber ein Freund
ihm in den Arm fällt und ihn daran verhindert. Da ist die
Gegenrede die Ursache des Zornes, dieser des Schwertziehens
und dieses der Verhinderung; und doch kann das Bild nicht
diese ursächliche Verknüpfung geben, sondern nur das
Nebeneinander der ursächlich verknüpften Momente. Wie
nun, soll darum die Malerei sich der Darstellung solcher Scenen

enthalten, weil sie den Causalzusammenhang nicht unmittelbar geben kann, sondern es dem Verstande des Beschauers überlassen muß, das nebeneinander Abgebildete als einen zeitlichen Verlauf aufzufassen? Oder soll sie, wenn auch nicht Begebenheiten und Handlungen von so geringem Umfang, die sich in einem Rahmen geben lassen, doch größere, wie die der Iliade und Odyssee, die eines ganzen Cyclus von Bildern bedürfen, darzustellen sich enthalten, weil sie es dem Beschauer überlassen muß, die Lücken zwischen den einzelnen Bildern zu ergänzen? —

Die eigentliche Grenze zwischen den bildenden Künsten einerseits und der Poesie andererseits wird nicht durch den Gegensatz des Simultanen und Successiven bestimmt; — denn, wie gezeigt worden, läßt sich Simultanes auch in der Poesie, und Successives auch in den bildenden Künsten zur Anschauung bringen; — sondern durch den Gegensatz des Sichtbaren und Unsichtbaren oder des Aeußern und Innern.

Alles nämlich, was in der Natur und Wirklichkeit ein äußerlich Sichtbares ist, sei es nun ein Coexistirendes, Simultanes, wie ruhende Landschaften, oder ein zeitlich Transitorisches, Successives, wie körperliche Bewegungen und Handlungen, kann auch in der Kunst am Entsprechendsten nur in räumlich sichtbarem Material zur Anschauung gebracht werden. Alles hingegen, was ein Inneres, Unsichtbares ist, wie Gedanken, Empfindungen und Willensregungen, kann auch in der Kunst am Entsprechendsten nur in demjenigen Material, dessen sich die Natur selbst dazu bedient, in Worten und Tönen, ausgedrückt werden. Denn ein besseres Material, als die Natur, kann auch die Kunst nicht erfinden.

Daß körperliche Gegenstände, die in Gemälden und Bildwerken, wo sie sich dem Blick des Beschauers auf einmal zeigen, eine sehr lebhafte Wirkung thun, in der successiven wörtlichen Schilderung der Poesie sehr frostig wirken, davon ist der wahre Grund nicht der, den Lessing angibt, „daß bei solchen wörtlichen Schilderungen das Coexistirende des Körpers mit dem Consecutiven der Rede in Collision kommt, und indem jenes in dieses aufgelöst wird, uns die Zergliederung des Ganzen in seine Theile zwar erleichtert, aber die endliche

Wiederzusammensetzung dieser Theile in das Ganze ungemein schwer, und nicht selten unmöglich wird." (Laokoon XVII.) Sondern der wahre Grund davon ist dieser, daß Worte, als abstracte Begriffsallgemeinheiten, viel zu unbestimmt sind, um ein anschauliches Bild eines ganz concreten, individuellen Gegenstandes von genau bestimmter körperlicher Beschaffenheit und Begrenzung geben zu können. Darum wird auch das Signalement eines Steckbriefes, möchte es auch Augen, Stirne, Nase, Mund und Kinn noch so ausführlich beschreiben, nie den Mann kenntlich machen, wie ein Daguerreotyp. Auch der von Lessing gepriesene Kunstgriff Homers, das Coexistirende körperlicher Gegenstände durch Schilderung ihres Werdens und ihrer Zusammensetzung in ein Successives zu verwandeln, wie z. B. bei Schilderung des Wagens der Juno (Jl. 5, 722—31.), hilft nicht viel; denn der Wagen ist einmal ein sichtbarer Gegenstand, und sichtbare Gegenstände wollen gesehen sein, wenn man eine genau bestimmte Vorstellung von ihnen erhalten soll.

So wie aber sichtbare, körperliche Dinge am Entsprechendsten nur in sichtbarem Material zur Anschauung gebracht werden können, da das Wort sie aus Anschauungen in Gedanken verwandelt, also statt des durch und durch bestimmten Originals nur eine matte, unbestimmte Copie gibt: eben so können andererseits unsichtbare, psychische Vorgänge, Gedanken und Gefühle, am Entsprechendsten nur in dem ihnen eigenthümlichen Material, in Worten und Tönen, ihren Ausdruck finden.

Rein innere Vorgänge, psychische Zustände und Stimmungen, wie sie die lyrische Poesie und Musik zu veranschaulichen vermögen, kann die bildende Kunst in ihrem Material nicht geben. Man nehme einmal z. B. Göthe's

Wonne der Wehmuth.

Trocknet nicht, trocknet nicht,
Thränen der ewigen Liebe!
Ach! nur dem halbgetrockneten Auge
Wie öde, wie todt die Welt ihm erscheint!
Trocknet nicht, trocknet nicht,
Thränen unglücklicher Liebe!

oder sein „Herbstgefühl", oder „Geistesgruß"; — so Etwas läßt sich nicht malen. Im Geistesgruß ist zwar von sinnlichen, sichtbaren Dingen die Rede:

> Hoch auf dem alten Thurme steht
> Des Helden edler Geist,
> Der, wie das Schiff vorübergeht,
> Es wohl zu fahren heißt.

Aber, wenn nun ein Maler meinte, durch Abbildung des alten Thurmes mit der auf ihm stehenden Geistergestalt und des unten vorüberziehenden Schiffes, uns Göthe's Geistesgruß gemalt zu haben, so würde er sehr irren. Denn hier ist nicht der Thurm und das Schiff die darzustellende Sache, sondern die innere, unsichtbare Gemüthsbewegung des Dichters, die sich seiner auf einer Wasserfahrt beim Anblick einer alten Ruine bemächtigte, — diese ist es, die er uns in jenem Bilde veranschaulichen wollte. Daher sind die Worte, die der Dichter dem edeln Geiste des Helden in den Mund legt, die Hauptsache:

> „Sieh, diese Sehne war so stark,
> „Dies Herz so fest und wild,
> „Die Knochen voll von Rittermark,
> „Der Becher angefüllt;
>
> „Mein halbes Leben stürmt' ich fort,
> „Verdehnt' die Hälft' in Ruh,
> „Und du, du Menschen-Schifflein dort,
> „Fahr immer, immer zu!"

So Etwas läßt sich also nicht malen; wie dieses Göthe selbst auch von seinem „Fischer" bemerkt hat.

Da jedoch Inneres und Aeußeres, Unsichtbares und Sichtbares, in der Natur nicht so getrennt sind, daß nicht jenes auch in diesem zur Erscheinung käme, da ja jede körperliche Gestalt, Physiognomie, Haltung und Geberde der sichtbare Ausdruck eines innern, unsichtbaren Wesens ist; so kann die bildende Kunst in ihrem Material, wenn auch nicht unmittelbar, wie die Poesie und Musik, doch mittelbar, auch von innern, unsichtbaren Zuständen und Bewegungen eine Vorstellung im Beschauer erwecken, indem sie durch den genau entsprechenden äußern Ausdruck des Innern, durch die treue Darstellung der physiognomischen und pathognomischen Erscheinung, uns einen Blick in das Innere thun läßt. Freilich kann sie uns das Innere nicht so unmittelbar enthüllen, wie die Poesie und Musik. Ein Maler, der z. B. Hektor und Andromache in der von Homer im 6. Buche der Ilias geschilderten Scene abbildet, — wie wenig kann er von dem, was eigentlich in dem Innern dieser Beiden vorgeht, eine Vorstellung in uns erwecken, in Vergleichung mit der Fülle von innern Motiven, die uns Homer bloslegt. Aber, da es, wie schon mehrere Male gesagt, in der Kunst nicht darauf ankommt, Alles unmittelbar zu geben und der Imagination des Beschauers Nichts zu überlassen, so sind auch solche mittelbare Darstellungen innerer Vorgänge und Gemüthsbewegungen, wie sie die bildende Kunst in ihrem räumlichen Material nur geben kann, nicht zu verachten. Die bildende Kunst kann freilich nur die Außenseite des Innern geben, aber das letztere wird doch dadurch für die Phantasie des Beschauers hinlänglich angedeutet, und so ist nur die Art der Darstellung innerer Zustände in der bildenden Kunst eine andere, als in der Poesie und Musik; aber der Gegenstand der Darstellung, die Affecte und Leidenschaften, kann doch in beiden ganz derselbe sein.

Und ähnlich, wie die bildende Kunst, wenn auch nicht unmittelbar, doch mittelbar, Inneres, Unsichtbares veranschaulichen kann; eben so können auch umgekehrt die Poesie und Musik, die unmittelbar Inneres ausdrücken, mittelbar dadurch auch die Vorstellung des demselben entsprechenden Aeußeren, Sichtbaren erwecken. Denn da überhaupt jedes Innere äußerlich sichtbar zur Erscheinung kommt, so leitet die Idee eines bestimmten Inneren die Phantasie von selbst auf die Vorstellung des demselben entsprechenden Aeußeren. Den Hektor und die Andromache stellen wir uns, bei der Homerischen Schilderung ihres Charakters und ihrer inneren Gemüthsbewegungen, unwillkürlich auch in ihrer äußeren Gestalt, Haltung und Physiognomie vor, und so machen wir uns überhaupt von jeder Person, die uns der Dichter ihrem innern Wesen nach schildert, eine leibliche Vorstellung, auch wenn uns der Dichter keine solche gibt. Hätte Homer nur den Charakter des Thersites geschildert, ohne seine körperliche Häßlichkeit zu beschreiben, er hätte dennoch durch die Darstellung seiner innern Häßlichkeit auch ein Bild von seiner äußern in uns erweckt. Lessing hat schon angemerkt,

wie der Dichter auch eine sinnliche Vorstellung von körperlicher
Schönheit erwecken kann, indem er, wie Homer (Jl. 3, 154—58.)
bei Schilderung der Schönheit der Helena, die Wirkung derselben
beschreibt. „Was kann eine lebhaftere Idee von Schönheit gewähren, als das kalte Alter sie des Krieges wohl werth erkennen lassen, der so viel Blut und so viel Thränen kostet?"
(Laokoon XXI.)

Auch die Musik kann mittelbar die Vorstellung äußerer,
sichtbarer Gegenstände wecken. Hören wir ein Wiegenlied, oder
Gondellied, oder Jagdlied, oder Beethovens Pastoralsymphonie,
so weckt die Musik mittelbar auch die Vorstellung der äußern
Situationen, durch die jene von der Musik ausgedrückten Empfindungen hervorgerufen werden. Die Schöpfung von Haydn weckt
gar viele sinnliche Bilder.

Hieraus ergibt sich, daß der Gegensatz der des räumlichen
und des zeitlichen Materials sich bedienenden Künste nicht darin
besteht, daß jene nur Räumliches, diese nur Zeitliches, sondern darin, daß die erstern Zeitliches nur mittelbar, Räumliches hingegen unmittelbar, die letztern Räumliches nur
mittelbar, Zeitliches hingegen unmittelbar zur Anschauung
zu bringen vermögen.

XV.

Ueber das Zusammenwirken der Künste.

Das Bedürfniß nach gegenseitiger Ergänzung der Künste macht sich besonders da geltend, wo die eine Kunst für sich allein noch nicht das volle Verständniß der Sache oder nicht den ganzen Ausdruck derselben zu geben vermag. So entsteht z. B. das Bedürfniß, der Musik einen poetischen Text unterzulegen, um der unbestimmten, gegenstandlosen, vieldeutigen Sprache des Gefühls eine bestimmte Deutung, eine gegenständliche Beziehung zu geben, so daß man nun nicht mehr bloß fühlt, sondern auch weiß, worauf sich das Gefühl bezieht, indem man den Gegenstand kennt, durch den das Wohl oder Wehe, welches die Musik ausdrückt, veranlaßt ist. Andererseits fordert aber auch die Wohl oder Wehe ausdrückende Poesie eine Ergänzung durch die Musik, da sie in ihrem Material es nicht so unmittelbar und entsprechend auszudrücken vermag, wie diese. Der Text eines Liedes mag noch so poetisch sein, so ist doch der Eindruck desselben matt, verglichen mit dem Eindruck, den es im Gesang hervorbringt, wovon uns jede Arie einer Oper überzeugen kann. Erst durch die Musik wird uns das Innere, die Seele des Worts aufgeschlossen. Ich erinnere mich noch des Eindrucks, den es auf mich machte, als ich in Fidelio die Worte der herausgeführten Gefangenen:

> O welche Lust in freier Luft
> Den Athem leicht zu heben,
> Nur hier, nur ist ein Leben —
> Der Kerker eine Gruft

zum ersten Male singen hörte.

Da ferner die Poesie Anschauungen in ihrem Material, dem abstract begrifflichen Wort, nicht so genau und individuell bestimmt zu geben vermag, wie die zeichnenden Künste, so entsteht für solche Darstellungen der Poesie, die äußerlich sichtbare, körperliche Gegenstände und Bewegungen schildern, das Bedürfniß nach Ergänzung durch Illustrationen; so wie andrerseits wieder für Zeichnungen und Gemälde, die innere Seelenvorgänge ausdrücken, das Bedürfniß nach Ergänzung durch erläuternde poetische Texte entsteht, da diese uns das Innere unmittelbar aufschließen, das jene nur mittelbar, in seiner Aeußerung, in seinem körperlich sichtbaren Ausdruck zur Anschauung bringen. Wie sich also Aeußeres und Inneres ergänzen und gegenseitig erläutern, so sind vornehmlich die den äußern, sichtbaren Ausdruck gebenden Künste mit den das Innere, Unsichtbare enthüllenden zu verbinden.

Sollen jedoch mehrere Künste zu einem Ganzen zusammenwirken, so kann dies nur geschehen, wenn eine derselben zur herrschenden gemacht und dieser die andern untergeordnet werden. Da nämlich jede Kunst ihre besondere Aufgabe hat, so muß, wie Moses Mendelssohn (in der Abhandlung über die Hauptgrundsätze der schönen Künste und Wissenschaften) richtig sagt, der Künstler, der die Künste verbinden will, sich den Endzweck einer einzigen Kunst zur Hauptabsicht wählen, und die übrigen Künste derselben dergestalt unterordnen, daß sie als Mittel zu dem Hauptzweck betrachtet werden können. Jene ist alsdann die Hauptkunst, diese die Hülfskünste.

Nach dem jedesmaligen Charakter der Hauptkunst wird sich also die Art der Anwendung der Hülfskünste richten müssen, und die allgemeine Regel für das Zusammenwirken mehrerer Künste lautet daher: Die Hülfskünste dürfen nicht in einer Art angewendet werden, die dem Charakter der Hauptkunst widerstreitet. Es sei z. B., wie in der Oper, Musik die Hauptkunst, so darf die ihr beigegebene Poesie, der untergelegte Text, dem Wesen der Musik, welches in dem Ausdruck der Empfindungen besteht, nicht widersprechen. Es dürfen also nicht kalte, abstracte Reflexionen, nüchterne Ueberlegungen, Zweifel u. dgl., was nur Sache der Vernunft ist, in Musik gesetzt werden,

da Solches gegen die Natur des musikalischen Ausdrucks ist.
Sachen, bei denen, wie Sulzer (in dem Artikel: Oper, in
der allgemeinen Theorie der schönen Künste) sagt, „keinem Men=
schen, weder wachend noch träumend, nur die Vorstellung vom
Singen einfallen kann, frostige oder bedächtliche Anmerkungen
und allgemeine Maximen," dürfen nicht gesungen werden. Ueber=
haupt muß das der Oper zu Grunde liegende Drama lyrischer
Natur sein, d. h. viel Veranlassung zum musikalischen Ausdruck
der Affecte, der subjectiven Gemüthsstimmungen und Regungen
geben. Der Dichter muß dem Componisten einen Text liefern,
dessen Inhalt und Gang dem Empfindungsvollen des lyrischen
Tones gemäß ist. „Dazu ist in Wahrheit jeder tragische Stoff
schicklich, wenn nur dieses einzige dabei statt haben kann, daß
die Handlung einen nicht eilfertigen Gang und keine schweren
Verwicklungen habe. Eilfertig kann der Gang nicht sein, weil
dieses der Natur des Gesanges zuwider ist, der ein Verweilen
auf den Empfindungen, aus denen die singende Laune entsteht,
voraussetzt. Schwere Verwicklungen verträgt er noch weniger,
weil dabei mehr der Verstand, als die Empfindung beschäftigt
wird. Wo man Anschläge macht, Plane verabredet, sich berath=
schlagt, da ist man von dem Singen am weitesten entfernt."
(Sulzer a. a. O.) Es ließe sich noch hinzufügen, daß, da in
der Oper nicht der Verstand, sondern die Empfindung an=
geregt werden soll, eben darum der Verstand auch nicht durch
einen unverständigen, aller Möglichkeit und Wahrscheinlichkeit
Hohn sprechenden, absurden Text beleidigt werden darf, weil er
durch diese negative Erregung die Empfindung stören würde,
während er doch zum Schweigen gebracht werden soll, um der
Empfindung Raum zu lassen. Die Handlung der Oper darf
also weder durch schwierige verwickelte Motivation, nach Art
eines Intriguenstückes, den Verstand positiv in Thätigkeit setzen,
noch ihn durch Absurditäten in ihrer Verkettung negativ auf=
reizen; sondern eine einfache, dem natürlichen Causalzusammen=
hang völlig gemäße Entwicklung der Handlung muß Raum
geben zur ungestörten Hingabe an die Empfindungen, die durch
die Musik ausgedrückt werden. Das Einmischen von übernatür=
lichen Erscheinungen, wunderbaren Wirkungen, Geistern, Dä=
monen, Feen u. s. w. in die Handlung, ist nur dann zulässig,

wenn der Stoff ausdrücklich und eingestandener Maßen ein mythologischer, also aus einer Welt, in der das Uebernatürliche zum Natürlichen wird, geschöpft ist. Denn alsdann richtet sich der Verstand des Zuschauers schon im Voraus darauf ein und gibt seine Ansprüche auf natürlichen Causalzusammenhang für die Dauer der Handlung auf. Die Musik begünstigt alsdann noch ihrerseits dieses Aufgeben des Verstandes; denn, wie Tieck (in der Abhandlung über Shakespeare's Behandlung des Wunderbaren, im „Sturm") richtig bemerkt: „Die Erfahrung wird Jedermann überzeugt haben, wie sehr Gesang und Musik abenteuerliche Ideen und Vorfälle vorbereiten und gewissermaßen wahrscheinlich machen. Die Phantasie wird durch Töne schon im Voraus bestochen und der strengere Verstand eingeschläfert; aus eben dieser Ursache erscheinen uns manche Zauber= und Feenmährchen als Operetten noch ziemlich erträglich, die als Schauspiele den höchsten Grad unsers Widerwillens erregen würden." Im Sturm gewinnt eben Shakespeare unsern Glauben für seine Zaubereien dadurch, daß er im ganzen Stück die Musik nicht verstummen läßt. Lieder und Gesänge sind durch den ganzen Sturm zerstreut. Ferdinand tritt auf, indem Ariel ein seltsames Lied spielt, das völlig dem Colorit der Feenwelt entspricht; Ariel schläfert durch Musik Alonso und seine Begleiter ein und erweckt sie wieder durch Musik, Stephano tritt mit einem Liede auf, Caliban schließt den zweiten Aufzug mit einem Gesange, Ariel spielt im dritten Act, indem Trinkulo und Stephano singen; unter einer feierlichen Musik tragen Geister dem Alonso und seinen Gefährten eine Tafel auf, nach Ariel's Verschwinden folgt eine sanfte Musik, eine solche kündigt die Maske an, die Prospero von Geistern aufführen läßt, unter einem feierlichen Gesange treten die Fremden in Prosperos Zauberzirkel, und Ariel singt bald nachher ein fröhliches Lied. (Vergl. Tieck a. a. O.)

Man sieht hieraus, daß, wenn ein Dichter durch wunderbare, mährchenhafte, die natürliche Welt verlassende Stoffe besonders unsere Phantasie in Anspruch nehmen will, er nichts Besseres thun kann, als die Musik zur Hülfskunst zu wählen. Denn Alles, was uns von der äußern natürlichen Welt der Anschauung abschneidet und in unser Inneres versenkt, begünstigt die Thätigkeit der Phantasie, weshalb im Traume die

Phantasie am wunderlichsten dichtet. Das Leben und Weben im Reiche der Töne gleicht aber schon einem wachen Traume. Phantasiereiche Stoffe bedürfen also eben so der Musik zu ihrer Hülfe, wie ihrerseits die Musik, wenn sie die Hauptkunst ist, zu ihrer Hülfe eines empfindungsvollen Textes bedarf, der ihrer allgemeinen und unbestimmten Sprache eine bestimmte Beziehung gibt.

Soll Mimik die Hauptkunst sein, wie in den pantomimischen Ballets, so muß, da das stumme Spiel lebhafte Handlung, starke Affecte und Leidenschaften fordert, um verstanden zu werden, das zu Grunde gelegte Drama sich nach eben dieser Forderung richten, d. h. es muß im höchsten Grade dramatisch sein, dabei aber doch, wie der Text einer Oper, einfach, d. h. frei von schwierigen Verwicklungen und versteckten Motiven, weil die stummen Bewegungen, um verstanden zu werden, sogleich beim ersten Anblick die Motive, auf die sie erfolgen, dem Beschauer bloslegen müssen. Wie in der Oper der Ausdruck von Empfindungen, so ist hier der Ausdruck von Willensregungen die Hauptsache, denn das heftige Wollen ist es, das am unmittelbarsten in die Leibesaction übergeht. Gedanken und Empfindungen sind weit schwerer durch stumme körperliche Bewegungen und Geberden zu erkennen zu geben, als Willensregungen. Diesem Charakter muß sich daher auch die Musik hier anschließen, folglich eine lebhafte, leidenschaftliche sein.

Wird die aufgestellte Regel, daß beim Zusammenwirken mehrerer Künste eine die Hauptkunst sein muß, nach deren Charakter sich die andern als Hülfskünste richten, vernachlässigt, will vielmehr jede der zusammenwirkenden Künste ungebunden nach ihrer Weise herrschen, so kommt bei dieser, wie bei jeder Vielherrschaft, nichts Gutes zu Stande. Die moderne große Oper ist oft wegen dieser Vielherrschaft, und zwar mit Recht, getadelt worden. Sie wirkt zerstreuend, anstatt, wie jedes ächte Kunstwerk thut, zu sammeln. Da will das Drama, die Musik, die Ballets, die Decorationen und die Costüme — alles auf gleiche Weise die Aufmerksamkeit auf sich ziehen. Schopenhauer hat daher so Unrecht nicht, wenn er sagt: „Die große

Oper ist eigentlich kein Erzeugniß des reinen Kunstsinnes, vielmehr des etwas barbarischen Begriffs von Erhöhung des ästhetischen Genusses mittelst Anhäufung der Mittel, Gleich= zeitigkeit ganz verschiedenartiger Eindrücke und Verstärkung der Wirkung durch Vermehrung der wirkenden Massen und Kräfte" u. s. w. (Parerga und Paralipomena II. §. 220.)

XVI.

Zwiefaches Interesse an Kunstwerken.

———

Daß die Wirkung eines Kunstwerks nicht blos durch die eigene objective Beschaffenheit desselben bedingt ist, sondern eben so sehr, ja oft noch mehr von der Beschaffenheit des auffassenden Subjects abhängt, ist eine Folge des allgemeinen Gesetzes, daß überhaupt kein Object durch sich allein wirkt, sondern die Wirkung eines jeden Product zweier Factoren ist, des auffassenden Subjects und der Beschaffenheit des auf dasselbe wirkenden Objects. Ein rein passives Verhalten des Subjects, worin dasselbe bei Auffassung der Objecte gar nicht selbstthätig wäre, gibt es nicht. Folglich müssen sich auch die Kunstwerke diesem Schicksal unterwerfen.

Ein durch das Verhalten des auffassenden Subjects bedingter Hauptunterschied nun in der Wirkung der Kunstwerke beruht darin, daß dieselben auf die Einen nur durch den Stoff, auf die Andern durch die Form wirken, d. h. daß das Wohlgefallen an denselben bei den Einen auf die dargestellte Sache, bei den Andern auf die Art der Darstellung sich bezieht. Ein crasses Beispiel rein stofflicher Wirkung finden wir bei Valerius Maximus in dem Capitel „über die seltenen Wirkungen der Künste“ (VIII. 11, 4.) Dieser erzählt: Praxiteles stellte eine Statue der Gattin Vulkans im Tempel der Gnidier auf, die im Marmor gleichsam zu athmen schien und wegen ihrer Schönheit vor den wollüstigen Umarmungen eines gewissen Mannes nicht sicher war. Valerius Maximus setzt hinzu: „Um so mehr zu entschuldigen ist der Irrthum jenes Pferdes, das beim Anblick einer gemalten Stute unwillkürlich

wieherte, und das Bellen der Hunde beim Anblick einer gemal=
ten Hündin, und der Stier, in welchem das eherne Bild einer
Kuh zu Syracus durch seine täuschende Aehnlichkeit die Begierde
weckte, sie zu besteigen. Denn wie sollten wir uns wundern,
daß vernunftlose Thiere durch die Kunst getäuscht werden, da
wir selbst einen Menschen durch die Lineamente eines stummen
Steines zu schändlicher Begierde gereizt sehen?"

Aus diesem Beispiele läßt sich zur Genüge erkennen, worin
das stoffliche Interesse an Kunstwerken sich von dem Wohl=
gefallen an der Form unterscheidet. Jenes ist nur auf die
dargestellte Sache gerichtet und verhält sich zu derselben nicht
erkennend, sondern wollend, begehrend oder verabscheuend;
dieses hingegen ist auf die Form der Sache gerichtet, und ver=
hält sich zu derselben nicht wollend, sondern erkennend, ihre
Angemessenheit oder Unangemessenheit zur Idee der Sache in=
tuitiv auffassend.

Thiere sind des reinen Wohlgefallens an der Form nicht
fähig, sondern nur des stofflichen Interesses, und darum haben
sie keinen ästhetischen Sinn. Aber auch unter Menschen ist das
reine Wohlgefallen an der Form höchst selten; denn bei den
Meisten mischt sich, weil Willensregungen, Affecte und
Begierden bei ihnen vorherrschend sind, gleich das stoffliche
Interesse in die Beurtheilung der Kunstwerke ein, und so kommt es
bei ihnen zu keiner reinen Auffassung der Form, unabhängig von
der Beziehung der dargestellten Sache zu ihren eigenen subjectiven
Zu= oder Abneigungen. Je schwächer und ungeübter überhaupt
die Kraft der reinen, willenlosen Erkenntniß ist, wie bei rohen,
uncultivirten Menschen, bei Kindern und bei Weibern, desto
weniger kommt es zur reinen Auffassung der Form eines Kunst=
werks. So wie solche Subjecte kein um seiner Form allein
willen gefallendes Werk zu produciren vermögen, so auch
vermögen sie an keinem um seiner Form allein willen Vergnügen
zu finden. Die schlechtesten Stücke, wenn sie nur ihren
Neigungen schmeicheln, gefallen ihnen mehr, als die besten, die
außer dem Bereiche ihrer subjectiven Interessen liegen. Daher
können sich Volkstheater nicht halten, wenn sie nicht Volksstücke
geben, d. h. was das Volk gern sieht, was seinen religiösen,
politischen, gesellschaftlichen und Familien=Interessen, Ansichten und

Neigungen schmeichelt. Nun will aber das Volk auch immer durch Neues aufgeregt sein. Das schlechteste Neue macht daher mehr Glück, als das beste Alte. Sogar das beste, in seiner Form vollendetste Neue gefällt solchen Leuten, bei denen das stoffliche Interesse überwiegt, nicht sowohl weil es schön, formell vollendet, sondern weil es neu ist, weil es überrascht und spannt. Ein artiges Beispiel hiefür theilt Lucian mit.

Dieser erzählt in seinem „Zeuxis und Antiochus" (Vergl. Lucian's Werke, übersetzt von August Pauly): Zeuxis, der erste Maler seiner Kunst, pflegte sich mit den alltäglichen Gegenständen der Malerei, als da sind Götter, Helden, Schlachten und dergl., gar nicht oder nur selten zu beschäftigen und war stets bemüht, neue Formen zu seinen Darstellungen zu wählen. Und wenn er dann einen auffallenden Gegenstand erdacht hatte, der noch von keinem Andern bearbeitet worden war, so verwandte er auf seine Ausführung den höchsten Fleiß und alle Kunst, die ihm zu Gebote stand. Unter andern Wagestücken dieser Art unternahm er auch die Darstellung einer Centaurin, wie sie eben ein Paar noch ganz kleiner Zwillings-Centaurchen säugt. Auf einem reichen grünen Rasen liegt die Centaurin mit dem ganzen Pferdeleibe auf die Erde gelagert, die Hinterfüße rückwärts ausgestreckt; der obere weibliche Theil hingegen ist sanft gehoben und stützt sich auf den einen Ellenbogen. Die Vorderfüße sind nicht, wie bei einem auf der Seite liegenden Pferdekörper, gestreckt, sondern der eine ist in knieender Stellung mit einwärts gebogenem Hufe; der andere ist auf die Erde gestemmt, gerade wie bei einem Pferde, das im Begriffe ist, vom Boden aufzuspringen. Von den beiden Jungen hält sie das Eine in den Armen empor und reicht ihm die menschliche Brust: das Andere liegt unter ihr und saugt wie ein Füllen. Ueber ihr steht auf einer Anhöhe ein Centaur, wie es scheint, der Gatte dieser säugenden Mutter, und schaut lachend auf sie herab. Er ist übrigens nicht ganz, sondern blos bis in die Mitte des Pferdeleibes sichtbar. Mit einem jungen Löwen, den er mit dem rechten Arm emporhält, scheint er seine Kleinen zum Scherze erschrecken zu wollen.

Dieses Bild nun, dessen formelle Vollendung im Einzelnen Lucian noch weiter ausführlich schildert, stellte Zeuxis öffentlich auf

und versprach sich von der kunstvollen Ausführung desselben eine
große Wirkung auf die Beschauer. Auch erhob sich wirklich
(sobald es enthüllt war) ein allgemeines Beifallgeschrei, wie das
bei dem ersten Anblick eines so köstlichen Werkes nicht anders
sein konnte. Allein was die Leute alle am meisten bewunderten,
war das Neue des Gedankens, und der Einfall, einen Gegen=
stand zu bearbeiten, an welchen zuvor Niemand gedacht hatte.
Wie also Zeuxis sah, daß diese Neuheit die Zuschauer so ganz
beschäftigte, daß sie für die Kunst und außerordentliche Sorg=
falt in der Ausführung aller Theile gar kein Auge hatten, so
rief er einem seiner Schüler zu: „Hülle das Gemälde nur wie=
der ein, Mikkion, und laß es nach Hause tragen. Diese Men=
schen loben sich nur den rohen Stoff, das Gemeinste an unserer
Kunst: an das aber, was sie bewundern müßten, wenn sie
Kunstsinn hätten, kehren sie sich nicht viel. Die überraschende
Neuheit des Einfalls gilt ihnen weit mehr, als aller Kunstwerth
der Arbeit.“

Aus diesem Beispiel erhellt, wie verletzend es für den
großen Künstler ist, wenn das Publikum ein blos stoffliches
Interesse an seinen Werken nimmt. Aber nicht immer hat das
stoffliche Interesse nur diese unschuldige Wirkung, daß es den
Künstler verletzt; o nein, es sind weit ernstere und schlimmere
Folgen zu berichten. In einer materiell gesinnten Zeit nämlich,
wo die Kunst nach Brod geht, wird es gewiß nur wenige
Künstler geben, die so stolz sind, ihre Bilder lieber zu verhül=
len, als sie den profanen Blicken des Publikums preiszugeben;
die Mehrzahl derselben, und namentlich die Dichter, werden
sich den Lieblingsgeschmack des Publikums bald abgemerkt haben
und werden nun nicht sowohl auf formell vollendete Werke be=
dacht sein, als vielmehr darauf, durch stofflich interessirende,
reizende und rührende, oder überraschende und spannende Er=
findungen, durch sogenannte Knalleffectstücke, sich den Beifall
des Publikums zu gewinnen. Und nachdem so der verdorbene
Geschmack oder vielmehr die Geschmacklosigkeit des Publikums
den Verfall der Kunst herbeigeführt hat, wird dieser wiederum
auf den Geschmack des Publikums zurückwirken und denselben
noch mehr verderben. Von diesem Gesichtspunkt aus wird man
Manches, was Rousseau in dem Briefe an D'Alembert gegen

das Theater vorbringt, gar nicht so unrichtig finden. Auch er hat dabei das Verführerische des Zeit- und Nationalgeschmacks für die Dichter im Auge, indem er zeigt, wie dieselben, um Beifall zu finden, genöthigt sind, den herrschenden Ansichten, Neigungen und Leidenschaften zu schmeicheln. „A Londres, sagt er vom Standpunkt jener Zeit aus, un Drame intéresse en faisant haïr les François; à Tunis, la belle passion seroit la piraterie; à Messine, une vengeance bien savoureuse; à Goa, l'honneur de brûler des Juifs. Qu'un auteur choque ces maximes, il pourra faire une fort belle Piece où l'on n'ira point; et c'est alors qu'il faudra taxer cet Auteur d'ignorance, pour avoir manqué à la premiere loi de son art, à celle qui sert de base à toutes les autres, qui est de réussir. Ainsi le Théâtre purge les passions qu'on n'a pas, et fomente celles qu'on a. Ne voilà-t-il pas un remede bien administré?"

Auch Plato hat mit seiner Verbannung der Dichter aus dem Staate, eigentlich nur die dem stofflichen Geschmack des Publikums huldigenden, den Affecten und Leidenschaften des Volks schmeichelnden Dichter im Auge, wie sich aus dem von ihm (im 10. Buch der Rep.) angeführten Beispiel ergibt. „Die Vernunft, heißt es dort, fordert es ja wohl nach einem Unglücks- fall als das Beste, nicht Kindern gleich, die sich gestoßen haben, den verletzten Theil haltend die Zeit mit Schreien hinzubringen, sondern immer die Seele zu gewöhnen, sobald wie möglich an das Heilen und Wiederaufrichten des Gefallenen und Beschädig- ten zu gehen, und durch Heilung die Wehklage verstummen zu machen. — Wenigstens wäre das die richtigste Art, sprach er, sich bei den Zufällen zu benehmen. — Das Beste nun, sagen wir wohl, ist geneigt, diesem Vernünftigen zu folgen. — Versteht sich. — Was aber zur Erinnerung an das Leiden und zum Jammern treibt und unersättlich darin ist, werden wir das nicht unvernünftig und träge und der Feigheit befreundet nennen? — Freilich werden wir das. — Dieses nun, was zum Grame hin- neigt, hat vielen und mannigfaltigen Stoff für die Nachahmung; die verständige und ruhige Gemüthsart aber, die immer sich selber gleich bleibt, ist weder leicht nachzuahmen, noch der sie Nachahmende ohne Schwierigkeit zu erkennen, zumal von einer verſammelten Menge und von Menſchen aller Art, wie ſie auf den Schauplätzen zuſammenkommen; denn es iſt ja wohl für ſie die Nachahmung eines fremden Zuſtandes. — Ja allerdings. — Offenbar alſo iſt der nachahmende Dichter nicht für dieſe Rich= tung der Seele geeignet oder ſeine Weisheit ihr zu gefallen gemacht, wenn ihm die Menge Beifall ſchenken wird, ſondern für die zum Grame hinneigende und mannigfaltige Gemüthsart, weil ſie leicht nachzuahmen iſt. — Offenbar —.... Und ſo hätten wir nun wohl Recht, ihn nicht aufzunehmen in den Staat, welcher gut eingerichtet ſein ſoll, weil er dieſes aufregt in der Seele und nährt und ſtark machend das Vernünftige erſtickt, wie wenn im Staate einer die Schlechten mächtig macht und ihnen den Staat übergibt und die Beſſern tödtet." (Nach Schneider's Ueberſetzung.)

Was hätte Platon erſt geſagt, wenn er die modernen Romandichter gekannt hätte, er, der ſchon gegen Homer und die Tragödiendichter polemiſirt, weil ſie ihre Helden in Gram und Trauer zeigen, wie ſie lange Klagereden halten', oder wie ſingen und an ihre Bruſt ſchlagen. Haben doch ſelbſt Romane, die, wie die Göthe'ſchen, als vollendete Kunſtwerke zu betrach= ten ſind, Unheil geſtiftet, weil ſie nicht objectiv, mit dem Kopfe, ſondern ſubjectiv, mit dem ſtofflichen Intereſſe des Herzens aufgefaßt worden ſind.

Die ſchädliche Wirkung der Romane, ſelbſt der künſtleriſch vollendetſten, beruht lediglich darauf, daß ſie bei der Mehrzahl der Leſer, ſtatt der reinen äſthetiſchen Contemplation, ein ſtoff= liches Intereſſe erregen, d. h. ſtatt auf den Kopf, die Er= kenntniß, auf das Herz, die Affecte und Leidenſchaften, wirken. Junge, leidenſchaftliche Gemüther und weiche, gefühlvolle Seelen ſind ja nicht geeignet, ſich ein Dichterwerk als Ganzes objectiv zu machen, und es nach ſeinem reinen Kunſtwerth, als Ausdruck einer zu Grunde liegenden Idee, zu beurtheilen; ſie vermögen ſich nicht über das Einzelne, das ſie reizt oder rührt, zu erheben, ſon= dern bleiben im Stofflichen ſtecken, ergreifen Partei für und wider, ſympathiſiren mit dieſer oder jener geſchilderten Perſon, lieben oder haſſen, trauern oder jubeln, begehren oder verabſcheuen mit dem Helden der Dichtung. Deſſen Zerfallenheit mit ſich und der Welt, ſein dumpfes thatenloſes Hinbrüten, oder ſeine raſende Verliebtheit, sein phantastisches abenteuerliches Wesen, seine Unstätigkeit und Flatterhaftigkeit, sein Leichtsinn und seine göttliche Faulheit — alles Derartige findet in den gleichgestimmten Seelen leicht Anklang und Nachahmung; sie übertragen die eingebildete Welt der Dich=tung in die wirkliche, als ob der Dichter sie ihnen direct als Muster der Nachahmung aufgestellt hätte; und dann ist das Unheil da, der Eine jagt sich mit Werther eine Kugel durch den Kopf, ein Anderer versinkt mit Hamlet in ein dumpfes, thatenloses Brüten über den Weltlauf, ein Dritter hängt mit Faust den Krimskrams der Wissenschaft an den Nagel und stürzt sich in den Strudel des Sinnenlebens. Freilich ist der Dichter nicht Schuld an solchen Wirkungen; denn was kann er dafür, daß die Menge keines andern, als stofflichen Interesses an seinem Werke fähig ist und, am Einzelnen haftend, nicht den Sinn des Ganzen zu fassen vermag? Wenn Göthe uns in seinem Werther zeigt, welche Gründe einen edeln, jungen Mann, der jedoch ein moralischer Schwächling ist, zum Selbstmord be=stimmen können; wie unbefriedigte Leidenschaften, Mangel an Anregung von Außen zu bedeutenden Handlungen, die einzige Aussicht, in einem schleppenden, geistlosen, bürgerlichen Leben sich hinhalten zu müssen, bei übertriebenen Forderungen an sich selbst und dem drückenden Gefühl der eigenen immer wieder=kehrenden Fehler und Schwächen, ihm einen Haß gegen die Welt und das Leben einflößen müssen, (vergl. Göthe's „Dichtung und Wahrheit" Buch 13) — was kann der Dichter dafür, daß dieses Beispiel eines Schwächlings, der aus Mangel an moralischer Kraft seiner Leidenschaft endlich unterliegt, Gleichgeartete, anstatt abzuschrecken, ansteckt?

Aber, eben weil es der Menge so schwer wird, den eigentlichen und wahren Sinn eines poetischen Ganzen zu erfassen, so würden die Dichter, um sich selbst von aller Verantwortlichkeit für etwaige üble Folgen ihrer Werke zu befreien, vielleicht nicht übel thun, wenn sie für die Schwachen in einem Prolog oder Epilog die Idee angäben, die das Ganze veranschaulicht, und Lessing hat daher, was den Werther betrifft, nicht Unrecht, wenn er in einem Briefe an Eschenburg (vom 26. October 1774) äußert, daß ein so warmes Product, wenn es nicht mehr Unheil als Gutes stiften soll, eine kalte Schlußrede haben müßte, „ein

Paar Winke hinterher, wie Werther zu einem so abenteuerlichen Charakter gekommen; wie ein anderer Jüngling, dem die Natur eine ähnliche Anlage gegeben, sich dafür zu bewahren habe. Denn ein solcher dürfte die poetische Schönheit leicht für die moralische nehmen, und glauben, daß der gut gewesen sein müsse, der unsere Theilnehmung so stark beschäftiget."

Das stoffliche Interesse der Meisten an Werken der Poesie gibt sich besonders auch darin kund, daß sie bei größern Dichtungen, bei Romanen, Epopöen und Dramen den Gang der Begebenheit nicht zum Voraus wissen wollen, um die Spannung nicht zu verlieren. Verräth man einem solchen stofflich Gesinnten den Ausgang der Handlung vorher, so ist er böse und das Stück hat keinen Reiz mehr für ihn; denn gespannt, gespannt will er bis zu Ende sein. Je mehr ihn der Dichter zu spannen versteht, desto vollkommner ist ihm sein Werk. Anders der wahrhaft ästhetisch Gebildete! Diesen stört eine vorherige Uebersicht über den Gang und die Entwickelung des Ganzen durchaus nicht, sondern ist ihm vielmehr willkommen, weil sie ihn in den Stand setzt, die Ausführung ihrem formellen Werthe nach zu beurtheilen und sich an der Schönheit derselben zu erfreuen. Mit Recht nennt Lessing (Dramaturgie 48. Stück) das Vergnügen der Ueberraschung ein „armseliges", und lobt den Euripides, daß er fast immer den Zuschauern das Ziel voraus zeigte, zu welchem er sie führen wollte. Gegen die, welche dieses dem Euripides als einen Fehler anrechnen, weil es der Ungewißheit und Erwartung, die nach ihrer Ansicht beständig auf den Theater herrschen sollen, gänzlich zuwider sei und alle Annehmlichkeiten des Stückes vernichte, die fast einzig und allein auf der Neuheit der Ueberraschung beruhen, ruft Lessing aus: „Nein: der tragischste von allen Dichtern dachte so geringschätzig von seiner Kunst nicht; er wußte, daß sie einer weit höhern Vollkommenheit fähig wäre, und daß die Ergötzung einer kindischen Neugierde das geringste sei, worauf sie Anspruch mache. Er ließ seine Zuhörer also ohne Bedenken von der bevorstehenden Handlung eben so viel wissen, als nur immer ein Gott davon wissen konnte, und versprach sich die Rührung, die er hervorbringen wollte, nicht sowohl von dem, was geschehen sollte, als von der Art, wie es geschehen sollte."

Daß das Haschen des Publikums nach Neuheit und Ueber= raschung, mittelst des Stofflichen, corrumpirend auf die Poesie zurückwirke, indem es die Dichter verleitet, nach höchst verwickel= ten, seltsamen, frappirenden, von ungewöhnlichen Charak= teren und Situationen überladenen Stoffen zu suchen, die, be= sonders in Romanen, den Leser durch neun bis zehn Bände hindurch jagen, so daß er vor lauter Spannung fast den Athem verliert, — das braucht wohl nicht erst gesagt zu werden; denn die Literatur der Gegenwart gibt traurige Belege dafür. Ueber diesem Haschen nach effectreichen Stoffen geht die Vollendung der Form ganz verloren. Es entstehen Monstregeburten, die gegen die erste Regel aller ächten Kunst, Einfachheit und Ueber= sichtlichkeit, verstoßen.

Mit dieser Erklärung gegen die Sucht nach Erregung des stofflichen Interesses will ich jedoch keineswegs gesagt haben, daß die Kunst nicht auch durch den Stoff, den sie zum Gegen= stande der Darstellung wählt, wirken solle, daß sie nicht bedeu= tende, inhaltschwere, ergreifende, interessirende und spannende Stoffe wählen solle. Vielmehr schließe ich mich ganz dem an, was Sulzer in einer besondern Abhandlung „von der Kraft (Energie) in den Werken der schönen Künste" (in den Jahr= büchern der Akademie der Wissenschaften zu Berlin, abgedruckt in den vermischten philosophischen Schriften) und in dem Artikel „Kraft" (in der allgemeinen Theorie der schönen Künste) von der Nothwendigkeit, durch den Stoff zu interessiren, gesagt hat. Denn die Kunst soll mehr sein, als ein leeres, gehaltloses Spiel der Einbildungskraft, eine bloße Tändelei mit schönen Formen. Nur gegen das Unnatürliche, Erkünstelte, Affectirte, Monströse, auf Knalleffect Berechnete des Stoffes, will ich mich hier erklärt haben. Die beiden entgegengesetzten Forderungen, daß das Kunstwerk den Beschauer interessire und doch auch objectiv mache, d. h. ihn in den Zustand der reinen, willenlosen Con= templation versetze, stehen, wohlverstanden, in keinem Wider= spruch zu einander. Denn das ächte Kunstwerk erregt nicht blos Affecte und Leidenschaften, sondern reinigt dieselben auch. (Vergl. S. 98.)

XVII.

Ueber Tendenzpoesie.

Dem ächten Dichter ist das Kleinste, wie das Größte gleich lieb= und werthvoll, er betrachtet und behandelt das Niedrigste wie das Höchste mit gleicher Zuneigung und Sorgfalt; denn im Einzel= nen sieht er nicht das Einzelne, Vergängliche, sondern die ewige Idee, das bleibende eigenthümliche Wesen desselben, und Jedes ist ihm ein nothwendiges Glied in der Kette des Ganzen. „Unsere deutschen Aesthetiker reden zwar viel von poetischen und unpoetischen Gegenständen, und sie mögen auch in gewisser Hinsicht nicht ganz Unrecht haben; allein im Grunde bleibt kein realer Gegenstand unpoetisch, sobald der Dichter ihn gehörig zu gebrauchen weiß." (Göthe bei Eckermann I.) „Man sage nicht, daß es der Wirklichkeit an poetischem Interesse fehle; denn eben darin bewährt sich ja der Dichter, daß er geistreich genug sei, einem gewöhnlichen Gegenstand eine interes= sante Seite abzugewinnen." (Daselbst.)

Muster in dieser Universalität ist der alte Homeros. Ihm ist Alles gleich werth, wie der Mutter Natur. Wagen und Pferde schildert er mit gleicher Liebe und Sorgfalt, wie den Wagenlenker und Helden. Der Sauhirt ist ihm eben so gött= lich, wie der König. Sehr wahr sagt in dieser Hinsicht Gep= pert (über den Ursprung der Homerischen Gesänge I. 452): „Wenn sich bei Homer die Dinge auf die Weise begeben, als ob sie sich von selbst machten, wenn das ganze Universum sich in ihm abspiegelt und es nicht von größerer Bedeutung erscheint, daß Patroklos erschlagen wird, wie der Umstand, daß die Sonne auf- und untergeht, denn keins wird über das andere vergessen, weder die Naturereignisse über die Schicksale der Menschen, noch diese über jene, so ist dies für mich kein Beweis dafür, daß damals die Natur dem ungetrübten Blicke der Menschen näher stand und sich mit ihrer steten Wiederkehr in ihren Gesängen abspiegelte, sondern daß der Dichter, der so zu dichten vermochte, die Gabe der Objectivität in einer Weise besaß, wie sie später keinem Zweiten zu Theil geworden ist. Daß Objectivität überhaupt nicht etwa der ausschließliche Charakter irgend einer Epoche ist, sehen wir an Göthe und Walter Scott, die man in dieser Beziehung wohl mit Homer vergleichen kann."

Objectivität ist die Grundbedingung der Universalität. Während der subjective Dichter durch Vorliebe für diesen oder jenen Gegenstand eingenommen ist und nicht das selbsteigene Wesen des Gegenstandes aus sich, sondern sich aus dem Gegenstand reden läßt, den Gegenstand also in sich verwandelt, statt sich in ihn, so ist umgekehrt dem objectiven Dichter Alles, worin sich eine ewige Idee offenbart, gleich lieb, und wie durch Metempsychose verwandelt er sich in den Gegenstand und läßt dessen eigenes Wesen reden, so daß wir fühlen, wenn die Dinge uns ihr Inneres enthüllen und aussprechen könnten, daß sie es nicht anders thun würden, als beim objectiven Dichter. „So lange der Dichter blos seine wenigen subjectiven Empfindungen ausspricht, ist er noch keiner zu nennen; aber sobald er die Welt sich anzueignen und auszusprechen weiß, ist er ein Poet. Und dann ist er unerschöpflich und kann immer neu sein, wogegen aber eine subjective Natur ihr bischen Inneres bald ausgesprochen hat und zuletzt in Manier zu Grunde geht." (Göthe bei Eckermann I.)

Der subjective Dichter kommt nicht von sich, von seiner Individualität los, so daß man aus seinen Dichtungen nicht sowohl die Dinge, als vielmehr ihn selbst kennen lernt. Die Grundbedingung der objectiven, universellen Anschauung ist aber gerade das Loskommen und Freiwerden von sich, die Erweiterung seiner selbst zum allgemeinen Wesen, das in Allem lebt und webt, im Großen wie im Kleinen; im Starken, wie im Schwachen; im Bösen, wie im Guten; im Ruhigen, wie im

Aufgeregten; kurz, die Fähigkeit, Lust und Leid, Wohl und Wehe der ganzen Welt auf sich zu häufen. Darum ist aber auch der ächte Dichter ein pantheistisches Wesen. Er lebt, fühlt und denkt gewissermaßen in Allem. Er freut sich mit dem Fröhlichen und trauert mit dem Trauernden. Er zürnt mit dem Zürnenden, haßt und liebt mit dem Hassenden und Liebenden, ist von Neid oder Rache entbrannt mit dem Neidischen oder Rachsüchtigen. Kurz, da gibt es keinen Affect und keine Leidenschaft, keine glückliche oder unglückliche Situation, keinen guten oder bösen Charakter, in die er sich nicht zu versetzen und zu versenken wüßte; und doch wieder schwebt er frei über dem Allen, denn er ist dieses Alles nicht, sondern durchschaut es nur, er tritt wohl für eine Weile aus sich heraus und versenkt sich ganz in den Gegenstand, den er uns eben schildert, aber er bleibt nicht drin stecken, sondern zieht sich wieder heraus und kehrt mit gleicher Lust und Liebe in andere Gestalten ein; denn in der universellen Anschauung ist er ja nicht Einer, wie er in der Realität nur diese bestimmte, einzelne Person ist, sondern er ist Alles. Der Realität nach Einer seiend, ist er in der objectiven universellen Intuition allumfassendes Wesen. Dies ist der wahre Sinn des Worts, daß der Dichter ein Seher.

Dieselbe Objectivität und Universalität aber, dasselbe Freiwerden von der eigenen Individualität, das in dem Dichter zum activen Schaffen ächter poetischer Werke erforderlich, ist auch die Bedingung des Genießens und Verstehens derselben beim Publikum. Menschen daher, die von sich, von ihrem Ego nicht loskommen können, die fortwährend nur mit den persönlichen Interessen und Angelegenheiten ihres Willens beschäftigt und erfüllt sind, befinden sich nicht in der Disposition, die Werke der großen Dichter verstehen und genießen zu können. Sie haben höchstens Sinn für solche Producte, die ihnen ihr eigenes Thun und Treiben widerspiegeln, für Alltagsstücke, die das gemeine Leben in platter Natürlichkeit nachahmen. Entfernt sich aber der Stoff bedeutend von dem Kreise ihres eigenen Dichtens und Trachtens, verfolgt der Held des Stückes Zwecke, die den ihrigen fremd sind, ist er von Affecten und Leidenschaften ergriffen, deren sie selbst nicht fähig sind, treffen ihn Freuden und Leiden, die außerhalb ihres

Bereiches liegen, dann können sie dem Dargestellten keinen Ge=
schmack mehr abgewinnen; denn sie verstehen es nicht, es fehlt
ihnen die Idee, in deren Lichte es angeschaut sein will. Nur
Gleiches überhaupt wird von Gleichem erkannt und verstanden.
Kann man sich nicht in die fremden Charaktere und Verhält=
nisse hineinversetzen, nicht die gleichen Gesinnungen und Bestre=
bungen, die gleichen Gedanken und Gefühle innerlich durchleben,
so muß Einem das Alles fremdartig vorkommen, wie die Er=
scheinungen einer andern Welt, für die man keinen Schlüssel hat.
Daher auch kommt es, daß das Publikum jeder Zeit am besten
diejenigen Stücke versteht und goutirt, die dem Zeitgeschmacke
entsprechen und die Localfärbung an sich tragen, woraus wie=
derum die Tendenzpoesie entspringt, die, da sie nur darauf
ausgeht, dem localen und temporellen Geschmack des Publikums
zu huldigen, der Tod aller ächten Poesie ist. Jede Zeit ver=
steht demzufolge nur die Werke, die in ihr selbst, ihren Ten=
denzen gemäß, producirt werden, für die der vergangenen hat
sie schon keinen Sinn mehr, so wie die zukünftige für die
ihrigen keinen Sinn mehr haben wird. Statt daß aber solcher
Weise das Publikum den Dichter zu sich herabzieht und ihn zum
gehorsamen Diener seines dürftigen Zeitgeschmackes erniedrigt,
ihn zu ephemeren Productionen verleitend, sollten vielmehr um=
gekehrt die Dichter das Publikum zu sich heraufziehen und es
zur Anschauung der ewigen, unvergänglichen Ideen der Dinge,
durch über den Zeitgeschmack erhabene Werke, erheben.

Dem wahrhaft Gebildeten sind die Werke der alten
großen Dichter, z. B. eines Homer und Sophokles, obgleich die
Helden derselben sich in einer von der unsrigen an Sitten,
Tendenzen und Zwecken völlig verschiedenen Zeit bewegen, den=
noch wegen des Ewigen und Allgemeinmenschlichen, das in
ihnen sich abspiegelt, immer noch genießbarer, als die schlechten
dem Zeitgeschmack huldigenden Machwerke der gegenwärtigen
Dichterlinge. Der Pöbel aber zieht sich die letztern vor, und
so wird es dann freilich kommen, daß unsere Zeit der Nachwelt
wenig dauernde Werke zu überliefern haben wird, weil der
Mangel an Objectivität und Universalität beim Publikum leider
auf die Dichter zurückwirkt.

Die reine Objectivität in Werken der Kunst läßt den

großen Haufen kalt, wie eine griechische Marmorstatue. Sollen ihn die Kunstwerke interessiren, so muß ihnen der Reiz der Tendenz beigemischt sein, d. h. sie müssen sich nicht an die reine Contemplation wenden, sondern dem Willen schmeicheln. Daher haben zu jeder Zeit die Tendenz=Dichter weit mehr Glück beim Publikum gemacht, als die objectiven, ja selbst Schiller ist darum beim Volke beliebter und volksthümlicher geworden, als Göthe. So sehr will überall das subjective Zeitinteresse der Menschen erregt sein und so wenig sind sie im Allgemeinen dazu gemacht, an rein objectiver, uninteressirter, willenloser Contemplation Vergnügen zu finden.

Die politische Tendenzpoesie hat schon Göthe sehr gut abgefertigt, indem er sagt: „So wie ein Dichter politisch wirken will, muß er sich einer Partei hingeben; und so wie er dieses thut, ist er als Poet verloren; er muß seinem freien Geiste, seinem unbefangenen Ueberblick Lebewohl sagen und dagegen die Kappe der Bornirtheit und des blinden Hasses über die Ohren ziehen.

„Der Dichter wird als Mensch und Bürger sein Vaterland lieben, aber das Vaterland seiner poetischen Kräfte und seines poetischen Wirkens ist das Gute, Edle und Schöne, das an keine besondere Provinz und an kein besonderes Land gebunden ist, und das er greift und bildet, wo er es findet. Er ist darin dem Adler gleich, der mit freiem Blick über Ländern schwebt und dem es gleichviel ist, ob der Hase, auf den er hinabschießt, in Preußen oder in Sachsen läuft." (Eckermann Gespräche II.)

XVIII.

Poesie und Geschichte.

————

Es ist ein charakteristischer Unterschied der Geschichte und Poesie, daß es bei jener darauf ankommt, daß Das wirklich geschehen sei, was uns als geschehen berichtet wird; denn in der Geschichte wollen wir uns nicht mit Fabeln und Fictionen abspeisen lassen, sondern wir verlangen Realität, und daher das mühsame Suchen der historischen Kritik, aus dem überlieferten Stoff das wirklich Geschehene, aus der bloßen Sage und dem Gerücht das Factische zu sondern. Schon das deutsche Wort Geschichte deutet an, daß es sich dabei um Geschehenes handelt, so wie das griechische Wort Historie (von ἱστορέω, erforschen, erfragen) die Erforschung, Erfragung des Geschehenen bedeutet. In der Poesie hingegen handelt es sich nicht um äußerlich Geschehenes, sondern um die innere ewige Wahrheit des Geschehenen, nicht um Realität, sondern um Idealität, nicht um das Daß, sondern um das Was, das innere, eigenthümliche Wesen der Begebenheiten. Der Geschichtschreiber und der Dichter unterscheiden sich daher, wie schon Aristoteles (Poetik Cap. 9) sagt, darin, daß jener erzählt, was geschehen, dieser aber zeigt, von welcher wesentlichen Beschaffenheit das Geschehene ist, und deswegen, setzt Aristoteles hinzu, ist die Poesie auch philosophischer und wichtiger, als die Geschichte. (Τούτῳ διαφέρουσι, τῷ τὸν μὲν τὰ γενόμενα λέγειν, τὸν δὲ οἷα ἂν γένοιτο· διὸ καὶ φιλοσοφώτερον καὶ σπουδαιότερον ποίησις ἱστορίας ἐστίν.)

„Denn die Poesie stellt mehr das Allgemeine, die Geschichte das Einzelne dar. Das Allgemeine ist Das, daß einem Manne von dem und dem Charakter nach der Wahrscheinlichkeit oder Nothwendigkeit etwa solche Reden oder Handlungen gebühren. Einzeln aber ist z. B. was Alkibiades gethan und gelitten hat."

Der Unterschied läßt sich auch so bezeichnen: Object der Poesie ist das ewige Wesen des Geschehenen, Object der Geschichte die räumlich=zeitliche Erscheinung. Während Letztere berichtet, was dieser oder jener Held, dieser oder jener König, Feldherr, Staatsmann, Künstler, Religionsstifter oder Philosoph, unter diesem oder jenem Volk, zu dieser oder jener Zeit, an diesem oder jenem Ort, gethan und gelitten; was diese oder jene Begebenheit für Ursachen und Wirkungen gehabt, und wie allmälig der jetzige Zustand der Welt und des Lebens sich aus der Vergangenheit herausgebildet: so hat es die Poesie gar nicht mit solchen zeitlichen, in diesem oder jenem factischen Causalzusammenhang stehenden Dingen zu thun, die einmal gewesen sind und dann nicht wieder, sondern mit den nie altern= den, immer und überall, zu den verschiedensten Zeiten, an den verschiedensten Orten und unter den verschiedensten Umständen, sich wesentlich auf dieselbe Art offenbarenden Ideen oder allgemeinen Charakteren der individuellen Erscheinungen. Homer zeigt uns in seinem Achilles und Odysseus, Sophokles in seinem Ajax, Philoktet, Oedipus u. s. w., Shakespeare in seinem Hamlet, Lear, Macbeth, Coriolan u. s.w. nicht blos diese einzelnen, historischen Personen in diesem bestimmten, örtlichen und zeitlichen Zusammenhang, sondern allgemeine Charaktere und Schicksale, wie sie dem Wesen nach auch zu andern Zeiten und unter andern Umständen vorkommen können. Sie zeigen uns, was bei solchem Charakter und unter solchen Umständen nothwendig geschehen muß, und belehren uns daher im Voraus für alle ähnlichen Fälle. Daher auch die ewige Jugend und Frische, und die allgemein menschliche Bedeutung der ächten poetischen Werke. Aus ihnen lernen wir nicht diese oder jene einzelnen Menschen mit diesem oder jenem individuellen Schicksal, sondern das Wesen und das allgemeine Schicksal des Menschen kennen. „Geschichte verhält sich zur Poesie eigentlich wie Por=

traitmalerei zur Historienmalerei: jene gibt uns das im Einzelnen, diese das im Allgemeinen Wahre: jene hat die Wahrheit der Erscheinung, und kann sie aus derselben beurkunden: diese hat die Wahrheit der Idee, die in keiner einzelnen Erscheinung zu finden, dennoch aus allen spricht. Der Dichter stellt mit Wahl und Absicht bedeutende Charaktere in bedeutenden Situationen dar: der Historiker nimmt beide wie sie kommen. Ja, er hat die Begebenheiten und die Personen nicht nach ihrer innern, ächten, die Idee ausdrückenden Bedeutsamkeit anzusehen und auszuwählen; sondern nach der äußern, scheinbaren, relativen, in Beziehung auf die Verknüpfung, auf die Folgen, wichtigen Bedeutsamkeit. Er darf nichts an und für sich, seinem wesent=lichen Charakter und Ausdrucke nach, sondern muß alles nach der Relation, in der Verkettung, im Einfluß auf das Folgende, ja besonders auf sein eigenes Zeitalter betrachten. Darum wird er eine wenig bedeutende, ja an sich gemeine Handlung eines Königs nicht übergehen: denn sie hat Folgen und Einfluß. Hingegen sind an sich höchst bedeutungsvolle Handlungen der Einzelnen, sehr ausgezeichnete Individuen, wenn sie keine Folgen, keinen Einfluß haben, von ihm nicht zu erwähnen." (Schopenhauer „die Welt als Wille und Vorstellung" Bd. I. §. 51. *)

Daß nun aber, trotz dieses Gegensatzes, demzufolge die Poesie nicht, wie die Geschichte, auf das Reale, sondern auf das Ideale, nicht auf factische Wirklichkeit, sondern auf ewige Wahrheit gerichtet ist, dennoch die Poesie historische Stoffe, wirkliche Charaktere und Begebenheiten, den rein erdichteten vorzuziehen und uns lieber jene in poetischem Lichte zu zeigen,

---

*) Baco v. Verulam sagt, indem er die erzählende Poesie mit der Geschichte vergleicht: „Cum historia vera successus rerum, minime pro meritis Virtutum et Scelerum, narret; corrigit eam Poesis, et exitus et fortunas, secundum merita et ex lege Nemeseos, exhibet. Cum historia vera, obvia rerum satietate et similitudine, animae humanae fastidio sit; reficit eam Poesis, inexpectata et varia et vicissitudinum plena canens: Adeo ut Poesis ista, non solum ad delectationem, sed etiam ad animi magnitudinem et ad mores conferat." (De augm. scient. Lib. II. Cap. 13.)

als von Ideen auszugehen und erst hinterher die ihnen ent=
sprechenden Charaktere und Schicksale zu erdichten hat, — dieses
Bedürfniß nach Realität auch in der Poesie kommt daher,
daß es ja eben die Ideen des Wirklichen, die Wesenheiten
der realen Welt sind, die wir in der Poesie anschauen und
kennen lernen wollen. Schon von diesem Gesichtspunkte daher
ist die aus der wirklichen Welt ihre Stoffe nehmende Poesie
der mährchenhaft romantischen, die in einer eingebildeten,
hyperphysischen Wunderwelt versirt, bei Weitem vorzuziehen.

XIX.

Poesie und Philosophie.

___

Die Poesie hat Etwas, wodurch sie mit der Geschichte verwandter ist, als mit der Philosophie, und wiederum Etwas, wodurch sie mit der Philosophie verwandter ist, als mit der Geschichte.

Mit der Geschichte nämlich hat die Poesie dieses gemein, daß ihr Stoff einzelne, zeitlich und räumlich umgrenzte Erscheinungen und Begebenheiten sind, mit der Philosophie hingegen dieses, daß ihr Gehalt ein ewiger und allgemeiner ist, weshalb sie Aristoteles philosophischer nennt, als die Geschichte.

Geschieden von der Geschichte ist die Poesie dadurch, daß sie uns die einzelnen Gestalten und Begebenheiten, die sie uns vorführt, nicht sowohl ihrer Causalbeziehung, als vielmehr dem in dieser zur Erscheinung kommenden ewigen und allgemeinen Wesen nach zeigt. Von der Philosophie hingegen ist sie wiederum dadurch geschieden, daß sie uns das ewige und allgemeine Wesen nicht in abstracto, in aus den einzelnen Individuen abgezogenen und ihren wesentlichen Merkmalen nach zergliederten Gattungsbegriffen, sondern in concreto, in anschaulichen Beispielen kennen lehrt.

Treffend sagt Schopenhauer: „Zur Philosophie verhält sich die Poesie, wie die Erfahrung sich zur empirischen Wissenschaft verhält. Die Erfahrung nämlich macht uns mit der Erscheinung im Einzelnen und beispielsweise bekannt: Die Wissenschaft umfaßt das Ganze derselben mittelst allgemeiner Begriffe. So will die Poesie uns mit den (Platonischen) Ideen der Wesen mittelst des

Einzelnen und beispielsweise bekannt machen: die Philosophie will das darin sich aussprechende innere Wesen der Dinge im Ganzen und Allgemeinen erkennen lehren." (Die Welt als Wille und Vorstellung II. 427.)

Daher kommt es, daß während der Philosoph z. B. in der Anthropologie das Wesen der verschiedenen Lebensalter und Geschlechter, der Temperamente, der Affecte und Leidenschaften, oder in der Moral das Wesen der Güte und Bosheit, abstract begrifflich definirt, also nur die Prädicate als solche, abgesondert von den individuellen Erscheinungen, woran sie haften, darstellt, der Dichter uns im Gegentheil dieselben anschaulich im Individuum zeigt, also an einem bestimmten Mann und einem bestimmten Weibe das Wesen des Mannes und des Weibes, an einem bestimmten Jüngling und Greis das Wesen der Jugend und des Alters, an einem bestimmten Sanguinicus und Melancholicus das Wesen des Leichtsinns und der Schwermuth, an einem bestimmten Zornigen, Verliebten, Neidischen, Herrschsüchtigen das Wesen des Zorns, der Liebe, des Neides, der Herrschsucht, an einem bestimmten Bösewicht und Tugendhelden das Wesen der Bosheit und der Güte zur Anschauung bringt. Der Philosoph zergliedert den Inhalt der Begriffe; der Dichter dagegen steigt in den Umfang derselben hinab und zeigt in diesem ihren Inhalt. Poesie und Philosophie unterscheiden sich daher nicht dem Gehalt, sondern nur der Form nach. Beide, der Dichter und der Philosoph, führen uns in dasselbe innere Wesen der Dinge ein, aber der Philosoph direct, der Dichter indirect; jener zeigt uns die Wahrheit nackt, durch reine Aussonderung des Allgemeinen, Wesentlichen und Ewigen aus den einzelnen vergänglichen Erscheinungen, dieser dagegen verhüllt, in der Verkörperung der einzelnen Erscheinungen.

Ein zweiter, ebenfalls formeller Unterschied zwischen Poesie und Philosophie ist dieser: der Philosoph muß uns ein System, ein vollständiges und methodisch geordnetes Ganzes der Welterkenntniß geben, also die verschiedenen (physischen, ethischen und intellectuellen) Gebiete mit ihren Unterabtheilungen sondern und ihren innern Zusammenhang nachweisen. Der Dichter hingegen greift hinein ins volle Natur- und Menschenleben, und packt es, wo es interessant ist. Der Unterschied ist

derselbe, wie der zwischen dem Naturforscher und dem Landschafts=
maler. Jener zerlegt die Natur in ihre Elemente und Gattun=
gen, beschreibt das allgemeine Wesen und die unabänderlichen
Gesetze der Ponderabilien und Imponderabilien, der unorgani=
schen und organischen Reiche, classificirt sie und zeigt ihren
Zusammenhang auf. Der Landschaftsmaler hingegen bildet die
Natur nicht so auf Schnüre gezogen ab, sondern zeigt sie uns
in ihrem lebensvollen Durcheinander, in der bunten Mischung
von Licht, Luft, Erde und Wasser, Pflanzen= und Thierreich,
wie sie sich uns in der Wirklichkeit darbietet.

Endlich zerlegt der Philosoph die Welt in ihre letzten Ur=
elemente, sei es nun, daß er sie, wie die Alten, in Materie
und Form, Materie und Geist, oder, wie die Neuern, in Ding
an sich und Erscheinung zerlege. Der Thätigkeit des Dichters
hingegen ist nichts so sehr zuwider, als das Trennen und Zer=
legen; denn so wie das volle, warme Leben die anatomische Zer=
gliederung nicht verträgt, so auch die concrete dichterische An=
schauung nicht die kritische Zerlegung in Urbestandtheile. Die=
selben Elemente, die der Philosoph sondert, gibt der Dichter
gerade in ihrer Verbindung und Durchdringung.

Zu diesen formellen Unterschieden gesellt sich noch ein
materieller, den Inhalt betreffender. Während nämlich der
Philosoph sich streng an die factisch empirische, wirklich gegebene
Welt halten, sich also alle Fictionen versagen muß, da seine
Begriffe und Urtheile keine objective Gültigkeit haben, wenn sie
nicht aus der äußern und innern Erfahrung abstrahirt sind; so
steht es dem Dichter dagegen frei, in seiner Phantasie eine
fingirte Welt von lauter eingebildeten Wesen und Verhältnissen
zu schaffen, wenn er nur daraus ein schönes, übereinstimmendes
Ganzes zu bilden vermag. Den Dichter kümmert es nicht, ob
wirklich die Menschen ursprünglich in einem goldenen Zeitalter
gelebt haben, wo

> Ver erat aeternum, placidique tepentibus auris
> Mulcebant Zephyri natos sine semine flores.
> Mox etiam fruges tellus inarata ferebat:
> Nec renovatus ager gravidis canebat aristis.
> Flumina jam lactis, jam flumina nectaris ibant,
> Flavaque de viridi stillabant ilice mella.

Genug, diese Vorstellung gefällt seiner Phantasie, und für ihn
als Dichter hat sie Wahrheit, sollte ihm auch der Historiker und
Philosoph durch noch so schlagende Gründe ihre factische Un-
wahrheit beweisen. Denn die Wahrheit des Gedichts braucht
nur eine innere, nicht wie die historische und philosophische
Wahrheit eine auf factische, empirische Realität gestützte zu sein.
Daher auch kommt es, daß während der Philosoph keine Vorstellungen von der Gottheit und Unsterblichkeit zulassen darf,
für die es nicht gegründete Beweise gibt, der Dichter dagegen,
der das dogmatische Verfahren liebt, in Hymnen und Lehr-
gedichten, so wie in epischen und dramatischen Dichtungen, seine
der Phantasie gefälligen Vorstellungen von der olympischen
Götterwelt und dem Schattenreich der Unterwelt, oder nach
christlicher Mythologie von Himmel, Hölle und Fegefeuer ausmalt, ohne sich im Geringsten darum zu kümmern, ob sie factische Wahrheit haben, ja ohne selbst an deren factische Wahrheit zu glauben. Der Dichter sagt: Seht her! so stelle ich mir
in der Phantasie die Sache vor und eine solche Vorstellung
gefällt mir, mag sie wahr sein oder nicht. Der Philosoph hingegen sagt: Seht her! so, wie ich sie bewiesen habe, ist die
Sache, mag sie euch gefallen oder nicht*).

Indessen, obgleich solcherweise Poesie und Philosophie oft
auseinander gehen, weil, was jene schön findet, von dieser
nicht immer als wahr befunden werden kann, weil, was der
Phantasie gefällt, nicht immer den Verstand und die Vernunft befriedigt; so muß doch die Poesie bei Darstellungen
aus der wirklichen Welt ihrem Gehalte nach mit der Philosophie übereinstimmen. In allen Fällen, wo die Poesie nicht
in einer rein fingirten, phantastischen Welt versirt, sondern ihre
Stoffe aus dem realen Natur- und Menschenleben nimmt, muß

---

*) Göthe bezeichnet darum in dem Liede: „Meine Göttin", die Phantasie
als die ewig bewegliche, immer neue, seltsame Tochter Jovis, sein Schooßkind,
die Thörin, der er alle Launen, die er sonst nur allein sich vorbehält, zu-
gestanden, seine gewandteste, verzärtelte Tochter,
Und daß die alte
Schwiegermutter Weisheit
Das zarte Seelchen
Ja nicht beleid'ge!

sie uns das innere ewige Wesen, die Urformen und Urtypen desselben zur Anschauung bringen, also in poetischer Form philosophischen Gehalt bieten. Daher enthalten auch die Werke der objectiv classischen, d. h. der ihre Stoffe aus der wirklichen Welt entlehnenden Poesie, — im Gegensatz zur subjectiv romantischen, die sich in Fictionen einer überschwenglichen Phantasie gefällt, — philosophische Wahrheit. Homer, Sophokles, Shakespeare, Göthe sind, trotz des vielen Erdichteten, das in ihren Werken vorkommt, doch philosophische Dichter; denn menschliche Charaktere und Schicksale, menschliche Affecte und Leidenschaften, sind das Hauptmotiv ihrer Darstellungen und aus ihnen lernen wir das Wesen des Menschen in concreto kennen, wie aus philosophischen Darstellungen in abstracto.

So wie aber jede ächte Poesie, die, mehr als ein launenhaftes Spiel der Phantasie, das tiefere geistige Bedürfniß durch Veranschaulichung ewiger Wahrheiten befriedigt, philosophisch ist; so ist auch andrerseits jede ächte Philosophie, die, mehr als hohler scholastischer Wort- und Formelkram, aus tiefer Anschauung des innern Wesens der Welt entsprungen ist, poetisch.

Poetisch sind daher die Philosophien eines Parmenides, Empedokles, Plato, Spinoza, Schopenhauer, und ihre Poesie thut der Wahrheit keinen Eintrag, denn sie sind nur darum so poetisch, weil ihr Grundgedanke so wahr ist. Jede ihrem Kerne nach unpoetische Philosophie ist sicher auch unwahr. So ist z. B. der atomistische Materialismus, der alle Gebilde der Welt, statt aus innern ewigen Urformen, — aus der mechanischen, äußern Zusammensetzung der Atome erklärt, höchst unpoetisch, aber auch unwahr, und das Poetische im Lucrez besteht daher in etwas ganz Anderem, als in der Darstellung der Epicurischen Atomenlehre. Dagegen ist jede dynamische, die Welt aus innern lebendigen Kräften, aus immanenten Trieben und Zwecken erklärende Philosophie poetisch, aber auch wahr. Des Empedokles Welterklärung aus der Liebe und dem Haß ($\varphi\iota\lambda\iota\alpha$ und $\nu\varepsilon\tilde{\iota}\kappa o\varsigma$) ist poetisch, aber auch wahr. Die Platonische Ideenlehre ist poetisch, aber auch wahr. Die eine in Allem sich offenbarende Substanz des Spinozistischen Pantheismus ist poetisch, aber auch wahr. Endlich die Schopenhauer'sche Erklärung der Welt aus dem Willen ist poetisch, aber auch

wahr, wie denn überhaupt jede aus einer tiefen innern An=
schauung des Wesens der Welt entsprungene Philosophie zugleich
poetisch und wahr ist, während jeder blos in leeren Worten
und hohlen Formeln kramende Scholasticismus so unpoetisch wie
unwahr ist*).

Wenn Schiller'n die Philosophie geschadet hat, Göthe'n
aber nicht, so kommt dies nicht daher, daß überhaupt Philo=
sophie dem Dichter schädlich wäre, sondern daher, daß gewisse
Philosophien auf die poetische Production ungünstig wirken.
Schiller'n hat nämlich (vergl. Conrad Schwenck's Erklärung der
Schiller'schen Werke in der Einleitung) die Kant'sche Philosophie
geschadet, Göthe'n dagegen hat die Spinozistische Philosophie
genützt. Eine durch und durch kritische Philosophie, wie die
Kant'sche, muß jedem Dichter, wenn er sich das kritische, reflec=
tirende Verfahren derselben aneignet, schädlich sein; denn der

---

*) In Betreff der Platonischen Idee hat Schopenhauer im 3. Buche
der Welt als Wille und Vorstellung gezeigt, wie dieselbe das eigentliche Object
der Kunst ist. Im Betreff des Empedokles sagt derselbe, woraus zugleich das
Poetische seiner Philosophie hervorgeht, sehr schön: „Empedokles ist ein ganzer
Mann, und seinem φιλία καὶ νεῖκος liegt ein tiefes apperçu zum Grunde. Schon
in der unorganischen Natur sehen wir die Stoffe, nach den Gesetzen der Wahlver=
wandtschaft, einander suchen oder fliehen, sich verbinden oder trennen. Und was ist
denn überhaupt der in der ganzen Natur unter den verschiedensten Formen durch=
gängig auftretende polare Gegensatz Anderes, als eine stets erneuerte Ent=
zweiung, auf welche die inbrünstig begehrte Versöhnung folgt? So ist denn
wirklich φιλία καὶ νεῖκος überall vorhanden und nur nach Maßgabe der Um=
stände wird jedesmal das Eine oder das Andere hervortreten. Demgemäß kön=
nen auch wir selbst mit jedem Menschen, der uns nahe kommt, augenblicklich
befreundet oder befeindet sein: die Anlage zu Beiden ist da und wartet auf die
Umstände. Blos die Klugheit heißt uns, auf dem Indifferenzpunkt der Gleich=
gültigkeit verharren; wiewohl er zugleich der Gefrierpunkt ist. Eben so ist auch
der fremde Hund, wenn wir uns nähern, augenblicklich bereit, das freundliche
oder das feindliche Register zu ziehen und springt leicht vom Bellen und Knur=
ren zum Wedeln über; wie auch umgekehrt. Was diesem durchgängigen Phä=
nomene des φιλία καὶ νεῖκος zum Grunde liegt, ist allerdings zuletzt der
große Urgegensatz zwischen der Einheit aller Wesen, nach ihrem Sein an sich,
und ihrer gänzlichen Verschiedenheit in der Erscheinung, als welche das prin=
cipium individuationis zur Form hat." (Parerga und Paralipomena I. 34 f.)
Die Einheit aller Wesen nach ihrem Sein an sich ist die Wahrheit des Pan=
theismus, und darin besteht zugleich das Poetische desselben.

Dichter soll concret anschauen, nicht abstract reflectiren und zer=
gliedern. Auch ist der Kant'sche kategorische Imperativ mit
seinem aller Neigung entgegentretenden strengen Sollen, wie
Schiller selbst gezeigt, höchst unpoetisch; denn der Dichter hat
nicht praktische Ideale zu verwirklichen, sondern das Wirkliche
im Lichte der ewigen Ideen zu zeigen. Dagegen kann eine aus
objectiver Intuition entsprungene, die Dinge in beschaulicher
Ruhe weder belachende noch beweinende, sondern in ihrer ewigen
unabänderlichen Nothwendigkeit begreifende Philosophie, wie die
Spinozistische, (versteht sich, ihrer objectiven Intuition, nicht
ihrer mathematischen Form und Methode nach) nur günstig auf
den Dichter wirken; denn auch der Dichter hat sich contemplativ,
mit derselben objectiven Geistesruhe, wie Spinoza, dem ewigen
ehernen Schicksal der Dinge gegenüber zu verhalten. Daher
denn der wohlthätige Einfluß des Spinozismus auf Göthe.
(Vergl. Wahrheit und Dichtung im 4. Theile *).

------

*) „Wie ich mich zur Philosophie verhalte, schreibt Göthe an Jacobi,
kannst Du leicht denken. Wenn sie sich vorzüglich auf's Trennen legt, so kann
ich nicht mit ihr zurecht kommen, und ich kann wohl sagen, daß sie mir mit=
unter geschadet hat, indem sie mich in meinem natürlichen Gange störte; wenn
sie aber vereint, oder vielmehr wenn sie unsere ursprüngliche Empfindung,
als seien wir eins mit der Natur erhöht, sichert, und in tiefes, ruhiges
Anschauen verwandelt, in dessen immerwährender $\sigma\nu\gamma\kappa\rho\iota\sigma\iota\varsigma$ und $\delta\iota\alpha\kappa\rho\iota\sigma\iota\varsigma$
wir ein göttliches Leben fühlen, wenn uns ein solches auch nicht zu führen
erlaubt, dann ist sie mir willkommen, und Du kannst danach meinen Antheil
an Deinen Arbeiten berechnen." (108. Brief.)

Bezeichnend für Göthe und der obigen Behauptung entsprechend,
daß der Dichter nicht das kritische, sondern dogmatische Verfahren liebt,
ist noch folgende Aeußerung desselben: „Lessing hält sich, seiner polemischen
Natur nach, am liebsten in der Region der Widersprüche und Zweifel auf;
das Unterscheiden ist seine Sache, und dabei kam ihm sein großer Verstand
auf das Herrlichste zu Statten. Mich wird man dagegen ganz anders finden;
ich habe mich nie auf Widersprüche eingelassen, die Zweifel habe ich in meinem
Innern auszugleichen gesucht und nur die gefundenen Resultate habe ich aus=
gesprochen." (Eckermann I.)

So wie nicht jede Philosophie, so ist auch nicht jede Religion der Poesie
günstig. Der abstract geistige, außerweltliche Gott des jüdischen Theismus,
von dem man sich kein Bild noch Gleichniß machen darf, ist höchst unpoetisch,

Philosophischer Dichter und poetischer Philosoph sind also an sich keine Widersprüche, sondern werden erst dann dazu, wenn der Dichter, statt zu dichten, philosophirt und der Philosoph, statt zu philosophiren, dichtet. Denn beim Dichter darf nur der Gehalt philosophisch sein, wie z. B. in Göthe's Faust, nicht aber die Form; und beim Philosophen darf eben so nur der Gehalt poetisch sein, wie z. B. bei Empedokles, Plato, Spinoza, Schopenhauer, nicht aber die Form; denn diese soll eigentlich eine streng philosophische sein.

Poesie und Philosophie ergänzen sich gegenseitig, wie Schönheit und Wahrheit. Schön drückt dieses Schiller in dem Gedichte „die Künstler" aus, wo er unter anderm sagt:

> Die von dem Thon, dem Stein bescheiden aufgestiegen,
> Die schöpferische Kunst umschließt mit stillen Siegen
> Des Geistes unermeſſ'nes Reich.
> Was in des Wissens Land Entdecker nur ersiegen,
> Entdecken sie, ersiegen sie für euch:
> Der Schätze, die der Denker aufgehäufet,
> Wird er in euren Armen erst sich freu'n,
> Wenn seine Wissenschaft, der Schönheit zugereifet,
> Zum Kunstwerk wird geadelt sein.

------

denn die Poesie bedarf der Verleiblichung, der Incarnation. Die polytheistischen Religionen (auch der fleischgewordene Gott des Christenthums) sind darum weit poetischer, und in diesem Sinne durfte Schiller in den „Göttern Griechenlands" klagen, daß

> Einen zu bereichern unter allen
> Mußte diese Götterwelt vergehn.

Der jüdische Theismus ist auch schon darum höchst unpoetisch, weil er die Natur nicht, wie die pantheistischen Religionen und Philosophien, als die Erscheinung des ewigen Urwesens, sondern als das Werk eines äußern Machers betrachtet, der Alles absichtlich und zum Nutzen der Menschen so geschaffen. Daß und warum eine solche Weltauffassung höchst unästhetisch und unpoetisch sei, habe ich schon oben gesagt, in dem Capitel, in welchem ich gezeigt, daß alles Schöne, in Natur= wie in Kunstwerken, ein Ewiges, Ursprüngliches, aus innern Antrieben und Kräften Bestehendes und Wirkendes ist, weshalb die ästhetische und poetische Weltauffassung mit der philosopischen darin übereinstimmt, daß sie die Welt als ewiges, unerschaffenes, nur sich selbst aussprechendes und bedeutendes Wesen betrachtet.

Große und wichtige praktische Dienste kann die Poesie besonders in einer Zeit leisten, wo die nackte Wahrheit der Philosophie gehaßt und verfolgt wird.

> Von ihrer Zeit verstoßen flüchte
> Die ernste Wahrheit zum Gedichte,
> Und finde Schutz in der Camönen Chor;
> In ihres Glanzes höchster Fülle,
> Furchtbarer in des Reizes Hülle,
> Erstehe sie in dem Gesange
> Und räche sich mit Siegesklange
> An des Verfolgers feigem Ohr!

(Schiller.)

XX.

Poesie des Aberglaubens *).

———

Können Wahrheit und Wahn nicht zusammen bestehen, und muß jede ächte Dichtung Wahrheit enthalten, so scheint Nichts einander so entgegengesetzt zu sein, als Poesie und Aber= glauben. Und doch hat man viel von der Poesie des Aber= glaubens, von dem poetischen Reiz des Aberglaubens gesprochen, und Naturforscher, wie Oersted, haben sich genöthigt gesehen, die Naturwissenschaft gegen den Vorwurf, daß sie mit dem Aberglauben auch alle Poesie zerstöre, in Schutz zu nehmen. Hatten doch selbst philosophisch gebildete Dichter, wie Schiller (in den Göttern Griechenlands) über den Untergang der schönen Fabelwelt des Heidenthums geklagt:

> Ausgestorben trauert das Gefilde;
> Keine Gottheit zeigt sich meinem Blick:
> Ach von jenem lebenswarmen Bilde
> Blieb der Schatten nur zurück!
>
> Einen zu bereichern unter Allen
> Mußte diese Götterwelt vergehn!
> Fühllos selbst für ihres Künstlers Ehre,
> Gleich dem todten Schlag der Pendeluhr,
> Dient sie knechtisch dem Gesetz der Schwere
> Die entgötterte Natur!

In der That ist es poetischer die Sonne, anstatt als einen seelenlosen Feuerball, — als den Helios, der seinen goldenen Wagen in stiller Majestät lenkt, sich vorzustellen; es ist poetischer,

———

*) Hierüber habe ich bereits in den Blättern für literar. Unterhalt. (1851 Nr. 22.) einen Artikel geschrieben, den ich hier theilweise benutzt habe.

die Höhen mit Dreaden anzufüllen, in jeden Baum eine Dryas
zu verſetzen, und aus den Urnen lieblicher Najaden der Ströme
Silberſchaum hervorſpringen zu ſehen, als von Bergen, Ge=
wäſſern und Bäumen nur eine geologiſche und phyſiologiſche
Anſicht zu haben; es iſt poetiſcher, im Lorbeer die ſich einſt
um Hülfe windende Daphne zu erblicken und aus dem Schilfe
der Syrinx Klage, aus dem Haine Philomelas Schmerzenstöne
zu vernehmen, als Lorbeer und Schilf mit den Augen des
Botanikers und die Nachtigall mit denen des Zoologen zu be=
trachten.

Demgemäß haben es ſich auch die aufgeklärteſten Dichter bis
in die neueſte Zeit herein nicht nehmen laſſen, die eingebildeten
Weſen der heidniſchen und chriſtlichen Mythologie, Götter und
Göttinnen der Ober= und Unterwelt, Halbgötter, Engel und Teufel
u. dgl. in ihre Dichtungen einzuführen, und Shakeſpeare
und Göthe, wahrlich keine Obſcuranten, haben in ihren größ=
ten Dichtungen Geiſter, Hexen und Teufel auftreten laſſen, ohne
im Geringſten danach zu fragen, ob dieſen Weſen Realität
beizulegen ſei oder nicht.

Somit ſcheint die Poeſie den abergläubiſchen Einbildungen
verwandter, als der Wahrheit, und Recha's kindlicher Glaube,
daß Gott einem Engel gewinkt, daß er ſichtbar auf ſeinem wei=
ßen Fittiche ſie durch das Feuer trüge, wäre alſo poetiſcher,
als Nathan's Rationalismus, der von den Engeln nichts wiſſen
will und in dem weißen Fittich weiter Nichts ſieht, als den
weißen vorgeſpreizten Mantel des Tempelherrn. Das Ueber=
natürliche wäre poetiſcher, als das Natürliche.

Dennoch iſt dem nicht ſo. Der Dichter nimmt zwar die
abergläubiſchen Volksvorſtellungen auf, jedoch nicht in dem
Sinne, wie der Abergläubiſche. Dem Abergläubiſchen nämlich
haben ſeine eingebildeten Weſen Realität, ſie ſind ihm wirklich
exiſtirende Weſen, die auf übernatürliche, wunderbare Weiſe in
den Lauf und die Ordnung der natürlichen Welt ſich einmiſchen,
und die er daher fürchtet oder anbetet. Der Dichter hingegen
braucht dieſe Weſen entweder nur zur Verkörperung und Per=
ſonificirung gewiſſer Ideen, oder zur Veranſchaulichung innerer
Zuſtände und Stimmungen. Sie haben ihm alſo keine reale,
ſondern nur eine ideale Gattung. „Es iſt, wie Oerſted ſagt,

nicht der Glaube an das Dasein der übernatürlichen Wesen in der Wirklichkeit des Alltagslebens, welcher sie poetisch macht, sondern, so weit sie es sind, haben sie ihren dichterischen Werth und ihre Bedeutung dadurch, daß eine von der Vernunft durchdrungene Einbildungskraft sie gebraucht hat, schöne Bilder des höheren Daseins vor unsere innere Anschauung zu stellen. Es ist dem Dichter genug, daß diese Wesen Wirklichkeit für unsere Einbildung haben, während wir sein Werk auffassen oder in unserm Innern wiederholen. Die Forderung einer andern Wirklichkeit ist lächerlich."

Wenn Shakespeare z. B. vor der Ermordung Cäsar's Wunderzeichen sehen läßt:

> Es warf auf offner Gasse eine Löwin,
> Und Grüft' erlösten gähnend ihre Todten.
> Wildglüh'nde Krieger fochten auf den Wolken
> In Reih'n, Geschwadern und nach Kriegsgebrauch,
> Wovon es Blut gesprüht auf's Capitol.
> O Cäsar, unerhört sind diese Dinge,
> Kometen sieht man nicht wann Bettler sterben:
> Der Himmel selbst flammt Fürstentod herab.

so fühlt Jeder, wie poetisch dies ist; aber Niemand hält es darum für poetisch, weil er annimmt, daß jene Wunderzeichen wirklich geschehen sind. Also liegt das Poetische hier nicht in der factischen Wahrheit, sondern, wie auch bei der vorerwähnten Aeußerung Recha's nur in der Angemessenheit des Gesagten zu dem Glauben und der Stimmung Dessen, dem es der Dichter in den Mund legt. Da nämlich in aufgeregten Zeiten und Stimmungen die Menschen mit ihrer erhitzten Phantasie leicht in Allem wunderbare Vorbedeutungen erblicken, die Naturerscheinungen und Begebenheiten mit den moralischen des Menschenlebens in Zusammenhang bringen und folglich Wunder sehen in dem, was sich dem unbefangenen Blick natürlich erklärt, so ist es poetisch, weil charakteristisch, wenn der Dichter den Menschen einer solchen Zeit und Stimmung abergläubische Ansichten in den Mund legt. An sich aber ist die der Wahrheit gemäßere Auffassung der Natur, der zu Folge dieselbe blind und gefühllos bleibt bei allen Bewegungen und Erschütterungen der moralischen Welt, nur ihren eigenen inwohnenden Gesetzen folgend und die Sonne leuchten lassend über Böse wie über

Gute, nicht minder poetisch, als die entgegengesetzte, und die Rettung Recha's durch den Tempelherrn, natürlich aufgefaßt, ist nicht unpoetischer, als die übernatürliche Deutung dieser schönen menschlichen Handlung.

Abergläubische Vorstellungen können also nicht an sich, sondern nur in der Art, wie sie der Dichter gebraucht, poetisch wirken. Sie dürfen im Gedicht nicht Anspruch auf factische Wahrheit machen, sondern nur zur Veranschaulichung einer Idee, eines Charakters oder einer Stimmung dienen *).

---

*) Tieck hat in seiner Abhandlung über Shakespeare's Behandlung des Wunderbaren gezeigt, wie meisterhaft es dieser Dichter verstanden, das Wunderbare und die Geisterwelt in seinen verschiedenen Stücken zu verwenden. „Jeder Leser wird beim ersten Anblick auf die Bemerkung geführt sein, daß das Wunderbare im Macbeth und Hamlet, dem Wunderbaren im Sturm und Sommernachtstraum durchaus unähnlich sei." „Der Sturm und Sommernachtstraum lassen sich vielleicht mit heitern Träumen vergleichen: in dem letztern Stück hat Shakespeare sogar den Zweck, seine Zuschauer in die Empfindung eines Träumenden einzuwiegen; und ich kenne kein anderes Stück, das, seiner ganzen Anlage nach, diesem Endzweck so sehr entspräche .... Wir sind nun in einer bezauberten Welt festgehalten: wohin wir uns wenden, tritt uns ein Wunder entgegen; alles, was wir anrühren, ist von einer fremdartigen Natur; jeder Ton, der uns antwortet, erschallt aus einem übernatürlichen Wesen. Wir verlieren in einer unaufhörlichen Verwirrung den Maßstab, nach dem wir sonst die Wahrheit zu messen pflegen; eben, weil nichts Wirkliches unsere Aufmerksamkeit auf sich heftet, verlieren wir in der ununterbrochenen Beschäftigung unserer Phantasie die Erinnerung an die Wirklichkeit; der Faden ist hinter uns abgerissen, der uns durch das räthselhafte Labyrinth leitete; und wir geben uns am Ende völlig dem Unbegreiflichen Preis. Das Wunderbare wird uns jetzt gewöhnlich und natürlich: weil wir von der wirklichen Welt gänzlich abgeschnitten sind, so verliert sich unser Mißtrauen gegen die fremdartigen Wesen, und nur erst beim Erwachen werden wir überzeugt, daß sie Täuschung waren. .... Alles dieses, was die Phantasie im Traume beobachtet, hat Shakespeare im Sturm durchgeführt. Die vorzüglichste Täuschung entsteht dadurch, daß wir uns durch das ganze Stück nicht wieder aus der wundervollen Welt verlieren, in welche wir einmal hineingeführt sind, daß kein Umstand den Bedingungen widerspricht, unter welchen wir uns einmal der Illusion überlassen haben." In der Tragödie dagegen handelt Shakespeare, wie Tieck zeigt, ganz umgekehrt. „Die Geisterwelt ist hier der wirklichen ganz untergeordnet, der Dichter läßt sie nicht als Hauptzweck hervortreten; sie wahrscheinlich zu machen, sind ihr nicht die übrigen Theile des Stückes untergeordnet, — sondern Leidenschaften und Begebenheiten unserer Welt ziehen die Aufmerksamkeit des Zuschauers auf sich; — die wunderbare dient ihm nur dazu, das Furchtbare zu verstärken,

Oft gebraucht der Dichter Mythen nur zur Einkleidung der Wahrheit, die er uns mittheilen will; denn die Poesie darf die Wahrheit nicht, wie die Wissenschaft, nackt, in abstract begrifflicher Form hinstellen, sondern muß ihr einen concreten, individuellen, anschaulichen Leib geben, sie bedient sich daher auch der abergläubischen Vorstellungen, wenn ihr dieselben zur Verkörperung, zur Personification ihrer Ideen geeignet scheinen. Sie bringt die immanenten Mächte der Natur und Geschichte als transscendente persönliche Wesen zur Anschauung, und anstatt z. B. wie die Moralsysteme, vom bösen, verneinenden Princip im Menschen zu reden, stellt sie uns den Teufel, wie Göthe im Faust, leibhaftig vor Augen, „den Gesellen, der reizt und wirkt und muß als Teufel schaffen." Die abstracte Wahrheit, daß im Menschen entgegengesetzte Principien mit einander kämpfen, versinnlicht die Poesie als den Kampf guter und böser Dämonen um den Menschen. Aber in allen solchen Fällen verwendet doch der

---

uns noch tiefer zu erschüttern." „Die Geister der Tragödie treten nur auf, um die tragische Wirkung auf das Höchste zu bringen   Aber auch in der Tragödie wendet Shakespeare fast immer einige Kunst an, um seine übernatürlichen Wesen vorzubereiten. Der dramatische Dichter muß sich überhaupt hüten, das Schreckliche nicht ohne alle Vorbereitung eintreten zu lassen, und es überhaupt nicht zu seltsam, zu räthselhaft zu machen, so daß es zu sehr allen unsern Begriffen widerspricht; denn sonst fällt es leicht ins Abgeschmackte und Kindische." Shakespeare läßt, wie Tieck zeigt, für das Wunderbare fast immer eine natürliche Erklärung übrig. Die Geistererscheinung im Hamlet paßt vortrefflich zu dessen Charakter und aufgeregter Stimmung. „Noch kein Kritiker hat im Charakter des Hamlet den so hervorstechenden Zug der Frömmelei bemerkt, womit sein Hang zum Grübeln und seine beständige Zweifelsucht genau zusammenhängen. Die Einleitung des Stückes konnte daher nicht schicklicher und zugleich grauenhafter, dem Stück und vorzüglich dem Charakter Hamlet's angemessener, gewählt werden. Ein Jüngling, der unaufhörlich in dunkeln, trüben Empfindungen lebt, der an allen Gegenständen nur die traurige Seite aufsucht, um sich selbst damit zu quälen, dieser wird durch eine Geistererscheinung aus seiner melancholischen Trägheit gerissen und zum Handeln aufgefordert; seine glühende Phantasie und sein Hang zum Aberglauben kommen der Erscheinung gleichsam entgegen; einem Brutus oder Cäsar gegenüber gestellt, verliert die Erscheinung fast Alles von ihrer Schönheit. Die Hexen, ihre Prophezeiungen und ihre Art zu wirken, passen eben so gut in das Colorit Macbeths. Man kann hier keine Veränderung der Personen vornehmen und z. B. einen Othello mit den Hexen zusammenstellen, ohne den Dichter sehr viel von seinen Schönheiten zu rauben."

Dichter das Wunderbare, das dem Aberglauben ein Wirkliches ist, nur als Mittel zur Einkleidung der Wahrheit. Die Einbildungen des Aberglaubens haben ihm also keine reale Geltung. Wenn bei Homer die lilienarmige Here dem zürnenden Achilles, dessen Herz

> Unter der zottigen Brust rathschlagete, wankenden Sinnes,
> Ob er, das schneidende Schwert alsbald von der Hüfte sich reißend,
> Trennen sie sollt' auseinander und niederhau'n den Atreiden;
> Oder stillen den Zorn und die muthige Seele beherrschen, —

des Zeus blauäugige Tochter Athene vom Himmel hinab sendet, um seinen Zorn zu besänftigen (Il. I. 188 f.), so klingt das allerdings poetischer, als wenn der Dichter blos trocken gesagt hätte: Achilles besann sich und steckte das Schwert wieder in die Scheide. Aber andrerseits kann man doch nicht leugnen, daß die Homerische Einmischung der Götter in die eigenen freien Entschlüsse der Menschen, für uns, die wir nicht daran glauben, nur noch als Versinnlichung der innern Vorgänge und Kämpfe poetischen Reiz hat, als wirklich angenommen aber höchst abgeschmackt erscheint. Die Staël Holstein hat daher vom ästhetischen Standpunkt aus nicht Unrecht, wenn sie in ihrem Essai sur les Fictions sagt: „Cette alliance des héros et des dieux, des passions des hommes et des decrets du destin, nuit même à l'impression des poëmes de Virgile et d'Homère. Lorsque Didon aime Enée parce qu'elle a serré dans ses bras l'Amour que Vénus avoit caché sous les traits d'Ascagne, on regrette le talent qui auroit expliqué la naissance de cette passion par la seule peinture des mouvemens du coeur. Quand les dieux commandent et la colère et la douleur et les victoires d'Achille, l'admiration ne sarrête ni sur Jupiter, ni sur les héros; l'un est un être abstrait, l'autre un homme asservi par le destin; la toute puissance du caractère échappe à travers le merveilleux qui l'environne. Il y aussi dans ce merveilleux, tour à tour, quelque chose de certain et quelque chose d'inattendu, qui ôte tous les plaisirs attaché à craindre ou à prévoir d'après ses propres sentimens. Lorsque Priam va demander à Achille le corps d'Hector, je voudrois redouter les dangers que son amour paternel lui fait braver; trembler en le voyant entrer dans la tente du terrible Achille, rester ainsi suspendue à toutes les paroles de ce père infortuné, et recevoir à la fois par son éloquence et l'impression des sentimens qu'elle exprime, et le présage des évènemens qu'elle va décider; mais je sais que Mercure conduit Priam à travers le camp des Grecs; que Thétis, par l'ordre de Jupiter, a commandé à son fils de rendre le corps d'Hèctor; je n'ai plus de doute sur l'issue de la démarche de Priam; mon ame n'est plus attentive, et sans le nom du divin Homère, je ne lirois pas un discours qui succède à la situation, au lieu de l'amener. J'ai dit qu'il y avait aussi quelque chose d'inattendu dans le merveilleux, qui, par un effet absolument contraire à celui de la trop grande certitude de l'avenir, ôtoit de même le plaisir de prévoir; c'est lorsque les dieux déjouent les mesures les mieux combinées, prêtent a leurs protégés un irrésistible appui contre les forces les plus puissantes, et ne permettent point que les évènemens soient en rapport avec ce qu'on doit attendre des hommes."

Schon Aristoteles forderte, obgleich er noch die mythischen Stoffe zuließ, doch eine innere Entwicklung der Charaktere und Begebenheiten, indem er (Poet. Cap. 15) sagt: „Man muß aber in den Charakteren immer eben so, wie in der Zusammenstellung der Begebenheiten immer entweder das Nothwendige oder das Wahrscheinliche suchen, so daß eine bestimmte Person entweder nothwendiger= oder wahrscheinlicherweise auf eine bestimmte Weise spricht oder handelt, und eine Begebenheit auf die andere mit Nothwendigkeit oder Wahrscheinlichkeit folgt. Es ist nun offenbar, daß auch die Lösung der Mythen aus dem Mythus selbst sich ergeben muß, und nicht, wie in der Medea, durch die Maschine, und wie in der Ilias die Abfahrt." (Die Medea des Euripides wird bekanntlich zuletzt durch einen Schlangenwagen entrückt. Die Abfahrt in der Ilias bezieht Walz auf Jl. 2, 155 ff., wo Agamemnon, um die Gesinnung des Heeres zu erforschen, den Vorschlag zur Rückkehr macht, welcher mit allgemeiner Wärme aufgenommen wird. Auf der Juno Geheiß erscheint nun Minerva dem Odysseus und befiehlt ihm, die beschlossene Abfahrt rückgängig zu machen; während doch Odysseus und die übrigen Führer dieses auch ohne göttliches Geheiß aus eigenem Antrieb hätten thun können.)

In das Epos und Drama dürfen zwar vorübergehend über=
natürliche Erscheinungen mit hereinspielen, aber in der Hauptsache
muß doch Alles natürlich zugehen, Alles von Innen heraus
sich entwickeln; denn nur das Natürliche wirkt schön und poetisch.
Läßt der Dichter daher übernatürliche Erscheinungen in den Lauf
der Begebenheiten mit einwirken, so müssen sich doch dieselben
ganz natürlich aus dem Glauben und der aufgeregten Stim=
mung der handelnden Personen, auf die sie einwirken, erklä=
ren lassen, wie bei Shakespeare.

Die Poesie steht überhaupt zu dem religiösen Glauben,
sei derselbe nun wahrer Glaube oder Aberglaube, nur in dem=
selben objectiven Verhältniß, wie zu den andern Lebensgebie=
ten. — So wie sie das individuelle und Familienleben,
die socialen und politischen Verhältnisse und Conflicte ihrer
Idee, d. h. ihrem eigenthümlichen charakteristischen Wesen
nach abspiegelt, so darf sie auch den Glauben mit seinem
Wahn und seinen Verirrungen zur Anschauung bringen; aber
der Dichter darf nicht selbst in diesem Wahne befangen sein,
so wenig als seine Dichtung, wenn sie uns einen Verrück=
ten oder Rasenden schildert, selbst verrückt sein oder rasen
darf. Der Stoff oder das Object des Gedichts ist ja
ganz etwas Anderes, als die Seele und der Geist desselben.
Als Stoff steht dem Dichter Alles zu Gebote, aber die Be=
handlung des Stoffes darf immer nur eine, d. h. sie muß
den ästhetischen Gesetzen der Kunst gemäß sein. Mag daher der
Dichter immerhin politische, moralische und religiöse Stoffe zum
Gegenstand seiner poetischen Anschauung und Darstellung
wählen, nur hüte er sich vor der politisirenden, moralisirenden
oder frömmelnden Poesie. Denn es gibt keine andere wahre
Poesie, als die poetische. Der Dichter, schreibt Schiller an
Körner (Briefwechsel I. 396 f.) kann sich weder gegen die Moral,
noch gegen die Religion vergehen, sondern nur gegen die
ästhetische Anordnung oder gegen den Geschmack. „Wenn
ich aus den Gebrechen der Religion oder der Moral ein schö=
nes übereinstimmendes Ganze zusammenstelle, so ist mein Kunst=
werk gut; und es ist auch nicht unmoralisch oder gottlos, eben
weil ich beide Gegenstände nicht nahm, wie sie sind, sondern
erst wie sie nach einer gewaltsamen Operation, d. h. nach

Absonderung und neuer Zusammenfügung wurden Kurz, ich bin überzeugt, daß jedes Kunstwerk nur sich selbst, d. h. seiner eignen Schönheitsregel Rechenschaft geben darf und keiner andern Forderung unterworfen ist." Und übereinstimmend hier= mit sagt Göthe: „Die Religion steht in demselben Verhältniß zur Kunst wie jedes andere höhere Lebensinteresse. Sie ist nur als Stoff zu betrachten, der mit allen übrigen Lebensstoffen gleiche Rechte hat. Auch sind Glaube und Unglaube durchaus nicht diejenigen Organe, mit welchen ein Kunstwerk aufzufassen ist, vielmehr gehören dazu ganz andere menschliche Kräfte und Fähigkeiten. Die Kunst aber soll für diejenigen Organe bilden, mit denen wir sie auffassen; thut sie das nicht, so verfehlt sie ihren Zweck und geht ohne die eigentliche Wirkung an uns vorüber. Ein religiöser Stoff kann indeß gleichfalls ein guter Gegenstand für die Kunst sein, jedoch nur in dem Falle, daß er allgemein menschlich ist." (Eckermann, Gespr. I.)

Von diesem Gesichtspunkt aus wird man einsehen, daß der Poesie abergläubische Charaktere und Handlungen zwar als Stoff, so gut wie jeden anderen Stoff, aufzunehmen gestattet ist, aber daß die Poesie selbst nicht abergläubisch sein darf, da die Gemüthsstimmung des Abergläubischen keineswegs poetisch ist.

Jener sinnlose, das Leben verstörende Wahnglaube, der die Menschen in dumpfer Gedankenlosigkeit zu unnatürlichen und unmenschlichen, von thörichter Furcht und Hoffnung eingegebenen Handlungen, zu blutigen Opfern, Hexenverbrennungen, zum Gebrauch von Zaubersalben und Tränken, Reliquiendienst u. s. w. antreibt, alles dieses mag zwar als Stoff, wo es gilt, die Menschen und die Situationen dieser Art zu charakterisiren, in Dichtungen vorkommen, aber die Gemüthsstimmung des Dichters, welcher dergleichen Stoffe bearbeitet, muß selbst eine von der Angst und dem Wahn, von der thörichten Furcht und den kindischen Hoffnungen des Aberglaubens freie contemplative sein, die weit entfernt, jenen Aberglauben zu theilen, vielmehr nur den tragischen (oder, nach Umständen, komischen) Erfolg des= selben zeigt.

Der Aberglaube unterwirft die Menschen den unsinnigen Satzungen und unmenschlichen Gebräuchen einer falschen Gottes= verehrung. Da werden denn alle Forderungen der Vernunft und des Gewissens mit Füßen getreten, barbarische Opfer werden gebracht, die blühende Iphigenia wird, statt zum erwarteten Trau= altar, zum Opferaltar geführt u. s. w. Wenn nun der Dichter einen solchen Stoff wählt, so ist klar, daß er uns den Wahn= glauben nicht als schön und löblich darstellen darf; vielmehr muß er uns das Tragische davon zeigen und dadurch zum Be= wußtsein bringen, wie unheilvoll blinde Unterwerfung der Vernunft und Natur unter die positiven Dogmen und Satzungen des Wahnglaubens wirkt.

Nach allem diesem ist es, denke ich, zur Genüge bewiesen, daß der Aberglaube nicht an sich poetisch ist, sondern nur die dichterische Verwendung desselben, sei es zu allegorischen Personificationen der Wahrheit, oder zur Charakterisirung der innern Zustände und Stimmungen aufgeregter Personen einer aberglänbischen Zeit, oder zur Veranschaulichung des Einflusses, den aberglänbische Wahnvorstellungen auf das Leben haben, poetisch wirkt. Dichtung und Wahrheit können also durch die dichterische Verwendung des Aberglaubens nicht in Conflict kommen.

XXI.

Ueber das Genie.

Daß zwischen dem Leben und den Werken des Genies oft ein greller Contrast obwaltet, indem in seinen Werken sich Maaß und Plan, Gesetz und Harmonie offenbart, während es im Leben excentrisch, unordentlich und liederlich ist, dumme Streiche macht, aus einem Extrem ins andere fällt, — wie ist dieses zu erklären? — Ein Anderes ist im Genie der objectiv anschauende, die Dinge im Lichte der Ideen erkennende und darstellende Geist, und wieder etwas Anderes der individuelle Wille, das Fleisch.

Das Genie ist gewohnt, sich an keine äußere Regel und Richtschnur zu binden, sondern lediglich seinem innern Genius, seinem angebornen Drang und Trieb zu folgen. Aber gerade dieses Handeln aus Inspiration, wodurch das Genie zu großen geistigen Werken befähigt wird, die dann wieder zur Regel und Richtschnur für Andere werden, führt im praktischen, individuellen Leben leicht zur Zucht- und Sittenlosigkeit. Was dort nützt, schadet hier. Denn der objective, schöpferische Geist des Genies darf wohl, ohne Schaden, seinen Eingebungen folgen, nicht aber so der subjective, fleischliche Wille. Denn jener trägt die rechte Norm in sich selbst; dieser hingegen bedarf moralischer und vernünftiger Grundsätze, die ihn zügeln. Was bei der objectiven geistigen Production das Genie in seinem freien Aufschwung hemmen, es bedenklich und ängstlich machen würde, die Rücksicht auf äußere Regeln und Vorschriften, dies ist gerade den subjectiven Willensgelüsten gegenüber nothwendig und ersprießlich*). Doch sind es meist wohl nur die herrschenden conventionellen, oft sehr unvernünftigen und unnatürlichen, Sitten und Gebräuche, gegen die das Genie verstößt. Die ächt sittlichen Principien kann es in seiner Gesinnung nicht verneinen.

Es kommt wohl vor, daß sich das Genie eine Weile, wie Faust, dem Teufel überläßt, aber nur, weil es schon zum Voraus die tiefe Selbstgewißheit in sich trägt, daß es ihm nicht ganz zur Beute werden kann, daß derselbe nur über seine Außenseite Macht hat, nicht aber über sein Inneres, die Gesinnung. Darum sagt es getrost, wie Faust, zu Mephistopheles:

---

*) Grundsätze sind überhaupt in allen solchen Fällen nothwendig und ihre Anwendung unerläßlich, wo nicht schon unsere angeborne Natur und Neigung uns zu dem antreibt, was zu thun und von dem abhält, was zu unterlassen ist. Wer schon von Natur arbeitsam, mäßig, treu, gerecht u. s. w. wäre, der brauchte freilich dieses Alles nicht aus Grundsatz zu sein; so wenig, als die Sonne aus Grundsatz zu leuchten, das Feuer aus Grundsatz zu wärmen, das Gras aus Grundsatz zu wachsen braucht. Aber, da leider die meisten Menschen nicht dazu angethan sind, die Tugenden von Natur zu üben, vielmehr weit geneigter sind, den ihnen widerstrebenden Antrieben zu gehorchen; so ist, im Praktischen, wiederholte Anwendung strenger moralischer Grundsätze erforderlich, um die bösen Neigungen auszutreiben und, so oft sie wiederkehren wollen, ihnen unerbittlich die Thüre zu weisen.

Haben dann erst die Grundsätze ihr Wächteramt eine Zeit lang geübt, so machen sie sich von selbst überflüssig und können sich zur Ruhe setzen; denn das ihnen gemäße Handeln ist dann zur Gewohnheit, oder, wie man sagt, zur zweiten Natur geworden, so daß es so gut ist, als ob es von Natur geschehe. Nicht also blos der, dessen natürliche Neigungen von der rechten Beschaffenheit sind, bedarf keiner Grundsätze, keines kategorischen Imperativs, sondern auch der nicht mehr, der, was ihm nicht von Natur kam, durch gewohnte Uebung sich zur andern Natur gemacht hat.

Indessen, so berechtigt und heilsam auch gute Grundsätze den schlechten Neigungen gegenüber sind, so unberechtigt und verderblich sind doch andrerseits schlechte Grundsätze, wie sie in einem von der Natur abgewichenen, durch falsche Cultur irre geleiteten und verderbten Zeitalter herrschen, den angebornen guten Neigungen gegenüber, hier ist vielmehr der Genius, der angeborne Drang der Natur, den verkehrten Grundsätzen der conventionellen Sitte gegenüber, in seinem Rechte.

> Werd' ich beruhigt je mich auf ein Faulbett legen,
> So sei es gleich um mich gethan!
> Kannst du mich schmeichelnd je belügen,
> Daß ich mir selbst gefallen mag,
> Kannst du mich mit Genuß betrügen:
> Das sei für mich der letzte Tag!

Es gibt überhaupt eine Art von ideeller Größe, in welcher man sich selbst überlegen ist, in der Idee über der eigenen Realität steht, über deren Schwächen und Gebrechen erhaben ist, sie daher wie etwas Fremdes von sich absondert und mit Verachtung auf sie hinabsieht. Diese ideelle Größe besitzt das Genie.

Jeder große geniale Mann ist in der Realität oft klein, hat mancherlei Schwächen und Gebrechen, ist manchen niedrigen Regungen unterworfen. Ist er aber nur in der Gesinnung nicht klein, so wird er seinen eigenen gemeinen Willen eben so verachten, wie den der Andern, und er wird, obwohl äußerlich noch manchmal von ihm gefesselt, doch innerlich sich von ihm frei fühlen; und darum werden ihn auch seine Schwächen und Gebrechen nicht innerlich beunruhigen.

Nur wer seine eigenen Schwächen und Gebrechen nicht als solche anerkennt, sondern sie zu rechtfertigen sucht oder sie wohl gar für Tugenden ausgibt, der ist wirklich niedrig und gemein. Er ist, wie ein Buckliger, der uns den Buckel als eine Schönheit anpreisen will; während der Bucklige, welcher die Häßlichkeit seines Buckels anerkennt, unsere Hochachtung verdient.

Aus der ideellen Erhabenheit über sich selbst läßt es sich erklären, daß geniale Männer in ihren Selbstbiographien mit der größten Unbefangenheit von ihren eigenen Schwächen und Fehlern sprechen, als wären es fremde. Hingen sie wirklich noch mit ihrer Gesinnung an denselben, wäre ihr Innerstes davon ergriffen, so wäre dies ganz unmöglich. Aber da sie sich innerlich frei davon wissen, so sehen sie sie wie ein Naturereigniß an, das an ihnen vorgeht, aber nicht in ihnen. Ob Rousseau's Selbstbekenntnisse in diesem Sinne aufzufassen seien, lasse ich dahingestellt. Manchmal wollte es mir scheinen, als seien dieselben mehr von einer gewissen Eitelkeit, die selbst mit den Flecken und Fehlern noch coquettirt, eingegeben, als von jener innern Erhabenheit über sich selbst, von der ich hier gesprochen.

Aber, daß die oft so seltsame Mischung von Größe und

Kleinheit, Erhabenheit und Niedrigkeit, bei genialen Männern nur auf die angegebene Weise zu erklären sei, wird Niemand leugnen.

Den, der diesen Unterschied zwischen ideeller und reeller Größe, zwischen der Größe der Gesinnung und der der äußern Erscheinung nicht beachtet, der also im zerlumpten Gewande nicht den gebornen König wieder zu erkennen vermag, den müssen freilich oft die ärgerlichen scandalösen Geschichten, die er aus dem Leben der Genies erfährt, im Genusse ihrer Werke stören. Jean Paul hat diesen Gegenstand in einem Aufsatz „über schriftstellerische und über priesterliche Sittlichkeit im Leben — und über die ärgerlichen Chronikenschreiber berühmter Menschen" (aus dem Morgenblatt 1812. Aug. abgedruckt in seinen sämmtl. Werken Bd. 32, S. 52 ff.) zur Sprache gebracht. „Gewisse Lästerreden, sagt er, werfen, wie Harpyien, noch in späten Zeiten ihren Unrath auf den Göttertisch, an welchem der Dichter seine Größe durch höhere Götterkost zu etwas Höherem nähren will. Am giftigsten werden Jünglinge und Leserinnen im trunkenen Anbeten des Guten und Schönen vom ärgerlichen Chroniker getroffen und besudelt, zumal da sie den einen Irrthum, daß, wer eine Messiade singe, ein Messias sei, so plötzlich gegen den entgegengesetzten hingeben müssen, daß er ein Judas sei, anstatt allenfalls ein Petrus. Der Verfasser dieß erinnert sich noch seiner Jünglings = Schmerzen — solchen ähnlich, wie die eines Sohnes sein müssen, dem sein Vater oder Lehrer geschlossen am Pranger fortlehrend dastände — als er zwischen seinem Erglühen durch die geistigen Geschöpfe und zwischen dem Einfrieren durch deren Schöpfer peinlich wechseln mußte. Man erinnere sich an die Trauer über den sein Bestes verrathenden Selbst-Judas, J. J. Rousseau, welchen man von allen Sünden lieber absolviren wollte, als von seiner Beichte derselben (confessions), zumal da diese zuweilen fast deren Nachwinter und Widerspruch ist. Dem Jüngling geht in diesem gifthauchenden Zwiespalt zwischen Schreiben und Leben entweder der Werth des Autors, oder die Kraft des Werks, oder gar Er sich selber verloren, indem durch eine Ausgleichung zwischen hohem Geschöpf und niedrigem Schöpfer sich eine Mischlings-Sittlichkeit zusammengährt, welche statt der Halbgötter, Halbteufel losspricht. Gleichwohl packen die Anekdotenkrämer (aber nicht als Ablaßkrämer) in ihren Reisebüchern unbesinnend Alles aus, was sie Böses über berühmte Menschen unterwegs von stillen Schleich= händlern der Städte eingehandelt" u. s. w.

Jean Paul gibt aber den „Dünkel=Richtern und geistigen Portraitmalern und Ineffigie-Hängern höherer Menschen" fol= gendes zu bedenken: „Gegen den höhern Menschen müssen ewig die Sturmleitern der bösen Nachrede zu kurz ausfallen, welche sogar an niedern Festungen nicht anlangen. Erräth doch zu= weilen die höhere Natur kaum die innern Grubenwetter der tiefern: wie will diese, der an jener nicht einmal die hellen Sonnenfackeln erscheinen, vollends die fernen Sonnenflecken er= blicken? Ein höherer Mensch hat ganz andere Fehler, als der kleine begreift und erräth. — Ferner: Jeder welcher, es sei schreibend oder lebend, bewiesen, daß er im Allerheiligsten höhere Gottheiten gesehen, als im Heiligen und im Heidenvorhof an= gebetet oder abgebildet werden, wird in diesem nicht andere Götter eintauschen und abtrünnig werden; er kann fallen, aber dann wird er knieen und auferstehen. Im Vertrauen auf die selbstgewisse innerliche Anbetung des Besten setzt zuweilen der begeisterte Mensch muthvoll und sorg= los seinen äußern Schein aufs Spiel und glaubt, bewaffnet vom innern Gott, sich gegen äußere Götter und Teufel gedeckt und verdeckt."

So viel zum Verständniß der oft verschrieenen Liederlichkeit und Unsittlichkeit der Genies. Schon Helvetius hat auf die Vernachlässigung des äußern Scheines als auf einen wesentlichen Charakterzug des Genies aufmerksam gemacht. Denn in seinem Werke De l'Esprit (discours IV. Chap. I. du Génie) sagt er: „Tout homme absorbé dans des méditations profondes, occupé d'idées grandes et générales, vit, et dans l'oubli de ces attentions, et dans l'ignorance de ces usages qui font la science des gens du monde: aussi leur paroit-il pres= que toujours ridicule. Peu d'entre les gens du monde sentent que la connaissance des petites choses suppose presque toujours l'ignorance des grandes; que tout homme qui mene à peu près la vie de tout le monde, n'a que les idées de tout le monde; qu'un pareil homme ne s'élève point au dessus de la médiocrité."

Den eigentlichen Grund aber, warum das Genie sich so auffallend von den gemeinen Weltleuten oder, wie man sie auch bezeichnen könnte, von den Philistern unterscheidet, und warum es letztern oft lächerlich und verrückt erscheint, hat erst Schopenhauer aufgedeckt, indem er gezeigt, wie das Genie in einer ganz anderartigen Erkenntniß lebt, als die Philister, bei welchen letztern das Erkennen stets im Dienst ihres persönlichen Willens bleibt und sie daher zwar fähig macht, die Relationen der Dinge zu ihrem Willen, gemäß dem Causalitätsgesetz, zu verstehen, aber unfähig, die Dinge nach ihrer objectiven Beschaffenheit ins Auge zu fassen, während umgekehrt das Genie, in seiner objectiven Geistesrichtung, die subjectiven Beziehungen der Dinge zu seinem persönlichen Interesse übersieht; woher die Unklugheit und Unvernünftigkeit der Genies: „Da scharfe Auffassung der Beziehungen gemäß dem Gesetze der Causalität und Motivation eigentlich die Klugheit ausmacht, die geniale Erkenntniß aber nicht auf die Relationen gerichtet ist; so wird ein Kluger, sofern und während er es ist, nicht genial, und ein Genialer, sofern und während er es ist, nicht klug sein. — Endlich steht überhaupt die anschauliche Erkenntniß, in deren Gebiet die Idee durchaus liegt, der vernünftigen oder abstracten, welche der Satz vom Grunde des Erkennens leitet, gerade entgegen. Auch findet man bekanntlich selten große Genialität mit vorherrschender Vernünftigkeit gepaart, vielmehr sind umgekehrt geniale Individuen oft heftigen Affecten und unvernünftigen Leidenschaften unterworfen. Der Grund hiervon ist dennoch nicht Schwäche der Vernunft, sondern theils ungewöhnliche Energie der ganzen Willenserscheinung, die das geniale Individuum ist, und welche sich durch Heftigkeit aller Willensacte äußert, theils Uebergewicht der anschauenden Erkenntniß durch Sinne und Verstand über die abstracte, daher entschiedene Richtung auf das Anschauliche, dessen bei ihnen höchst energischer Eindruck die farblosen Begriffe so sehr überstrahlt, daß nicht mehr diese, sondern jener das Handeln leitet, welches eben dadurch unvernünftig wird: demnach ist der Eindruck der Gegenwart auf sie sehr mächtig, reißt sie hin zum Unüberlegten, zum Affect, zur Leidenschaft." (Die Welt als Wille und Vorstellung, Bd. I. §. 36. und Bd. II. Cap. 31.)

Uebrigens, so sehr die Heftigkeit und Leidenschaftlichkeit dem Genie für sein persönliches Wohl nachtheilig wird, so nothwendige Bedingung ist sie doch für seine objectiven Leistungen. Ohne Leidenschaft kein Genie. Wer sich davon überzeugen will, der lese besonders noch in Helvetius de l'Esprit, discours III. chap. 7. „de la supériorité d'esprit des gens passionnés sur les gens sensés," und chap. 8.: „On devient stupide dès qu'on cesse d'être passionné." Diese beiden Capitel leitet Helvetius in dem vorhergehenden Capitel „de la puissance des passions," mit folgenden Worten ein: „C'est en tout genre que les passions doivent être regardées comme le germe productif de l'esprit: ce sont elles qui, entretenant une perpetuelle fermentation dans nos idées, fécondent en nous ces mêmes idées, qui, stériles dans des ames froides, seroient semblables à la semence jettée sur la pierre.

„Ce sont les passions qui, fixant fortement notre attentions sur l'objet de nos desirs, nous le font considérer sous des aspects inconnus aux autres hommes; et qui font, en consequence, concevoir et exécuter aux héros ces entreprises hardies, qui, jusqu'à ce que la réussite en ait prouvé la sagesse, paroissent folles et doivent réellement paroître telles à la multitude.

„Voilà pourquoi, dit le cardinal de Richelieu, l'âme foible trouve de l'impossibilité dans le projet le plus simple, lorsque le plus grand paroît facile à l'âme forte; devant celles-ci les montagnes sabaissent, lorsqu'aux yeux de celle-là les buttes se metamorphosent en montagnes.

„Ce sont en effet les fortes passions, qui, plus éclairées que le bon sens, peuvent seules nous apprendre à distinguer l'extraordinaire de l'impossible que les gens sensés confondent presque toujours ensemble; parce que n'étant point animés de passions fortes, ces gens sensées ne sont jamais que des hommes médiocres: proposition que je vais prouver, pour faire sentir toute la supériorite de l'homme passionné sur les autres hommes et montrer qu'il n'y a réellement que les grandes passions qui puissent enfanter les grands hommes."

Zwar spricht Helvetius hier nur von den praktischen Genies; aber auch von den theoretischen, wissenschaftlichen und künstlerischen Genies gilt im Wesentlichen dasselbe, wie von jenen, daß nämlich ihr Geist der Leidenschaft als eines Hebels bedarf, der ihn in Bewegung setzt. Ohne Begeisterung (ἐνϑουσιασμός) für seinen Gegenstand wird ein theoretisches Genie eben so wenig ein großes Werk der Kunst oder Wissenschaft, als ein praktischer Held eine große That, vollbringen. Und wie sollte namentlich das ästhetische Genie im Stande sein, uns in Kunstwerken die Affecte und Leidenschaften treu zu schildern, also Liebe, Haß, Zorn, Rache, Verzweiflung in Statuen, Gemälden, Dichtungen oder Tonwerken wahr auszudrücken, wenn es nicht selbst innerlich für dergleichen Affecte und Leidenschaften empfänglich wäre. Glaubt man, daß Göthe seinen Werther oder Faust gedichtet hätte, wenn er nicht innerlich von denselben Qualen, denselben Gemüthsbewegungen und Erschütterungen wäre heimgesucht worden, als seine Helden? —

Helvetius sagt in dieser Hinsicht (de l'Esprit, discours IV. chap. 2. de l'imagination et du sentiment) sehr wahr: „Le sentiment est l'âme de la poésie, et surtout de la poésie dramatique. Avant d'indiquer les signes auxquels on reconnoît, en ce genre, les grands peintres et les hommes à sentiments, il est bon d'observer qu'on ne peint jamais bien les passions et les sentiments, si l'on n'en est soi-même susceptible. Place-t-on un héros dans une situation propre à développer en lui toute l'activité des passions; pour faire un tableau vrai, il faut être affecté des mêmes sentiments dont on décrit en lui les effets, et trouver en soi son modele. Si l'on n'est passionné, on ne saisit jamais ce point précis que le sentiment atteint, et qu'il ne franchit jamais: on est toujours en deçà ou au delà d'une nature forte."

„D'ailleurs, pour réussir en ce genre, il ne suffit pas d'être en général susceptible de passions, il faut, de plus, être animé de celle dont on fait le tableau. Une espece de sentiment ne nous en fait pas deviner une autre. On rend toujours mal ce que l'on sent foiblement. Corneille, dont l'âme étoit plus élevée que tendre, peint mieux les grands politiques et les héros qu'il ne peint les amants."

Berichtigungen.

Seite 30 Zeile 10 von unten lies gewisse statt große.
„ 58 „ 13 „ unten „ beruhe statt beruhen.
„ 66 „ 13 „ oben „ ausgeprägt erscheint statt ausge=
prägter scheint.
„ 91 „ 4 „ unten „ weil statt weit.
„ 165 „ 18 „ oben „ wie sie singen statt wie singen.
„ 188 „ 1 „ unten „ Geltung statt Gattung.

Verlag von Gebrüder Katz in Dessau.
Zu beziehen durch alle Buchhandlungen.

Deutschlands Denker seit Kant. Die Lehren und Geistesthaten der bedeutendsten deutschen Denker in neuerer Zeit. In gemeinfaßlicher Darstellung für Lehrer, Lernende und gebildete Leser überhaupt. gr. 8. broch. Preis 2 Thlr.

„Es ist ein aus der Feder eines sachkundigen und gewandten Mannes geflossenes Buch. Der Verfasser setzt allerdings ein schon ziemlich gereiftes Denken voraus; er giebt sich indeß durchweg große Mühe, so klar zu sein, daß auch der Laie unter seiner Führung in den Stoff einzudringen befähigt wird. Für alle die, welche an den technischen Ausdrücken der Systeme zu stranden fürchten, hat er zum Schluß ein philosophisches Fremdwörterbuch beigegeben, um auch von dieser Seite für die allgemeinere Brauchbarkeit seines Buches in zweckmäßiger Weise zu sorgen. Während die Auffassung sich der möglichsten Objectivität befleißigt, bewegt sich die Darstellung in einer Form, welche Faßlichkeit, Geschmack und eine gewisse Wärme im Ganzen ziemlich glücklich verbindet.“ (Nationalzeitung.)

Doebereiner, Dr. Franz, Cameralchemie für Land- und Forstwirthe, Techniker, Sanitäts-, Cameral- und Justizbeamte. In drei Abtheilungen bearbeitet. Mit zahlreichen Holzschnitten. gr. 8. 98 Bogen. broch. Preis 5½ Thlr.

Der Zweck, welcher den Verfasser bei der Bearbeitung dieses Werkes vorzugsweise leitete, war: **den Land-** und **Forstwirth** nicht allein mit den zur rationellen Bearbeitung der Felder und Forsten nothwendigen chemischen Lehrsätzen und Erfahrungen **bekannt** zu machen, sondern ihm auch die Mittel zu zeigen, wie die Produkte der Land- und Forstwirthschaft verwendet werden; — den **Techniker** mit den Verwendungen der verschiedenen Naturkörper und mit den Methoden bekannt zu machen, wie dieselben bearbeitet und die Produkte auf ihre Güte und Reinheit geprüft werden; — dem **Sanitätsbeamten** Belehrung über die Gegenstände zu geben, welche auf die Gesundheit der Menschen und Thiere nachtheilig wirken, und ihm das Verfahren zu zeigen, wie dieselben erkannt werden, damit er, auf bestimmte Erscheinungen gestützt, ihre Beseitigung oder Vernichtung veranlassen kann; — endlich aber auch **den Beamten**, welchen die Wahrung gewisser Gewerbsinteressen oder die Ermittelung und Bestrafung von Vergiftungen obliegt, mit denjenigen chemischen Erscheinungen und Erfahrungen bekannt zu machen, welche sich auf derartige Fälle beziehen und gewöhnlich von Sachverständigen ermittelt werden, aber dadurch auch von ihnen ermittelt werden können. **Das Werk umfaßt also die Agrikultur- und Forstchemie, die technische, die polizeiliche und gerichtliche Chemie.**

Die Eroberung Livlands unter Peter dem Großen. Historischer Roman. Nach dem Russischen. 4 Bde. broch. Preis 3 Thlr.

In diesem Werke, aus der Feder eines der bedeutendsten russischen Romandichter, entrollt sich vor uns ein lebendiges Zeitgemälde voll der interessantesten historischen Beziehungen und Thatsachen voll spannender Handlung. Gestalten wie Peter der Große, Katharina, der unglückliche Patkul und viele Andere von hoher geschichtlicher Bedeutung, treten hier in den Vordergrund, und die treffende Charakteristik des Dichters wird von einer edlen gedankenvollen Sprache gehoben. —

Fontane, Th., Von der schönen Rosamunde. Gedicht. Miniaturausgabe. 2. Auflage. Eleg. geb. Preis 20 Ngr.

Die Hoffnung, mit der wir das Erscheinen dieses Gedichtes ankündigten, daß die poetische Fülle und künstlerische Gediegenheit desselben alle für das Schöne empfänglichen Gemüther ergreifen würde, hat sich durch die so bald nöthig gewordene zweite Auflage bewährt. Nicht nur, daß diese Innigkeit und Zartheit der Empfindung, diese Kraft und dieser malerische Reiz und Wohllaut des Ausdrucks in weiten Kreisen der Lesewelt eine ungewöhnliche Wirkung geübt, auch die Kritik hat mit uneingeschränktem Beifalle diese seelenvolle Dichtung begrüßt, auf die Frische, Unmittelbarkeit und den ächten Romanzenton derselben hingewiesen, und ein berühmter deutscher Dichter hat ihr in der Augsburger Allgem. Zeitung den Preis vor den meisten neueren Erscheinungen zuerkannt.

Pröhle, Heinrich, Walddrossel. Ein Lebensbild. 19 Bg. eleg. broch. Preis 1½ Thlr.

Während der erste Theil dieses Romans uns mit dem Leben und Treiben der deutschen Studenten auf den kleinen Universitäten bekannt macht, giebt der zweite ein gedrungenes Bild des bäuerlichen und Dorflebens und der Schluß schildert uns die liebliche Walddrossel, die Jungfrau im Forsthause. Die 18 Lebensbilder, welche uns der Verfasser vorführt, beginnen um das Jahr 1840 und greifen noch hinein in das Jahr 1848, so daß sie den Vorzug des Frischen, Selbsterlebten haben; vielen derselben sieht man an, daß sie rein nach der Natur copirt sind. Der Domherr, Schulze Bodenschmecker sind Figuren, die wohl am Nordabhange des Harzes noch heute gefunden werden. (Vossische Ztg.)

Prutz, R., Die Schwägerin. Novelle. 23 Bg. eleg. br. 1½ Thlr.

In vollendetem künstlerischen Rahmen, auf dem Hintergrunde unserer modernen politischen und socialen Zustände, liefert der Verfasser hier ein Seelengemälde voll lebendigster Wahrheit und von spannendstem Interesse. Dasselbe empfiehlt sich, sowohl seines Gegenstandes halber, als auch namentlich wegen der Gemüthstiefe und der hohen sittlichen Reinheit, mit der es ausgeführt ist, ganz besonders zur Lectüre gebildeter Frauen.

Schmidt, Dr. Karl, Anthropologische Briefe. Die Wissenschaft vom Menschen in seinem Leben und in seinen Thaten. Allen Gebildeten, vorzüglich allen Lehrern und Erziehern gewidmet. Mit 55 lithographirten Abbildungen. gr. 8. 36½ Bog. broch. Preis 3 Thlr.

Die hohe Anschauung, die der Verfasser von seiner Wissenschaft in sich trägt, giebt seinem Werke eine große Wärme und Innerlichkeit. Das Höchste und Edelste ist ihm der Mensch, also ist ihm auch die Lehre vom Menschen die höchste und edelste, die Basis aller anderen Wissenschaften, der sicherste Grund der Ethik, Politik, Kunst, Religion und Pädagogik, mithin auch die nützlichste, die praktischste Wissenschaft. Er betrachtet das kosmische Leben und Menschenthum, d. h. das Verhältniß des Menschen zu dieser Welt; die Gattungseigenschaften, das Wesen des Menschen, d. h. seinen Organismus; die Spezies der Menschheit, d. h. das Sein und Werden des Menschen, und endlich das Individuum, das Resultat von Gattung und Spezies. Den Schluß bildet eine Geschichte der Anthropologie nach den Ergebnissen der Gegenwart und Vergangenheit. Dieser Fingerzeig auf das bedeutende Buch möge vor der Hand genügen. (Europa.)

Wigard, F., Lehrbuch der Redezeichenkunst (Stenographie.)
Nach Gabelsbergerschem Lehrgebäude als Leitfaden für
Lehrer, wie zum Selbstunterricht. Nebst Anleitung für
Errichtung und Geschäftsbehandlung stenographischer Lehr=
anstalten und Kanzleien. 8. 41 Bog. broch. Preis 3⅓ Thlr.

Schon die ersten Lieferungen dieses ausgezeichneten, das ganze Ge=
biet der stenographischen Kunst, so wie Redaction, Druck und Herausgabe
von Landtagsverhandlungen umfassenden Werkes haben die besondere Beach=
tung aller Kenner auf sich gezogen, und wurden nicht allein in den steno=
graphischen Blättern des Stenographen=Centralvereins zu München wegen
der gefälligen Zeichnung der stenographischen Schrift und der Methode, die
Beispiele in den Druck hineinzusetzen, sondern auch von der Augsburger
Allgem. Zeitung des höchst gediegenen und gründlichen Inhaltes wegen ganz
besonders empfohlen. Es ist ein Werk, das allen Anforderungen und Be=
dürfnissen sowohl eines Lehrers der Stenographie, als auch eines Schülers
und eines Geübteren vollständig zu entsprechen weiß; es ist ein Lehrbuch und
zugleich ein Nachschlagebuch, und Inhalt wie Anordnung und Ausstattung
machen es zu dem vorzüglichsten und vollständigsten Werke, das bisher über
die Stenographie erschienen ist.

Wolfsohn, Dr. Wilhelm, Erzählungen aus Rußland.
2 Bde. Preis 2 Thlr. 15 Ngr.

Die vorliegenden Erzählungen zeichnen sich durch poetische Auffassung,
durch feine Beobachtung und treffliche Schilderung des russischen Lebens
aus. Der Name des Herausgebers, der in der literarischen Welt bereits
rühmlich bekannt ist, bürgt dafür, daß hier sowohl dem Inhalte wie der
Form nach künstlerische Leistungen geboten werden.

————— **Neues Laienbrevier.** Aus deutschen Dichtern der
Vergangenheit und Gegenwart. Miniaturausgabe. Eleg.
broch. Preis 1 Thlr. Eleg. mit Goldschnitt geb. Preis
1½ Thlr.

„Seit Jahren“ sagt einer unserer anerkanntesten Kritiker, „ist uns
keine so vollständige und gemütherhebende Gedichtsammlung zu Gesicht ge=
kommen, wie diese. — Der Herausgeber, mit dem gesammten Reichthum
deutscher Poesie innig vertraut, hat hier die schönsten in Versen ausge=
sprochenen Lebenswahrheiten, vom neunten Jahrhundert an bis auf unsere
Tage, zusammengestellt, — und das Ganze trägt das Gepräge ebenso har=
monischer als sittlich reiner Weltanschauung. Wir empfehlen daher dieses
Buch, das sich schon so viele Freunde erworben, allen, die mit einer wahr=
haft schönen und reichen Festgabe sich und Andere erfreuen wollen.“